法學導論的博雅講堂

當代德國法學名家的法律通識課

JURISTISCHE WELTKUNDE

Eine Einführung in das Recht

UWE WESEL
烏維・魏瑟——著

李建良——譯

目錄 CONTENTS

推薦序

本書如名稱中「博雅講堂」所示，乃關於「法律是什麼」的通識教育讀本。臺灣坊間常見的法學緒論課本，沿襲從明治時代日本，經民國時代中國，再傳入戰後臺灣的書寫內容，欲兼顧法律學習上的專業、通識之需，卻過於概括抽象、不夠簡明實用，落得兩頭空。明確定位為通識教育的法學論述，方能配合一般讀者的學習上基礎知識及核心的需求，達到最大的知識傳播效益，才是讀者之福。換言之，講得深邃艱澀，不如說得清晰易懂。從這個角度來看，本書作者——具深厚法學史造詣的德國柏林大學終身職教授烏維・魏瑟（Uwe Wesel），成功地撰寫一本科普式法學作品。

既然是翻譯書，須知原文是為德語世界的人解說德國的法律，且採取的是歷史取徑，立基於過去的歷史已形塑了當下的法律內涵。這樣的知識內涵是否適合在臺灣、處於華語文化圈的讀者們，當作關於法律是什麼的通識性讀本呢？答案是肯定的，關鍵在於臺灣當今法律的規範內容，與德國系出同「源」，即本書所述，從古典羅馬法漸次演變成當今自由民主憲政法秩序的這段歷史。這般系出同源，係緣自臺灣雖原本施行原住民族、漢族的固有法律，但一八九五年日本帝國、一九四五年中華民國等兩個外來的國家，帶到臺灣社會的實證法，都是以德國法為主的西方歐陸法系法律規範。闡明德國法律內涵的本書，因而無心插柳柳成蔭，可作為解說臺灣法律的科普性讀本。例如本書第十講「刑法的發展」，即適合熟悉包青天式傳統中國刑法觀念的臺灣公民細細咀嚼，體會當今實證法上刑事法律的基本理念是什麼；也建議在刑事法院擔任國民法官者，可參閱該講。

本書亦是臺灣的法律人——具有法律專業知識之人，在進行臺、德比較法研究時，一本不可多得的關於德國法制史的基礎性讀本。作者就歐洲，特別是針對今之德國法律的歷史，首先談的是屬於部落社會，居住於蘇丹南方、白尼羅河畔的努爾人的法律，不同於北美洲法律史之從印地安人、臺灣法律史之從南島語系原住民開始講起。書中提及努爾人是一個齊頭平等的社會，其法律的基礎在於對無所不在的神之信仰，信仰祂所施扶助與刑罰的正義；關心臺灣法律史者很可能立刻聯想到，原住民族固有法亦源自對於和族人一起生活的祖靈或神靈的信仰，若有頭目也僅僅是協調者而已。基於對人類社會共通性的好奇，比較法的研究應運而生。

讀到「羅馬法在德國已經存在超過五百年了，到今天仍然存在」（頁99），知悉「十二世紀之前的德意志地區不存在一般性法律的觀念」（頁107），「中世紀並不區分所有權與占有，……我們今天意義的所有權，並不存在於中世紀的法律中，……中世紀早期，實務上並沒有我們今天意義的契約」（頁109），當可感受中世紀末日耳曼繼受羅馬法這段歷史，確實造就了當今的德國法。對於我們臺灣人，則可以說：「羅馬法在臺灣已經存在超過一百年了，到今天仍然存在」。按十九世紀末，日本殖民政權對在臺漢人的習慣進行羅馬法化，引進清朝統治下臺灣所不存在的近代歐陸法系權利觀念、所有權、契約制度等。日治時期以日本法為依歸的現代資本主義私法體系，戰後即由原本深受德、日影響的中華民國法制所延續迄今。若不以於今仍存在為必要而論歷史，臺灣早在十七世紀就因荷蘭政權的統治（一六二四～一六六二年），施行過「羅馬—荷蘭法」。本書用專章申述的「自然法」，以及談到一六二五年完成《論戰爭法與和平法》的格勞秀斯是「荷蘭城市貴族的代表」，他「寫了一套自然法的完整體系」，建構「全新的契約法，比作為其奠基的傳統羅馬契約法還要一目瞭然」（頁130～132），亦是探究臺灣荷治時期法律史所不可不知。

作者為闡釋當今德國的法律，慎重地以第十一講「法西斯主義時期的法」為對照，顯現出現行德國法的浴火重生，此殊值得與臺灣法之終結源自中國訓政時期以黨治國經驗的動員戡亂戒嚴法制，秉持轉型正義理念重建自由民主憲政秩序，進行比較研究。本書勇敢地面對德國法學界不太願意談的「第三帝國的司法與法律人」（頁244），其所為的分析與詮釋，能否援用於理解臺灣法律史上「威權統治時期的司法與法律人」呢？應是兼有學術及法律實踐上意義的課題吧。

譯文的流暢明快，豐富且詳實的譯註，在在增益華文譯本的學術意涵，更是一定要肯定的特色。作者和譯者這麼用心完成的一本書，不讀太可惜了。

王泰升
臺大講座教授、科法所特聘教授
中研院臺史所法律所合聘研究員

導讀

翻譯本書猶如重修法律，逐字逐句地推敲考證，著實是一趟探索法理與認識法學的知性之旅。對於法律人或非法律人來說，本書的十四堂課都提供了已知或未知的法律知識，同時可以讓讀者反覆思考法律到底是什麼？應該是什麼？

「法是什麼？」是本書第三講的標題，也是作者為這本書設定的主軸，古往今來各有講法，法律人常說「視情況而定」（頁68、82），其來有自。要回答「法是什麼」此一大哉問，無法直接了當地定義了事，諸如「法是……」之類的定言，通常無助於對法的理解，必須要有特定的切入點或觀察視角。因此，作者先以努爾人為例，描繪初始社會的人類秩序（第二講），再以歷來法律思想演進為經，法律制度變遷為緯，從歷史材料、學說理論、歷史事件、實際案例、法制沿革、人物特寫等各種面向，帶領讀者不斷追問法為何物及法的意義何在。法律思想與制度不是憑空冒出，故作者強化法律史的重量（第四講、第五講），提供法學思想軌跡與法制的時代脈絡，沿著時間的長河依序講述民法（第七講、第八講）、公法（第九講）、刑法（第十講）等主要領域的起源與演化。儘管各講主題不同，概皆蘊含了作者對法的觀察、批判與省思，「法是什麼」的思索貫穿全書。

法脫不開人，所以法是什麼的提問，同時是在詰問人與法的關係，特別是以「法律人」（Juristen）一詞總括的某種族群，在法的發展與實踐過程中扮演了何種角色？正面或負面？法律人的圖像一定程度反映出法治國的圖像與法治社會的面貌。作者在第一講運用兩種手法呈現「法律人圖像」，一是法律人在做什麼？另一是法律人如何養成？此二問題又交互作用，特別是將法律人養成教育分成「學院學習」與「實務歷練」兩個階段，理論與實務的分割，起自十八世紀、延續至今，構成德國「平均法律人的知識狀態圖像」（頁41），對於德國法學的發展有其舉足輕重的影響。

法律人的基本功是法律的解釋，共通的元素是所謂「法律的三段論法」，作者稱之為「法律人的ABC」。簡要的說，就是「構成要件（A）＋個案事實（C）＝法律效果（B）」的公式，關鍵在於C必須等於A。此一公式適用至今，飽受批評，除了是否正確理解並運用法律人的ABC外，贊成或反對此一公式的見解本身即反應「法是什麼」的理由與論據。因為法律通常需要經過解釋，因此需要一定的解釋方法，有直接適用、擴張、限縮解釋、類推或限定等多種可能性（頁296），法律解釋從而亦呈現多樣性與歧異性。作者精心設計的主題案例：「瑪莉與雅各為了女兒葛西娜而對簿公堂」（葛西娜是德國著名小說《週年紀念日》（*Jahrestage*）主人翁的名字），探討可能發生在我們生活周遭的法律問題：離婚後子女贍養費誰要負擔？關鍵的構成要件是：夫妻的「共同子女」如何解釋？於婚姻關係中出生？還是只要有共同的血緣關係即可？或者包括法律擬制（收養）在內？這個看似單純卻不簡單的民事爭議，問題出在法律人語言的不精確（第十二講），同時還牽涉法律解釋方法的理論之爭，究竟要採立法者當初的立法意旨（主觀說），還是從法條的規範脈絡，推論出法律的客觀目的（客觀說）（第十三講），從中讀者可以知道法律人如何處理這些難題，同時一起思考法律是什麼。

A＋C＝B公式，基本上是在法律條文的框架下運作，因此訴諸超越法律條文的法則或理念，也就是沒有固定A＝B大前提的法原則，常常被冠以「自然」的形容詞，而有「自然法」的稱號，形成與實定法（實證法）相對立的法概念。在法律的發展史中，自然法論者經常扮演批判實定法的角色，與法實證主義或概念法學分庭抗禮，成為「法是什麼」論辯的主要戰場之一。從歷史脈絡以觀，自然法與實定法不是「法條歸法條、自然歸自然」的簡單二分法，自然法論同樣面臨了何謂「自然法」的理解問題（頁124），因為什麼是自然法無法從「自然」一詞索解其意，「自然法是什麼」一定程度與「法是什麼」是一而二、二而一的問題。

本書有關自然法的論述，是譯者讀過寫得最好且最值得省思的法學著作，書中道盡了自然法的各種變貌及其與成文法之間的糾葛關係，由此反映出洞視法律實然與應然的思維方法。作者以魔術師從帽子裡變出兔子比喻自然法，極為傳神。邏輯上，凡人皆知，兔子戲法是先放入兔子，再變出兔子，因為障眼手法快速，所以一般人很難察覺。作者以此隱喻自然法論開展其說，讀者若詳讀本書，可以破除「自然法等於不成文法、自然法等於正義法」的觀念。簡單的例證是：德國一七九四年高度法典化（超過一萬九千個條文）的《普魯士一般邦法》被封為「古典自然法」的範本（第六講，頁122）；書中提到德國二次戰後聯邦法院首任院長赫曼・韋恩考夫昭告自然法的復興，作者特意引用一九五三年聯邦法院關於男女平權的一份鑑定書（強調密不可分的家庭統一體中，男人與女人的地位與任務有所不同）；還有一九五四年，聯邦法院認為男女性交只能在一夫一妻制度下行之，且其目的僅能為了生育子女（頁328）。由此延伸思考，吾人可以試著回答以下問題：一男一女、一夫一妻的婚姻制度是否為天道自然之法？如果答案是否定的，那麼法律問題的討論就不是單純訴諸自然法就可以解決的。除了人倫的法律爭議，還有日常生活的切身問題，比如作者多次討論的「買賣破或不破租賃」？出租人把租屋賣掉之後，新的房屋所有人能否把原本住在房裡的承租人掃地出門？大多數人知道這是不可以的，因為「買賣不破租賃」，法律人會說規定在我國《民法》第四二五條。但讀了這本書之後，就會發現其實並非理所當然，這個問題吵了好幾百年，而且恰恰不是在德國已經存在超過五百年的羅馬法，因為羅馬人說「買賣破租賃」！如果這個問題沒有放諸四海皆準的答案（我國《民法》第四二五條後來也增加了例外規定！），那麼光憑自然法亦無法進行法律的推論。

再從大歷史的視野，宏觀法律思想的演進軌跡，格勞秀斯於一六二五年完成的《論戰爭法與和平法》，寫就了一套自然法的完整體系，建構了比傳統羅馬契約法還要清晰的全新契約法（第六講，頁130～132），可知自然法可以是一套體系井然的契約法制度。又如薩維尼的歷史法學派「把法律看作是一種歷史的產物，一種民族精神的產物」，反對德國民法的法典化；一八一四年，薩維尼強力拒卻並且以「民族精神」抗衡的正是十八世紀的自然法（第七講，頁148），可證自然法與法典化並非相悖互不兩立的觀念。再者，紹承歷史法學派的普赫塔發展出「學說」作為法源之一的理論，竟與「法實證主義的距離，只有一小步之遙」（第七講，頁152），並且成就了今人批判的「概念法學」（第十三講，頁304）。以上引古舉隅之例，除了讓我們認識到「自然法不等於不成文法、自然法不等於正義法」外，也預示了自然法的論爭亦將持續下去，就像兔子戲法已經退出魔術舞台，但同類戲法或神技仍然繼續上演一樣。

自然法的論爭是法律圈的內戰，法與道德、法與政治的關係（第十四講），則是不同系統之間的相互拮抗。不過，法與道德、政治不是對立的非友即敵，毋寧是相互滲透，其分合消長的演進過程，呈現出法律規範性興衰不定的擺盪狀況，應乎「法是什麼」的不斷追問，隱然也是自然法論戰另一種形式的延長賽。針對法與道德的關係（第十四講），作者關心的不是法哲學教科書中長篇累牘的概念抽象學說論辯，而是在活生生的人類世界中，法與道德二者之間何以經常存在著各自不同的世界？也就是道德上的惡，何以在法律上沒有問題（例如領有執照但嚴重污染環境的工廠）？或者法律上之惡，何以我們可以寄予道德的正面評價（例如人民阻擋核能廢料的運送）？歸根結柢，旨在呼應作者不斷追問的「法是什麼」，或者換個問法「法從何來」？法與道德的分立，到底好還是不好？難道不能像努爾人社會的生活方式？還是康德的自由公式（法律是自由的條件）比較穩妥？

就此問題，譯者認為本書最值得注意的洞察是，作者從更大格局的視角解析法與道德、政治的關係，從國家存在之前的社會，與國家出現之後的社會，觀察道德與法的分合關係，法與道德的合一關係到法由上而下，成為一種調控工具，由上而下實施運行。何以法與道德的距離會越來越大，法與政治的合一性會越來越強？因為法越來越少由下而上，來自社會，而是越來越多由上而下，也就是由國家制定，同時意味的是國家法律持續不斷地擴增進犯社會領域中，政治的法制化讓（政治）改變的形成空間越來越小。法是一種統治工具？還是限制國家的權力？哪一種功能較為重要，統治功能或法治國功能，作者留給讀者自己思考（頁329）。

「法律人」是一種集合名詞，學過法律或從事法律工作的人，通常會被貼上某種集體性的標籤（例如「法律專家」）。實際上，法律人的角色各有不同，法官、檢察官、律師、行政官、法學者等，任務不同，思維方式自有差異，不是只有「一種」法律人。更重要的是，每一個法律人都是活生生的人，有喜怒哀樂、有情緒、有私心、也有情慾。比如說，法官被期許在人世間扮演類似神的工作，但法官畢竟不是神，在法的外衣底下包覆的是有血有肉的人，在大時代的大環境下多少會受到影響或制約。第十一講描寫帝國法院院長歐文・布姆克博士的真人故事，述說的不單是法律制度與實踐的暗黑歷史，而是法律人的內心幽微面；第十三講在探討各種法律解釋方法之後，揭示解釋方法的選擇源於法官的「前理解」，某種捉摸不定的政治上或道德上的價值觀，也因此才有評價法學的開展（頁315）。法的悖論是：法用來規範人的行為舉止，但法卻要靠受規範的人來執法，法如何確保執法者受到法的規範？是法學最困難的層次、法學知識上的思維困境。

在法學入門書中以「法西斯主義時期的法」作為講題，乍看略顯突兀，實則合情合理，講的雖然是德國納粹時期的法治扭曲，德國法無可抹滅的暗黑史實，讓德國的法律人始終蒙著一層陰影。歷史說遠不遠，二次戰後，臺灣曾經歷威權體制與白色恐怖時期，相較於德國，臺灣轉型正義之路才剛起步，鉅量的政治檔案史料再怎麼清理都嫌不夠！儘管國情不同，但經驗相近，德國對於納粹時期司法與法律人的逐步面對與反省，以及「第三帝國的法律史最終並未完整的寫就，每個人都可以從自認最適合的部分切入」、「我們做的還不多」（頁245），在在值得讀者仔細品嚼。

整體而言，作者以第三者負責地交代各法領域（民法、刑法、公法）的基本法律知識與法律制度，兼以詼諧或嚴肅的口吻為讀者導覽生硬的法律觀念與源流，適時地在段落間注入個人觀點，又身兼敘事者的角色，述說滾動歷史的法律故事，把時人未必察覺的暗黑面呈現給現在的讀者，在龐大架構下的法學世界中彰顯本書原名Weltkunde的匠心寓意。本書可以當法律科普書來讀，逐講獨立閱讀，也不妨看作是法律制度暨自然法的紀實史述。作者在尾聲以「在警棍的末端有許多的法律」，留下有待咀嚼的未盡之意，讓法律的生命回到基本的節奏，呼應本書開場的「人們如果想知道法律是什麼……」。讀者在閱讀本書時，若始終念著「法是什麼」，應該會留意到作者在第十一講的結尾要讀者不妨想一想：如果有朝一日，民主再度陷於危殆之時，我們是否能夠期待法律人奮力反抗？譯者借用這個問題，作為這篇導讀的結語。

最後，須指出者，本書的時序停留在一九九〇年代（從附錄的文獻資料可以得知），之後的法律發展，特別是數位化與大數據對法治的衝擊與挑戰，例如個人資料保護或隱私權課題，作者不及於本書論述，讀者如有興趣可閱讀同作者的另一著作《凡事皆是法》（*Fast Alles, was Recht ist*, 10. Aufl., 2021）。

李建良

譯者說明

大凡從事外文翻譯工作者，多半會遭遇缺乏適切中文語彙與外文對應的困擾，法學著作的翻譯，無由例外，尤其德文Recht（法）一字的翻譯，常生困擾，略說一二。

德文Recht一字，有法與權利二義，德國人通常加上subjektiv與objektiv之形容詞，用以分辨，即「主觀之權利」與「客觀之法」。反觀我國語彙在「法」字之外，另有「權利」一詞指稱主觀之Recht，故無特別附加形容詞的必要，較為麻煩的是，「法」的涵蓋範圍。德文Recht是所有法律的總稱，相對於此，經由一定程序制定並公布之成文法，則以Gesetz稱之（語源Gesetztes，是被動分詞的名詞化，意指被製成之物），一般分別譯為「法」與「法律」，後者且有憲法第一百七十條：「本憲法所稱之法律，謂經立法院通過，總統公布之法律。」可為依據。不過，本條所稱「法律」，僅指「本憲法所稱之法律」，而不是指所有的法律。況且，如果將Recht一律翻成「法」，把「法律」一詞保留給立法機關制定的成文法，則會發生用語混淆或無法翻譯的窘境。舉例來說，本書最為核心的概念Jurist，若翻成「法人」，顯然與《民法》第一編第二章第二節所定之「法人」相混淆。至於大學「法律系」裡所教所學，當然不會只有經立法院通過、總統公布之法律，常人皆知，自不待言。因此，本書對於Recht一詞的翻譯，「法」或「法律」兩種皆有，端視行文而定。為期區隔，凡經由一定程序制定（訂定）並公布（發布）之成文法規，悉以《》標誌之；又，文本出現的出版品，亦同，併此敘明。

附帶一言者，臺灣為法繼受國，外國法條、法院裁判或學說論著譯為中文者，必不可少，法學翻譯素有傳統，譯者盡可能採用約定俗成或常見的譯名，但必要時，仍揚棄舊慣，添賦新詞，但求信達雅，尚祈讀者諒察。

本書之成，得多人之助，特別是Hartmut Bauer教授為我將德國方言譯為標準德文，並解說原文意旨；薛智仁教授、黃松茂教授提供專業領域的修正建議，避免理解上的錯誤；我的研究助理繆欣儒、李峙錡在文獻編輯及圖表繪製的多方協助，省去許多必要的時間；還有商周出版社劉俊甫先生的費心規劃、督促與調整，讓這本書更為普及親民，彌補我過於法律的僵硬，謹此致上誠摯的謝忱。本書出版後，翻譯的文責，自當由我個人承擔。

李建良

第一講

法律人的工作場域

人們如果想知道法律是什麼，就必須瞧瞧法律人在做什麼。換個方式說：法律是在法律人腦袋裡打轉的東西。面對法律是什麼的問題，最好的回答是描述法律人如何工作、在哪裡做事，以及這些林林總總如何進入法律人的腦袋。

我先從一則案例說起，如同法律人通常的作法。這是一則爭議的案例，一宗法律人應該以法律解決的衝突事件。且讓我們舉一則相當簡單的案例：

年輕的口譯員瑪莉．克雷斯帕（Marie Cresspahl）與雅各．凱勒（Jakob Keller）結婚，雅各是德國鐵路公司的高級督察員，結婚後從妻姓，也叫作「克雷斯帕」。二人未生有子女，但是，瑪莉無論如何都想有一個小孩，雅各在反對無效後，勉強同意收養一名新生兒——葛西娜（Gesine）。不過，也因此造成二人之後衝突不斷，終而離婚。小女兒葛西娜兩歲大，瑪莉必須照顧她，無法從事原本的工作，因此向雅各請求贍養費。雅各說：葛西娜是造成他們離婚的最終原因，現在卻還要他負擔瑪莉贍養費，這絕不可能是正確的事。

處理這宗案件的法律人，會先翻閱法律條文。就如同一位德國法學大師，敏斯特（Münster）大學的哈利．威斯特曼（Harry Westermann）常說：「閱讀法律條文能增廣法律知識。」離婚的法律與離婚後的贍養費規定見諸《民法典》，我們用「BGB」三個字母簡稱之。如果稍有經驗且略加翻閱法典，很快可以看到第一五七〇條，規定：

離婚夫妻之一方得向他方請求贍養費，如該方因照顧或教養其共同之子女無可期待其就業者。

瑪莉．克雷斯帕與雅各．克雷斯帕是一對離婚夫妻。就此而論，適用上述法律規定完全沒問題。比較難回答的問題是，什麼時候是因照顧或教養其共同之子女無可期待其就業者。換句話說：到什麼時候，子女需要全天候的照顧，以至於照顧者無法就業工作？對此，法律本身並未明確規定，而是有意識地創設一定的迴旋空間。因為，每個具體個案都有其特殊性，很難一般性地一概而論。儘管如此，法院於實務上仍然發展出某些一般性之法則。這方面，法律人可以很快地查閱而得，也就是說，查閱《民法典》的逐條註釋書，類此註釋書會依照條文順序將法院判決予以彙整編輯。一般人只要奉之為依歸即可。最廣為人知的註釋書是由奧圖．帕蘭特（Otto Palandt）於一九三九年主編創立的（《民法典》）註釋書，之後由八位法律人賡續增修付梓，每年發行新版，截至目前已累積有約兩千七百頁，且相當密集排版之版本，簡稱為「der Palandt」（帕蘭特版），在此名號的背後殘留了若干不名譽的政治過往[1]。任何法律人皆知本書，廣為多數人使用，如果碰到類此案例需要判斷時。翻至第一五

1 譯註：《帕蘭特版》一直發行發行到二〇〇一年，計八十版。自二〇二一年起，改以本書主編聯邦法院法官克理斯汀．葛林貝格（Christian Grüneberg）之姓為書名，即《葛林貝格版》。

七〇條處可以查閱到法院如下之裁判（Palandt, 59. Auflage, 2000, Randziffer 9 zu §1570 BGB, S. 1495）：

> 照顧子女之父母之一方無可期待其就業，如果該子女未滿八歲者，通常是在小學二年級結束之前……

葛西娜才兩歲。於本案中，毫無疑問。她要上幼稚園——如果以平均人來說——還嫌太早。因此，無可期待瑪莉就業工作。

不過，還有另一問題，就是法律規定：必須是共同的子女。葛西娜是否為瑪莉與雅各的共同子女？她僅是被收養。乍看之下，人們或許會有所懷疑。不過，法律人若繼續翻閱《民法典》，並且查一下有關收養的章節，便可找到第一七五四條。那裡的第一項規定：

> 夫妻收養之子女者，……該子女取得該夫妻共同子女之法律地位。

根據這項規定，法律人解答了這件案例。《民法典》第一五七〇條的所有構成要件盡皆符合。雅各必須支付贍養費，而且不只要給瑪莉，還要——這點必須區分——給葛西娜。此點在此無須詳述，查看《民法典》第一六〇一條即可得知[2]。

2 譯註：《民法典》第一六〇一條規定：「直系血親互負扶養義務。」

如果人們還想要知道贍養費是多少，法律在這方面說得不多。《民法典》第一五七八條規定：「贍養費之額度，依婚姻生活狀況定之。」僅此而已。法院多半是依照所謂的「杜賽多夫公式表」裁判。該公式是由杜賽多夫邦高等法院所建立的準則，頗為實用，從法治國的角度來說，卻相當有問題。該公式隨著時間的推移持續更新（*Neue Juristische Wochenschrift*, 1999, S. 1845）[3]。如果雅各每個月的淨所得是三九〇〇德國馬克，則據此他要付四八〇馬克給葛西娜，一四六五馬克給瑪莉，合計一九四五馬克，他自己只剩下一九五五馬克可供生活之用。

以上是瑪莉與雅各．克雷斯帕的案例及其問題的解答。從本案中我們可以學到法律人在適用法律時所為何事，本案是第一五七〇條。法律人自己會說是：涵攝（subsumieren），也就是說，法律的適用是基於一種涵攝（Subsumtion）。這個字來自拉丁文，由「sub-」與「sumere」兩個字組成。「sub-」是之下或在什麼之下的意思，「sumere」的本意是拿取；涵攝就是把某些東西放到下方或歸於下方之意。

3 譯註：*Neue Juristische Wochenschrift*，簡稱「NJW」，是一本德國歷史悠久的法學期刊，自一九四七年發行，最初為月刊，一九五三年起改為週刊，至今已出版三萬多期。

瑪莉與雅各．克雷斯帕這則案例，以法律人的用語來說，是一種事實。把這項事實拿來和法律的構成要件相互比對，然後確認二者是否相符。在本案中，法律的構成要件是第一五七〇條：必須有兩名離婚的夫妻，還有一名他們共同且需要照顧的子女，夫妻的一方必須照顧這名子女。構成要件連結法律效果：夫妻中負責照顧子女的一方，可以要求另一方給付贍養費。如果事實與構成要件相符，該事實即獲得法律所定的法律效果。為期明瞭，圖示如頁27。

這是法律人的ABC，凡事皆如此。法律會有一個構成要件A與法律效果B。人們再把事實C，也就是「案例」，放到構成要件A的下方。當二者合致的時候，便可產生法律效果B。這就是一種涵攝過程。按照簡單的邏輯公式：

A之法律效果為B
C等於　　　　A
———————————
C之法律效果為B

在邏輯上，人們稱此為三段論式。德語的說法，就是推論。其中有大前提、小前提和結論。再更簡化的說：

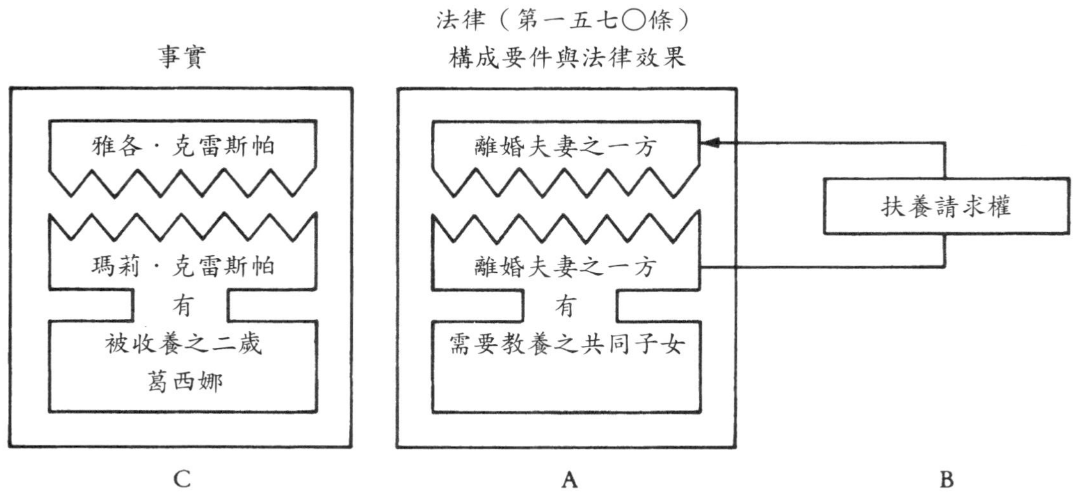
事實
法律（第一五七〇條）
構成要件與法律效果
雅各．克雷斯帕
瑪莉．克雷斯帕
有
被收養之二歲
葛西娜
離婚夫妻之一方
離婚夫妻之一方
有
需要教養之共同子女
扶養請求權
C
A
B

法律人的ABC

大前提　A等於B
小前提　C等於A
結　論　C等於B

所有成年的聯邦公民均享有選舉權
雅各克雷斯帕是一位聯邦公民
所以雅各克雷斯帕享有選舉權

在此具關鍵性的是，A與C的等同，也就是法律的構成要件等同於實際生活的事實。在法學的涵攝過程中，絕少只有一次的合致過程。單是在瑪莉與雅各・克雷斯帕一案中就有六次的涵攝。因為法律的構成要件有多個部件，需要依次逐一的比對。首先，雅各・克雷斯帕必須是離婚夫妻之一方。其二，瑪莉必須是離婚夫妻之一方。瑪莉負有扶養義務，此其三。葛西娜必須是二人的子女，此其四，且必須是二人的共同子女，此其五，而且她需要被照顧，此其六。此外，更重要的是，這種比對合致的過程絕少會如此簡單。事實與構成要件之間能否契合，通常存有相當程度的疑義。為期釋明，試把前舉案例的版本變化如下：

年輕的口譯員瑪莉．克雷斯帕與高級督察員雅各．凱勒結婚，多年後，二人離婚，未生有子女。離婚後數週，瑪莉去度假，並來到一間位於薩丁尼亞島（Sardinien）的旅館，她與前夫曾經在此共同度過。雅各也是出於相同的想法來到此地，二人不期而遇。天氣溫暖、陽光普照。在一個幽靜的夜晚，蟬聲綿綿。換個方式說：葛西娜不是被收養，而是在此被孕育，於二人離婚一年後誕生。瑪莉無法再擔任口譯員的工作，於是向雅各請求贍養費。雅各說，葛西納是他的非婚生子女，他當然會付給她撫養費。但是非婚生子女的母親，不能向父親要求贍養費。他有理嗎？

在一九九五年八月以前，這個問題的答案是否定的。原則上，非婚生子女的父親無須負擔該子女母親的生活費用。當時人們的想法是，該子女的母親同樣應該注意及此。直到一九九五年起，人們才有了類似第一五七〇條規定的想法，也就是對於和非婚生子女之父親無婚姻關係的母親，給予較有利的對待。自此之後，《民法典》第一六一五條之一第二項第二款規定：

非婚生子女之父親負有給付生活費用之義務，如母親因照顧或教養該子女而無可期待其就業者。

這條新規定見諸各該法律之中，目的是達成婚生與非婚生子女的地位平等，如同一九四九年的《基本法》第六條第五項早有如此的憲法要求，直到一九九八年才達成此一目標。在此之後，（譯按：婚生與非婚生子女）幾乎不再有任何的法律上差異。幾乎！我們等一會兒就會看到。

今日，上述問題的答案是肯定的，也就是瑪莉可以向雅各要求支付其自己的生活費，而不是只限於扶養葛西納的費用。儘管如此，還有些微的差異。凡動物皆有差異，但總有某一群比另一群更相像。在瑪莉與雅各一案中，有兩個規定需要被考量：一是第一六一五條之一有關非婚生子女的母親之規定；或者，另一是第一五七〇條，離婚但婚生子女的母親。於第一五七〇條，無論如何，依其文義[4]：

> 離婚夫妻之一方得向他方請求贍養費，如該方因照顧或教養其共同之子女無可期待其就業者。

上面提到的兩個規定，其間些微差異處在法律效果不同。第一五七〇條的贍養費可能較高，因為第一五七八條規定：

> 贍養費之數額，依婚姻關係定之。

4 譯註：本條已修正，現行規定為：「離婚夫妻之一方得向他方請求因照顧或教養其共同子女出生後至少三年之贍養費。於符合衡平之範圍內，該贍養費請求權之期間得延長之。於此應審酌子女利益及子女照養之現時可能性。」

反之，依第一六一五之一條規定給予非婚生子女之母親的贍養費，可能較低，即第一六一〇條規定：

應給予之贍養費，其數額依需求者之生活地位定之。

依照後面這條規定，贍養費可能會少好幾百馬克。的確，第一五七〇條比較有利。對於必須處理這個問題的法律人來說，要先審查此一規定的構成要件是否該當？其一，瑪莉是「夫妻之一方」；其次，她必須照顧剛出生的子女，該子女無疑需要照顧和教養。問題是，葛西娜是不是他們「共同的子女」？此其三。瑪莉遙想起薩丁尼亞島的幽靜夜晚，還有蟬聲綿綿，可能會說：是啊，比起收養的子女要來得共同多了。但法律人會抱持懷疑態度，因為這通常會有兩種見解：

一方面，有人會說上面所述事實與《民法典》第一五七〇條的構成要件不合，葛西娜不是該法律規定意義下的共同子女。因為這條規定透過「共同」的用語有意表達：該子女必須是在婚姻關係中所生。儘管這點未明載於法條之中，但可以從該條規定前婚姻關係贍養費的整體規範脈絡推導而出。立法者完全沒有考慮到非婚生子女的問題。換句話說，第一五七〇條所稱「共同的」意思是「共同婚姻上的」。關鍵在於該子女是否源自婚姻關係，該條的法律效果如此之廣，其適用對象只能是基於婚姻關係。

葛西娜確實不是婚生子女，也就是說，根據上述見解，雅各不需要支付給瑪莉贍養費。

在法學上，還可以有另外一種見解。所謂的共同性，就本案的葛西娜而言，相較於婚姻關係中收養的子女，（對離婚夫妻來說）事實上要來得更為緊密。人們還可以同時指出，除了第一五七〇條外，其他法定贍養費請求權的法律上理由，有些在離婚之後才有可能發生，就像是葛西娜的情形。例如：婦女在離婚之後找不到工作，見諸《民法典》第一五七三條，據此規定，丈夫無論如何都必須支付贍養費。這與葛西娜的情形相當類似，也就是說，離婚後才失業，無疑是雅各共同造成的，而且就算他方的失業不是因他而起，他也必須支付贍養費。

如前所述，在法學上，人們可以持兩種見解。本書最初寫作時，即一九八四年，法院還沒有類此事件的裁判。在法學文獻中，這兩種見解都有人主張。有些人支持瑪莉，認為第一五七〇條於此有其適用；另有人表示反對。一九九八年，聯邦法院作出了裁判（*Neue Juristische Wochenschrift*, 1998, S. 1065），採否定說，第一五七〇條於此不適用。雅各只需依第一六一五條支付瑪莉符合她現在生活地位的贍養費。但依此規定，如果是在一九八四年，這意味是她甚至毫無所獲，因為當時尚無前述的第一六一五之一條[5]。因此，聯邦法院當時

5 譯註：前述《民法典》第一六一五之一條（非婚生子女之父親負有給付生活費用之義務，如母親因照顧或教養該子女而無可期待其就業者），是在一九九五年修正新增。

應該作成不同的裁判。直到今天，人們還是可以爭辯到底哪一個見解比較正確，即使法院在此之後還是作成與一九九八年聯邦法院一樣的判決，因為現在有了第一六一五之一條規定。在闡述法學的理論與方法時，這個問題還會再談論[6]。

令人感興趣的問題首要是，面對上述問題情境，法律人在適用或不適用法律時，究竟是在做什麼。人們要先確定「共同」的意涵之後，才有可能進行涵攝。法律人管這叫解釋（Auslegen），或稱作解讀（Interpretieren），二者同義。不通過解釋或解讀，法律人走不出來。沒有一部法律可以預知所有後來才會出現的案例。例如在薩丁尼亞島沙灘上的小旅館，離婚後三個月的事情等等。法律的條文必須是一般性的表述，別無他途。當某一件個殊案例發生的時候，人們就必須進行解釋，而且幾乎總是會有兩種可能性，適用或不適用該法律。解釋，總是意味了要對構成要件A作一些修正，在此仍援用A、B及C的圖式；也就是說，法律人在把事實C置於構成要件之下，並得出或者否定法律效果B之前，必須對法律（A）進行或多或少的修正。有時候，還會把若干別的東西摻雜其中，甚至也會略加修正事實C，端視人們如何使用語言描述事實。總之，這不是一宗容易的訴訟案件，法律人在經過多年案

6 譯註：參見本書第十三講「法學的理論與方法」。

例研習之後會自然熟稔於心，而不會再細究其中的邏輯結構。法律人通常不會意識到他修正了法律，多半認為他只是單純地適用法律。對局外人來說，這毋寧是當然之理，根基是對法律信賴的良善面向，也就是法的（可）信賴性（Rechtsgläubigkeit），這點在德國向來極為穩固，只是歷經了法西斯主義的經驗之後，有一段時間受到動搖。

以上說的是法律人的日常工作。讓我們再進一步觀察，法律發生在哪些不同的法領域。截至目前為止，我們只停留在多種法領域中的一種，也就是瑪莉與雅各·克雷斯帕的關係，私人與私人之間的關係。人們結婚，也會離婚。人們簽訂契約——買賣契約、租賃契約及其他各種契約——於此涉及財產權，如何取得和轉讓？如果財產權受有損害，又將如何？還有，一個人如何繼承他人的財產？這個法領域一般稱為民法（das Bürgerliche Recht），或者——因為人民一詞在拉丁文是「civis」——市民法（Zivilrecht）。由於涉及私人的財產權，故又稱為私法（Privatrecht）。最重要的內容都規定在《民法典》裡。法律人在大學中先學民法，早於其他法領域，一般來說，這特別困難。民法在法律人的法學教育中占有特別的一席之地。這是對的。因為在我們的社會中，私有財產權與契約扮演關鍵性的角色，不只是日常生活各種物品的財產權，還有許許多多，特別是生產工具、企業、銀行、工廠等等的財產權，構成我們自由民主基本秩序的基礎。

民事爭議由民事法院審理，也就是區法院、邦法院、邦高等法院以及——最高審級——在卡爾斯魯厄（Karsruhe）的聯邦法院。在前導案例中，如果雅各．克雷斯帕最後拒絕支付瑪莉贍養費，瑪莉就必須對他向管轄的區法院提起訴訟。

假設瑪莉勝訴，但雅各卻辭去德國鐵路公司的工作，並且搬到薩丁尼亞島。在那裡，他沒有收入，不想支付，而且也沒有能力支付。在此情況下，《民法典》的用處不大，於是我們進入刑法的領域，因為《刑法典》第一七〇條第一項規定：

> 未盡法律上之扶養義務，致扶養請求權人之生活需求受到危害，或如無他人之協助而有受危害之虞者，處三年以下有期徒刑或罰金。

雅各符合上述法律規定的構成要件。但誰可以提告？到哪裡提告？瑪莉無法自行為之，只能提出告訴，由檢察官審查，再決定是否向法院提告。這樣的訴訟有另外一種名稱叫提起公訴，而且是向刑事法院。只有少數例外情形——所謂的自訴犯（Privatklagedelikte）——人民才可以自己提告[7]。因為這不是涉及私法上人民對人民的請求權，而是國家的刑事追訴權。這是刑法的領域，有重罪與微罪之分的法領域。最重要的規定見諸《刑法典》。檢察官要對雅各克雷斯帕提起公訴的刑事法院，也是區法院，而且是以雅各最後住所的區法院管

7 譯註：德國刑事訴訟法對於自訴採列舉規定，限制較大，我國則只要是犯罪被害人，原則上都可以提起自訴，但需要有律師代理（刑事訴訟法第三一九條）。不過，對於直系血親尊親屬及配偶不能自訴遺棄罪（刑事訴訟法第三二一條）。

轄。在區法院中分成兩個部門，只負責審理民事法律爭議的法官，以及只審理刑事案件的法官。區法院以上的審級法院，同樣是邦法院、邦高等法院及聯邦法院。

對雅各進行刑事程序，對瑪莉來說，效用令人懷疑。無論如何，雅各都不會因此而必須立即支付贍養費。但是瑪莉需錢孔急，因此她前往所居城市的社會局。這是市鎮（或郡）所屬行政機關。依照《聯邦社會救助法》的規定，她享有請求救助的權利。因為她為了照顧葛西娜而無可期待其從事職業工作。但是社會局拒絕了她的申請。承辦的公務人員認為，她應該可以從事口譯員的兼職工作。瑪莉該怎麼辦？她上法院。但要上哪個法院？於是，我們來到了行政法的領域。對於行政機關的決定，人民可以向行政法院提起訴訟，瑪莉可以向行政法院提訴。在過去十幾年來，行政法的範圍急速地擴大，這意味了人民對行政措施的權利救濟也隨之大幅擴展。例如建築法或警察法，以及剛剛提到的社會救助法。行政法院之後的審級是高等行政法院，在此領域的最高聯邦法院是位於柏林的聯邦行政法院。

行政法是公法的一部分，粗略的說，涉及人民與不同行政機關之間的關係。公法的另一部分是國家法，主要是有關憲法所定不同國家機關相互之間的權利與義務，例如國會對於政府部門（譯按：內閣）的權利，如有爭議，由聯邦憲法法院解決。人民的基本權利受到侵害時，個別的人民也可以向憲法法院——透過憲法訴願——提起訴訟；各邦中亦多設有邦憲法法院，處理各邦憲法所生之國家法上爭議。在此之外，另有兩個公法的特別領域，同樣設有特別的法庭，亦即社會保險法，由社會法院審判有關年金或失業保險的問題；以及稅捐法，以財政法院為管轄法院。

關於法律，我們快有整體輪廓的綜覽了，但尚缺一塊領域。假設行政訴訟程序冗長，但瑪莉．克雷斯帕一直無錢度日。最後她找上一位年長的女鄰居，願意白天照顧葛西娜，她自己則在銀行找到一份半天的口譯工作。一日，她身上別了一只淺藍色圓形徽章上班，徽章上面印著一隻白色的和平鴿。她的主管相當生氣，於是以「於職場上為具挑釁的政黨政治活動」為由即時解僱她。她該怎麼辦？上法院，以確認這項解僱無效。向哪個法院？勞動法院。我們來到了勞動法領域，這是私法的一部分，因為涉及了人民與人民之間的契約，雇主與勞工之間的勞動契約，作為一種「僱傭契約」所以被規定在《民法典》中。但是從威瑪憲法時期起，即有許多的特別規定、特別法及團體協約，其數量遠多於《民法典》。同樣地，此社會領域的特殊性相當大，以致也有特別的法院，即勞動法院、邦勞動法院，以及位於卡瑟爾（Kassel）的聯邦勞動法院。

在這個領域中，從勞動法到國家法，法律人來回其間，身為法官及檢察官、行政公務員及律師，在產業界或商業界、在銀行及保險業，在政治圈及媒體界。還有在大學裡，也都可以看到這些人，法律人。當人們提到他們的時候，通常指的是那些被稱為「完全法律人」（Volljurist）者。他們已經讀過大學，通過考試，也就是第一次國家考試，又稱為法律實習生考試（Referendarexamen）。在此之後，他們以實習生的身分到法院、行政部門及律師事務所學習，然後再通過第二次國家考試，亦即試署司法人員考試（Assessorexamen）。這是一段為期甚長的培訓，多半是八年或九年。當人們提到法律人，指的不是司法行政官、非訟事務官或公務人員，後者不是就讀大學，而是在專業學校（Fachschulen）受教育，在其專業領域通常具備比「完全法律人」更多樣的知識。完全法律人必須學習所有的法領域，且全部都要考試。一九九七年，大約有十七萬人，其中有兩萬一千名法官、五千名檢察官，八萬七千個律師及公證人，以及大約六萬人在行政部門及產業界服務。

「一座自身不確定之非自願權力菁英庫」（Ein seiner selbst ungewisses Reservoir der Machtelite wider Willen），拉爾夫．達倫多夫（Ralf Dahrendorf）[8]於一九六二年在一篇刊登

8 譯註：拉爾夫．達倫多夫（1929-2009），是橫跨德國和英國學界的社會學家，以角色與衝突理論聞名。於德國獲語言學博士後，留學英國，師從波普（Karl Popper），並受傅利曼（Milton Friedman）、帕森斯（Talcott Parsons）等人的影響，關心工業社會與勞工階級問題，於一九五六年以「英國工業之非技術性勞工」（Unskilled Labour in British Industry）為題，獲博士學位；繼之於一九五七年於德國通過教授資格論文，題目是：「工業社會的社會階級與階級衝突」（Soziale Klassen und Klassenkonflikt in der industriellen Gesellschaft）。政治生涯，早期為社會民主黨員，加入自由民主黨，曾代表自由民主黨進入聯邦眾議院。一九八八年遷居英國，取得英國國籍，並獲英國女王授予貴族身分，成為上議院成員。晚年以記者身分活躍持續致力於公共事務，直至去世。生平事蹟，詳見 Franziska Meifort, Ralf Dahrendorf: *Eine Biographie* (2017); Olaf Kühne, Laura Leonardi, Ralf Dahrendorf: *Between Social Theory and Political Practice* (2020).

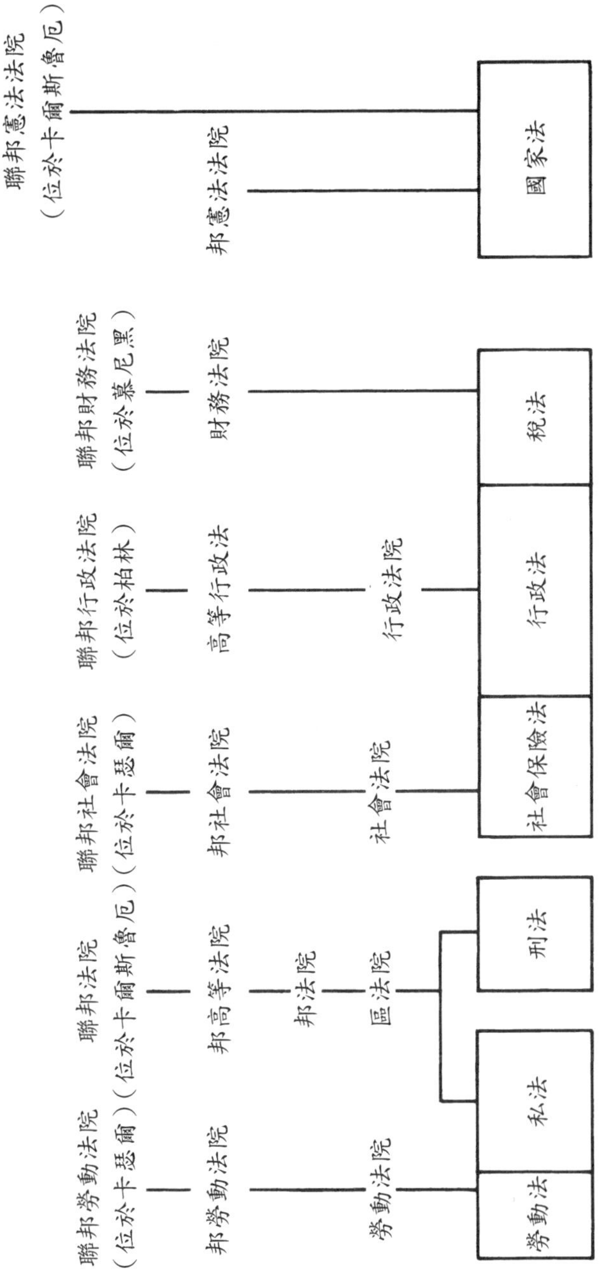
國家法
邦憲法法院
聯邦憲法法院（位於卡爾斯魯尼）
稅法
財務法院
聯邦財務法院（位於慕尼黑）
行政法
行政法院
高等行政法
聯邦行政法院（位於柏林）
社會保險法
社會法院
邦社會法院
聯邦社會法院（位於卡瑟爾）
刑法
私法
區法院
邦法院
邦高等法院
聯邦法院（位於卡爾斯魯尼）
勞動法
勞動法院
邦勞動法院
聯邦勞動法院（位於卡瑟爾）

法領域及其法院

於《月份》（*der Monat*）的文章中[9]如此地稱呼法律人，當時他指述了法律人壟斷（Juristenmonopol）問題（增修版，見：Dahrendorf, *Gesellschaft und Demokratie in Deutschland*, 1965, S. 260-276）。他把法律人整體稱作是法律人壟斷，乃因當時德國（譯按：西德）兩千個高階職位中有半數是由法律人占領。今天，其實也沒兩樣。這樣的權力菁英其實一直不是很有自信，因為一直存在某種不可置信的矛盾，即法律人握有如此大的權限，但是他們提出問題的水準卻如此之低，幾乎無人在潛意識中多少運用一下法律適用的ＡＢＣ簡易公式。在政治圈裡，法律較多是一種統治工具，而不是一門學術。

不過，問題還是出在法律人的養成。法律人養成與現實脫節，由來久矣，最晚始自普魯士腓特烈二世為法律人引進國家考試時。在此之前，教學與考試在大學中合一為之。在此之後，大學只負責教學，考試則交由國家機關處理，亦即司法考試機關。教學與考試分立的後果是，法律人的養成被移轉到第三個部門，補習班。薩爾茲堡的狄奧・麥耶—馬里（Theo

9 譯註：文章名為 Ausbildung einer Elite（一名菁英的養成）。*Der Monat*（月份報）是一份創刊於一九四八年（封鎖柏林開始）在柏林美國占領區首發的德國期刊，創刊人是美國媒體報人梅爾文・拉斯基（Melvin Lasky），主要以政治與文化為主題。一九六八年，賣給 *Die Zeit*（時代報）雜誌社，一九七一年一度停刊，一九七八年復刊，一九八七年，全面停刊。除拉爾夫・達倫多夫外，許多名家都曾經是這份期刊的主筆，如狄奧多・阿多諾（Theodor W. Adorno）、漢娜・鄂蘭（Hannah Arendt）、湯瑪斯・曼（Thomas Mann）、喬治・歐威爾（George Orwell）等。參見 Marko Martin (Hrsg.), *Ein Fenster zur Welt. Die Zeitschrift "Der Monat"*(2000).

Mayer-Maly）教授曾說：「這是所有國家考試評分者的最小公分母。」唯有能夠熟記這些私塾機械式僵固觀念的人，方足以構成德國平均法律人的知識狀態圖像。不僅如此，國家考試還有另一種效應，比如說將法律人的養成分成兩個階段，起自十八世紀，延續至今。法律人先在大學裡進行理論階段的學習，然後再以實習生身分到法院及行政部門歷練實務。理論與實務的分割不是沒有後遺症的。這種作法使學生無法及時地認知到他們在大學裡所學的社會成因和後果。過去曾有在法律學程中加入社會科學課程的倡議，基於政策上的考量未被採納。

為了改變，曾經有過許多的嘗試。從威瑪憲法時期起，人們就開始討論如何改革法律人教育。在經歷第三帝國的司法不彰之後，一九四五年後曾有一波大規模的改革。因為過去司法災難之所以可能，原因是法律人被機械式地養成，但這波改革毫無成效。新一波的改革運動是起於一九六八年的「洛庫姆模式」（Loccumer Modell）[10]，在學生運動與社會自由派聯

10 譯註：這波改革運動的相關方案與議題討論，主要是在位於洛庫姆（Loccum）的天主教研究院（Evangelische Akademie Loccum）進行，故而得名。相關文獻，參見 Wolfgang Lieb, *Zweite Loccumer Reform-Tagung zur Juristenausbildung*, *Zeitschrift für Rechtspolitik* 3 (1970), S. 19-21; "Reformatio in peius?" – Zur Geschichte der Ausbildungsreform: Ein Gespräch mit Rudolf Wiethölter, *Kritische Justiz*, Vol. 14, No. 1 (1981), S. 1-17.

盟的推波助瀾下，至少在幾所大學裡催生出一階段教育（Einstufenausbildung）[11]的實驗，例如奧古斯堡（Augsburg）和布萊梅（Bremen）大學。但這項實驗一度中斷，因為經費不足以支應為數眾多的法律實習生。經過一段時間之後，始又重新討論。一些知名的法律人提出新的倡議，司法部於一九九八年也作成決議，打算為法律人廢除實習制度（Referendariat），同時再次推動一階段法律教育。只不過到今天為止，德國的法律人仍然還是如數百年前一般地學習法律，像是某種特殊的伯利恆嬰孩殉道（bethlehemitischer Kindermord）[12]，今日一切如昔，對於整個社會產生深遠的影響。

關於法律人養成的參考文獻：儘管在比較法上的資料稍嫌過時，但仍可提供極佳的整體概觀——見：das Gutachten "Die Ausbildung der deutschenJuristen", *Veröffentlichungen des Arbeitskreises für Fragen der Juristenausbildung* e. V., Tübingen 1960; Rudolf Wassermann, *Erziehung zum*

11 譯註：一九七〇年代至一九九〇年代間，在德國推動的一項法學教育改革方案，旨在取代傳統「（先）學院教學」與「（後）實務實習」的兩階段法律人養成模式。

12 譯註：新約馬太福音記載：希律王（Herod）聽聞猶太人救主耶穌誕生的消息，唯恐危及其王位，下令將伯利恆城所有兩歲以下男嬰盡數屠殺，又稱無辜者的屠殺（Massacre of the Innocents）。參見 Richard Thomas France, Herod and the Children of Bethlehem. In: Novum Testamentum, 1979, p. 98-120.

Establishment, 1969；近期的討論，見：B. Großfeld, Das Elend des Jurastudiums, *Juristenzeitung* 1986, S. 357-360; H. Hattenhauer, Juristenausbildung: Geschichte und Probleme, *Juristische Schulung* 1989, S. 513-520; U. Wesel, Juristenausbildung: Wider den geplanten Leerlauf, *Kursbuch* 97 (1989), S. 29-40; Ingo v. Münch, Abschied vom Referendar? *Neue Juristische Wochenschrift* 1999, S. 618-620；關於「帕蘭特」的政治過往，見：Hans Wrobel, Otto Palandt zum Gedächtnis, in: *Kritische Justiz* 1982, S. 1-17。

第二講

人類秩序的初始——以努爾人為例

我們對於古代以前的時代知多少？西元前兩千年的時期，相對來說比較為人所知，透過希臘、克里特島、邁錫尼的出土，比如說，又或者在克諾索斯的遺跡中經由在那裡尋獲的文字壁畫殘片的解譯，以及從古希臘文學、荷馬史詩《伊利亞特》和《奧德賽》的推論，其來源可以遠溯到那些時期。蘇美人最早的楔形文字，來自西元前三千年的時期。他們城邦的歷史、他們的社會及經濟關係，都還可以比較完善地重新建構。埃及也是類似的情形。在西元前四千年期間，國家組織的肇端在這兩大地區，其大致的輪廓只能從考古遺址加以辨識。再往前追索，則越來越難以透視，儘管近東的出土近十年來已有驚人的進展。關於國家統治體制發生前的社會秩序，人們幾乎是一無所知。從舊石器時代的採集和狩獵生活，演進到新石器時代的定居生活，其社會秩序的面貌消失在西元前八、九千年不可知的黑暗裡。即使是對於近世部落極為講究的考古出土——例如加泰土丘（Çatal Hüyük）的出土，在安納托利亞發掘的西元前六千年的部落遺址——，也很難對於當時農耕生活提供精確的描述。

不過，從我們當今社會還是有些可資比較的素材，也就是經由人類學家描述採集和狩獵社會及其他農耕和畜牧的部落社會。問題只在於，我們到底用這些素材，在多大的範圍，可以拿來和過去未可知的社會相比較。換句話說，肯認這點的「比較理論」是否正確有理？這項理論最先由路易斯・摩爾根（Lewis Morgan）在他一八七七年出版的《古代社會》（*Ancient*

Society）一書中奠定穩固的根基。在二十世紀的前半葉，人們尚且對此抱持懷疑的態度。直到近期，人們才願意承認早期社會發展中存在著某些普遍的規律性。這是比較理論的預設。不過，摩爾根對早期歷史所為細節的重構，卻少有人肯認。人們假設只有存在於國家之前的社會一般性結構才可以拿來比較。如果人們確認在地球上完全不同區域的他種狩獵社會中，在不同的經濟條件下，卻存在著共通的秩序原則，那麼人們就可以同時假定，舊石器時期狩獵者的生活大約也是依照同樣的規則。同理亦可適用於農耕及畜牧者，特別是在他們身上存在著一種秩序原則——單系親屬社會——，此點甚至在早期古代社會即扮演極其重要的角色。從以下努爾人（Nuer）的例子，足以一窺存於國家之前的社會及其法律的一般性結構，如果暫不論其特殊之處的話。

努爾人是一項著名的例子，自愛德華・伊凡—普理查（Edward Evans-Pritchard）於一九四〇年一本古典的專論中對其描寫之後（Edward Evans-Pritchard, *The Nuer*, 1940）。努爾人居住在蘇丹南方、白尼羅河畔，當時有三十萬人，分成十五族，是一個放牧社會。最重要的生產工具是牛隻，但也種植玉米和小米。夏天雨季時期，他們居住在小村落中；冬天乾旱時期，則帶著他們的牲畜離開村落，逐河廬帳而居。

家庭是最重要的經濟體，也就是一夫一妻或一夫多妻加上子女的生活共同體。男人負責畜牧牛羊，女人負責擠奶及家務，並且一起在田裡工作。一夫一妻的家庭多於一夫多妻的家庭，原因很簡單，因為在婚嫁時，男方必須給女方相當高的嫁妝，大約是二十到三十頭牛。妻子如果離開她的丈夫（這是常有的事），這些嫁妝就必須返還，但必須為了頭生子而扣減相當程度的返還額：六頭牛。如果他們生有兩個小孩，則完全不必返還。換言之，嫁妝不是娶妻的對價，而是其所生子女留在夫家的補償。

親族是努爾人最重要的社會單元，與大多數存於國家之前農耕及畜牧的社會相同。這位英國的人類學家稱此為世系（lineage）。不同於我們非統合的同源親屬系統（kognatisches Verwandtschaftssystem），也就是血統親系（Blutsverwandtschaft），努爾人通常只有親屬是經母方或父方而歸入部落社會。這是一種單系親屬秩序（eine agnatische Verwandtschaftsordnung）。在我們的同源親屬系統裡，一個小孩有兩條親系，有母親方的親屬，同時還有父親方的親屬；在單系親屬系統，小孩只有母親方或者父親方的親屬。我們的小孩有兩個祖母和兩個祖父；在單系親屬系統，則只有一個祖母或一個祖父。在我們的同源親屬系統裡，族譜的親系由上而下以扇狀向各方擴展，並且向外輻射以至一望無際。反之，在單系的分支系譜下產生的是一組固定的親族，可稱之為氏族（Gens）、世系，或者——在較大的關聯時——稱之為部落（Klan）。在族群之中，不得通婚。換個說法，這些族群是外婚制（exogam）。外婚制通常還佐以近親相姦的禁忌（Inzesttabu）。這種族群從成員相當大，到數百人的團體都有，端視要往前推算多少世代而定。親族若以母性為準，一般稱為母系（Matrilinearität），子女若僅歸屬於父親的親屬，則稱為父系（Patrilinearität）。即使是在古代，兩者也都有。羅馬人的氏族與希臘人的氏族在過去是父系的。在小亞細亞（譯按：安納托利亞）的呂基亞人（Lykier）則是母系（Herodot, *Historien*, 1.173）。

努爾人的世族是父系，可以追溯到三到五個世代。土地的財產權與牲物歸屬於這個世族。如同其他的族群社會，世族為其社會秩序最重要的元素。精確的說：親族秩序及社會秩序為一而二、二而一。一個族裔（Stamm）是由多個親族並立組成，作為環節（Segmente）的親族雖與其他親族透過多重的聯姻關係而結合，但彼此之間則是根本地密接在一起。自從艾彌爾．涂爾幹（Emile Durkheim）的《社會分工論》（*De la division du travail social*, 1893）問世以來，人們將此稱為環節社會（segmentäre Gesellschaften），其社會的平衡是藉由環節的外婚與族裔的內婚制（Endogamie）來維繫，也就是透過規則，只能在世系之外通婚，但通婚對象只能是同族裔的。

族裔，是一種或多或少明顯可確定的總體。它是最大的單位，在當中族人自覺有共同對外發動攻擊或共同防衛的義務。在族裔之中，存在可以和平參與爭端的機制，以及或早或晚為爭端而奉獻的道德上義務。「法存於族裔之內。」伊凡—普理查如是說。換句話說，這種族裔是可以支付贖罪賠償金（Blutgeld）作為殺人對價的統一體。既無首領，也沒有部落會議。努爾人是單系秩序，沒有統治體，也不是國家。若暫且不問婦女受到不利對待——但其不利狀態尚不至於像其他若干族裔社會——，吾人可以說，他們是一個齊頭平等的社會（eine egalitäre Gesellschaft）。伊凡—普理查如此描寫（*The Nuer*, 1940, p. 181）：

> 努爾人是嚴格且平等教育下的產物，極端民主，且容易被刺激而為暴力行為。他不可動搖的信念是將任何的強制視為是一種干擾，沒有人會認為別人高人一等。財富沒有任何的差別。一個男人擁有許多的牲畜會引來羨慕，但其受到的對待與擁有較少牲畜的人沒有兩樣。還有出生也沒有差別。……每一個努爾人對待他的鄰人跟對待自己一樣，這點顯然地表現在他的每一個行動中。他們以身為土地的主人而感到驕傲，事實上，他們認為他們的確如此。在他們的社會中，既沒有主人，也沒有奴隸，而只有平等，他們把自己看作是上帝最神聖的創造。

不過，有一個例外。這是一位穿著豹皮的男子，他叫做「kuaar twac」或者「kuaar muon」。「twac」意思是豹的皮毛，「muon」則是大地。但「kuaar」是什麼意思呢？這個字的翻譯，有點困難。這個人之所以引人注意，乃因他是努爾人中唯一穿有服裝的人。豹皮。

當一九二〇年代英國首批殖民官在找尋首領的時候，他們想要經由這些首領建立行政體系，結果他們碰到這些男人。他們稱這些人為酋長（chiefs）、豹皮頭目、豹皮首領。這個稱呼沿用相當長的一段時間。伊凡—普理查在他的偉大敘事裡仍使用這個稱謂，儘管他對此表示懷疑。在最後一部關於努爾人的論著裡（*Nuer Religion*, 1956），伊凡—普理查不再使用這個稱謂，而稱他們為巫師，豹皮巫師或土地巫師，這是正確的用語。他最初的懷疑根源於，他發覺這些人沒有任何的權力，不能發出任何的命令。在他們最重要的活動中——調停血親復仇，後詳——，他們只扮演不具拘束力的調解角色。調解者的建議唯有經由他們的個人特質才能取得份量，整件事情全然取決於參與者是否和平解決爭議的善意。這些巫師被努爾人齊頭平等社會有意識地置於無權力狀態。

關於這些巫師們的無權力性，衍生成為一項相當大的爭論。今天人們對於主要部分已達成共識。在努爾人中並不存在展現權力的制度。不過，總是會有發生爭端的時候，於是這些人就會出現，取得具有影響力的權力，通常只是相當短的時間，而沒有被制度化。十九世紀末期及英國殖民行政之初，有所謂的「ruic naadh」，也就是預言師、族人的發言人或領導者，他們起來組織對抗阿拉伯奴隸販人及英國軍隊。伊凡—普理查沒有看到這點。但是豹皮巫師絲毫未受影響，事實上，他們沒有制度化的權力，唯有依賴他們的調解技巧和人格權威性。他們的地位是世襲的，只有在例外情形才移轉給他人，經由豹皮的交付。在可能的情況下，他們絕少獨處，通常有聯盟為後盾。因為，他們的調解活動可以獲有三、四頭牛的報酬，這是相當豐厚的收入來源，用來集合強大的親族聯盟於己身。

他們最重要的功能是調停血仇。在努爾人中有許多的爭端，動輒拿起棍棒或箭矛相向，而經常以死人告終。在老一輩的人身上很少沒看到傷疤。暴力行為屬於他們生活的一部分，就像是畜牧一樣。而畜牧也是大部分爭端的緣由。人們爭執牛隻、嫁妝的多寡、放牧權、用水權。但有時候通姦、誹謗、請求返還所有物的爭執，或有人揍了別人的小孩，也會引發暴力相向。如果一個男人認為他遭受不義對待，並且要求他人決鬥，沒有其他的解決機制，唯有勇氣才是他的保護。打從小時候，他們就被教育要以戰鬥來解決意見的分歧。勇氣是最高的美德。人們相互鬥毆，直到其中一人或另一人受重傷為止，或者——而且經常如此——直到有人介入，並且把他們分開。因為人們知道結果會是什麼，特別是在不同村落之間男人們的爭端。這很容易從男人們的鬥毆演變成兩方的鬥毆，並且可能會讓許多人付出生命的代價。因此人們會延緩事態的惡化，並且讓年長者出面調停，或者是豹皮巫師。

豹皮巫師，「kuaar twac」，或大地巫師，「kuaar muon」，通常會出面介入，如果有人被殺，這是會引起血親復仇的。在世族（lineages）之間的血親復仇，通常會演變成同一個族裔裡環節彼此間的種種世仇（Feindseligkeiten），進而危及所有成員，不僅因為他們的生命直接受到威脅，而且會出現嚴重的禁忌問題。多半的情形，人們會尋求和解。調解人就是豹皮巫師。他的能力來自他與土地的連結。因為土地的肥沃多產滋養了人類。

如果有人殺了人，不管是故意或出於過失，他會趕緊跑到最近的巫師家裡。基於兩個理由。其一，他有一種儀式性的急迫需要，他必須滌除死者的血。此外，他也有生命危險，因為死者的親屬會追殺他。在大地巫師家裡，他是安全的。這是一處聖地，一個別人不能進入的避難所。在那裡，他如同客人般的生活，直到事情擺平為止。

巫師用一根魚矛割破他的右手臂，直到血流出來，並且犧牲一頭牛，叫做「yang riem」，意思是「血之牛」。他們相信被殺者的血液已經進入行凶者的體內，必須排出。如果行凶者在此之前飲食，這將是一種嚴重的大不淨，「nueer」，破壞禁忌，是會帶來死亡的嚴重後果。他們把這種淨化的程序稱作「bir」。殺人者唯有經過這道程序之後，才能正常地生活和飲食，但他不能修剪頭髮。他的家庭必須離開村落，牲畜則交由親戚照顧。

死者的親屬有參與血親復仇的義務，這是親屬之間團結的表徵，他們必須殺死行凶者及其家屬。只要行凶者還待在大地巫師的家裡，他們就必須隨時來到此處，觀察行凶者是否已經離開避難所，以便找機會進行血親復仇。理論上，他們應該善用任何可能的機會，不過實際上通常不是非做到不可。幾週過後，大地巫師會試著進行和平的調解。在調停之前，這些想要復仇的人是沒有機會的。就算情緒激動，也要暫時按捺下來。

大地巫師不慌不忙地主持協調，他先探問行凶者的親屬擁有多少的牛隻，他們是否願意為了血仇支付賠償，也就是贖罪給付，「thung」，以牛隻抵算。然後，他走向死者的親屬，請求他們接受這項賠償。家屬們先是拒絕。這是很得體的，人們必須維持不接受和解與堅持血仇的態度。但大地巫師知道這點，繼續堅持他的提議，並且恫之以行凶者可能逃亡。死者的其他親戚則會支持大地巫師，他們跟死者關係比較遠，不會從中獲得賠償，因此比較沒有機會主義的嫌疑。大地巫師極盡說服之能事，家屬們最終軟化，同意接受賠償。但他們只會說這是基於死者的利益，不是為了親屬們生活而貪圖牲畜，而是死者的靈魂迫使他們接受。他們會盡快地以死者之名迎娶一位女子。這是一種冥婚（Geisterheirat），以牲畜代之。由一位親屬以死者之名，帶著這些牛隻與一名女子結婚，所生的子女是死者的合法子女，以此安撫死者的靈魂。這是贖罪給付原本的目的。

不僅如此，家屬們之所以願意接受贖罪給付，乃因兩方的親屬均處在嚴重的禁忌危險之中，即使是遠親也不例外。只要衝突沒有和平落幕，就可能發生嚴重的大不淨（nueer）。這是一種不潔，一種會帶來嚴重破壞禁忌的污點，例如近親相姦；還有，如果死者的親屬與行凶者的親屬一起吃飯或共飲，也是禁忌。一種不赦之死罪（Todsünde），他們相信，不可避免的後果就是參與者的死亡。即使是在他們不經意的情況下，只要他們在一個局外人的家裡共用容器，就足以造成危害。雙方對此都相當恐懼。

調解歷時冗長，有時候多達數個月，終而以四十頭至五十頭牛達成協議。債務經過多年分攤賠償，部分則一直沒有支付。在交付大約二十頭牛時，舉行隆重的和解儀式。這些牛來自行凶者不同親屬的牛廄，由大地巫師帶到死者的村落，經死者的親屬驗收牛隻。如果被接受，則進入鄰居的牛廄。在牲品沒有獻祭之前，牛隻不能進入死者的牛廄。牲品是以公牛為之，他們把牠叫做「yang ketha」，意思是「膽囊之牛」。大地巫師向他們至高尊神「kwoth」祈求結束這宗世仇，向死者的靈魂召示他的死亡已經被償還，有一名女子以他之名被迎娶，因此他會有自己的兒子。隨之宰殺公牛，親屬們奔向那頭牛把牠支解成塊。牛的膽囊被放入一只盛有水及牛奶的南瓜葫蘆裡，然後眾人飲用，摻以潔淨用的巫藥，行凶者的親屬也共飲之，如果他們在場的話。因為在此之後，人們就可以重新無虞地同餐共飲。第二天早上，牛群被帶到死者的牛廄裡。有一些會分給近親，一些則保留到與死者的靈魂結婚為止。這是第一次的大和解，重要的一次，終結血仇，破除禁忌。之後還會有第二次，在交付最後一批牲畜的時候。他們稱為之「ghok pale loic」，意思是「心靈得以輕鬆的牛」。族人舉宴歡慶，世族間的友誼由此重建。

在「yank ketha」大和解之後，大地巫師帶著行凶者重回他離去的村落。親屬關係仍在，村舍重修。大地巫師宰一頭公牛，「yang miem」，意思是「頭髮之牛」。因為自此之後行凶者才能再度修剪他的頭髮。第一撮頭髮由大地巫師幫他理掉。他清除村落裡的雜草，點燃儀式性的火。這位行凶者重返家園，免除了血債。

以上所述，是有關大地巫師的作為、血仇及衝突的和平解決。血仇不外就是一種特殊形式的自力救濟（Selbsthilfe）。當人們以自己之力採取法律途徑，法律人稱之為自力救濟。因為努爾人並沒有法院和法院的執行員，人們發現他們有多種解決的方式。最常見的是，憑自己之力取走牲畜，這是日常生活常見的現象。他們稱之為「kwal」，「取走」之意。通常的情形是，有人主張其對該物的請求權。當有人說，他人取走他的牲畜，「kwal」，沒有經過他的同意，意思不是說他不該如此做。如果這件事發生在族裔之內，那麼當事人通常會有的感覺是，他應該接受他所應得的。換言之，自力救濟是被允許且正常的。這是清償債務通常的途徑。如果有爭議，那就是涉及此人是否真的有請求權。伊凡—普理查寫道：他從沒聽過，一個努爾人偷了族裔中人的一頭牛，只因為他想要得到牠。在族裔之外的牲畜偷竊過去相當普遍，甚至被看作是一種特別英雄行為。因為只有在族裔之內才有法。

不過，在這個團體內部也有差異。部落定居的密度是相當小的，即使是小的族裔也是散居在廣大的地域。是否有人對他的近鄰做了不法之事，或者雙方所在相隔甚遠，其情形不可一概而論，取決於一人對他人得否及如何貫徹法律。也就是說，在族裔之內。法的強度與密度是極其不同的。這就是伊凡—普理查詳述的結構相對性（strukturale Relativität）。

加害人與被加害人的關係越近，法的貫徹、獲得賠償、解決衝突越是容易。當然，賠償的金額通常也比較低。加害人與被加害人的親屬關係及空間距離越遠，衝突的解決越困難，費時越長，但代價也越高。例如通姦，代價是六頭牛，五頭是賠償，一頭公牛獻祭。在近親之間的衝突協商，也就是在同一村落中或相鄰且關係緊密的村落間，賠償的給付通常不會多過一頭獻祭的公牛。近親之間對於不法行為的憤怒較小，來自周遭的人希望盡快達成協議以重建社會平衡的壓力則較大。團體越小，壓力越大。相反的，在丈夫與破壞婚姻者之間結構上相距較遠的情形，獲得解決甚至賠償的機會相對較小。如果村落相隔甚遠，親屬間的連結微弱，團體不會給加害人必須以相應給付擺平事情的壓力。若要促使加害人去做這件事，通常只能恫之以暴力。於此種情形，賠償的額度通常也會較高。

法的結構相對性衍生出法的根基的問題。對我們來說，今天的主流見解是，法奠基在國家秩序之上。法是國家（國王）的命令，十九世紀英國法理論家約翰・奧斯丁（John

Austin）如是說。努爾人沒有國家，他們的法奠基在哪裡？

奠基在暴力，伊凡—普理查認為。這點闡述亦見於他的結構相對論（*The Nuer*, 1940, p. 169）：

> 關於在不同次級或主要族裔環節間之賠償機會較少的主要原因是，法的基礎是暴力這個事實。我們不能被給受害人的傳統賠償數額所誤導，而認為請求賠償是相當容易，男子似乎不會想要動用暴力。棍棒與箭矛是法的制裁手段。促使人們給付賠償的主要原因是，唯恐被害人及其親屬可能會訴諸暴力。

我認為這點過於誇張。因為努爾人亦具備根深柢固的法意識，即「cuong」與「duer」的觀念，這是他們對法與不法的稱呼，同時屬於他們宗教的核心部分。

他們信奉一位至高尊神「kwoth」，意思是靈，拉丁文的「spiritus」，也有氣息的含意。他們的上帝觀類似舊約聖經。神在天上，是萬物的創造者與推動者，無所不在。他們向祂祈禱並且說：「祂創造了世界，這是祂的話語。」不管他們談論過去遠古或現在當前的事，對他們來說，神都是最後的解答。人類、畜群、黍栗、漁產，都是神所創造並且存在。祂確立了一些婚姻禁止原則，並且要努爾人攻擊丁卡人（Dinka）。祂創造了黑種人與白種人，一種是強人種，另一種是弱人種。祂決定死亡。祂會發怒，也愛人類。他們以「gwandog」稱呼祂，意思是「我們的天父」。他們相信祂，當他們說「kwoth athin」，「神在」的意思，他們每天都會這樣說，表示他們雖然不知道該做什麼，但神一直在，會幫助他們。在神的面前，他們自覺渺小且無知。他們認命地承受不幸，這是神的旨意。當一頭牛死掉或一間茅舍著火，他們說：「這是神給的，現在神收回。」這是祂的權利（cuong）。神永遠是對的，祂的話語（cuong）是他們宗教的關鍵概念。當他們對的時候，神幫助他們；當他們行為錯誤，祂處罰他們。他們的祈禱，沒有固定的形式，與基督教的主禱文（Vater unser）非常相似。「我們的天父，這是祢的世界，這是祢的意志，祢讓我們和平生活，讓人類心靈安息。祢是我們的天父，讓我們脫離所有的罪惡。」等等。祈禱時，他們望向天空，張開雙臂，手掌朝上。

不過，「cuong」這個字也是一般用語，在人與人之間的日常對話，意思是正直的（aufrecht）、自信、確信。例如他們說：「祝福他的家穩固。」也就是幸福，引伸為正確以及——最後即是——法。就如同我們的法（Recht）這個字是從正確與正直引伸而來一樣。此外，「cuong」亦如同我們也有客觀的法與主觀的權利雙重涵義。客觀的法是一般性的法，所有規則的總稱，或個別的規則及相對應的行為：任何人合法，法即站在他這一邊。如果有「cuong」，神就會幫助他。此外，「cuong」還有主觀權利的意涵，自己的權利，財產權，對他人的請求權。在分配嫁妝時，如果有人享有請求一頭牛的權利，這便是他的「cuong」。同理，亦適用於賠償請求權。而神處罰那些違法行事的人、犯錯的人，也就是「duer」。這是法的相反詞，源自「dwir」，意思是錯誤、失誤、犯錯、沒有命中目標，例如在擲矛的時候。不過，「duer」是指有意識的犯錯。刑法上，我們今天稱之為故意。他們把過失稱為「gwac」。在殺人時，過失也扮演重要角色。「gwac」的後果比較不嚴重，賠償額也不高。

對神的信仰也是法的基礎，相信祂用以獎掖和懲罰的正義。宗教上結合他們懍於受到對應的制裁、病痛及死亡的恐懼，同樣似乎也強烈地影響到他們對暴力的害怕。此外，還另有其他的因素。凡是不法行事的人，即會在圈子較小的團體中失去別人對他的尊敬。他是不受歡迎的。這通常也會伴隨著社會及經濟參與的喪失。當地方發生爭執時，村落中的公共輿論會驅使爭議雙方達成合意，還會加上親屬間的壓力。於此發生推進作用的，不是對物理暴力的恐懼。口語及心理的爭執有時也會影響小團體的平衡。在此種情況，群體團結的壓力具有與對暴力恐懼相同的作用力，進而導向達成協議。

此外，伊凡—普理查也低估了努爾人法律中的一個獨特的要素，那就是共識。這點恰恰足以定義他們的法秩序，當某一族裔的成員說他們有「thung」，那就是在殺人、傷害或通姦時給付的和平補償（Evan-Pritchard, 1940, p. 121）。於是，這個族裔的自我定義不是透過暴力威脅，而是以對待給付的可能性、和平補償、共識，原則上是個和平的秩序。此和平秩序之制度化就表現於大地巫師的存在。

法的結構相對性及其所生之法，並非來自個別因素的各種影響，如暴力威脅或其運用，而是來自多種因素的交互作用。在圈子較小的團體領域裡，產生和解意願的道德壓力不是暴力的威脅，而是因敵對關係而對整體社會平衡的可能干擾。衝突的參與者彼此間的住處距離越遠，這種壓力就越弱；而這種壓力越弱，則透過暴力威脅達成共識的趨向越大，或者必要時代之以暴力。此外，暴力並不是價值中立（wertfrei），而是要有「cuong」為基礎。因為個人很少有辦法獨自以暴力貫徹自己的法。他需要朋友及親屬的支持。而通常唯有大家都確信法是站在他這一邊，他才能獲得支持。這個確信又是與對「kwoth」的宗教信仰緊密相連，祂會幫助有「cuong」的人，並且會懲罰違法行事的人，也就是「duer」。以多種方式共同建構起結構相對性的，正是他們的宗教觀。例如在殺人之後關於「thung」的協議。之所以能夠達成協議，是因為所有的參與者都想要排除「nueer」的危險，也就是因為共同飲食而造成不淨的褻瀆。他們住得越近，此種不淨就越大。這也是給了大地巫師可以促成和解的機會。他們住得越遠，就越困難。

總之，努爾人秩序的特徵是一種近乎難分難解的相互滲透，以及宗教、道德和法律的聯結。由於不存在世間上的權威，因此他們把他們的法律訴諸一個超凡的權威。「kwoth」是「cuong」（法）與「duer」（不法）的主宰，但是祂罕以大地巫師的媒介行使祂的主宰權。在此範圍內，他們不需要權力的代理人，他們與「kwoth」之間的互動是直接的。在每一個努爾人身上，法律、道德及宗教是一體的。

關於近東的出土資料，參見：James Mellaart, *The Neolithic of the Near East*, 1975。關於南安那托利亞地區（Südanatolien）的出土資料，見：James Mellaart, *Çatal Hüyük, Stadt aus der Steinzeit*, 2. Aufl 1967。關於「比較方法」的問題，最引人注目的研究見：Robert McC. Adams, *The Evolution of Urban Society. Early Mesopotamia and Prehistoric Mexico*, 1996。該研究顯示，蘇美人（Sumerer）與阿茲特克人（Azteken）這兩個空間及時間上相隔甚遠的社會如何極其相似地發展，由此可以得出一般性發展法則的推論。Evans-Pritchard關於努爾人的三本書：*The Nuer*, 1940; *Kinship and Marriage among the Nuer*, 1951; *Nuer Religion*, 1956。關於努爾人法律的詳論：P. P. Howell, *A Manual of Nuer Law*, 1954。關於探討豹皮巫師的簡要報告：L. Mair, *African Societies*, 1974, S.134-136。關於前國家時期社會之法律的概論：E. A. Hoebel, *Das Recht der Naturvölker*, 1968; S. Roberts, *Ordnung und Konflikt*, 1981; U. Wesel, *Frühformen des Rechts in vorstaatlichen Gesellschaften*, 1985。

第三講

法是什麼？

看吧，努爾人的法跟我們的法之間存在著重大的差異。他們不需要法律人的ABC，也不需要法律人。沒有法律人，每一個努爾人照樣知道法與不法。因此，人們到底能不能把他們的法稱之為法，這樣的提問就不是不正當。對現代人來說，法難道不應該是某種不可理解的東西？或至少是有困難的？正因為如此，法律人才是必需的。而且，如果「cuong」不是法，那它到底是什麼？努爾人只是一個例子。在所有前國家時期的社會中，人們都可以找到類似的東西。如果將它和我們的法進行個別比較並且加以歸整，可以得出下表：

努爾人的法	我們的法
他們的社會是平等構成、齊頭、沒有統治	個人被置於他人的統治之下，後者構成國家（國會、政府、法院）
經由爭議者協調達成共識的方式解決衝突	在聽取爭議者意見後，由法院以裁判解決衝突
必要時，以私人實力為自力救濟	必要時以國家權力（法院執行官、監獄）強制之
社會秩序中所生機制之中介人的分殊化低	來自社會結構之解決爭議機制的分殊化高
自我管理	可操控
靜態、保守	變動、進步

集體性	個人化
法與道德合一	法與道德分立
法與宗教合一	法與宗教分立
具體、個人、人與行為合一	抽象、不涉及個人，人與行為分立
賠償	刑罰
協議、規範上無可預測性	理性、規範上具可預測性
結構上相對性	地域統一性

有些部分是類似的。「汝不得殺人！」此地與彼方概皆如此，但差別大於共同點。也就是說，在齊頭式的社會裡，殺人是一種私人侵害，是對被害人家庭的侵犯，被害家庭可以獲得贖罪賠償金形式的賠償；反之，在國家的社會裡，殺人是公共罪犯，國家對殺人者有刑事追訴權，死者的家庭則無所獲。前國家時期社會的協議解決方式，可以讓爭議者再度和平相處。國家法院的嚴厲裁判多半會導致雙方的連結關係徹底摧毀。在前國家時期的社會中，大家地位同等，經由協商達成衝突的解決，不是以命令的方式，而是透過共識。在國家的法秩序中，則是經由聽取當事人意見及訊問證人之後，作出片面的裁決，基於國家的權力，透過

若干機構，通常就是法院。法院在這個社會中沒有其他的功能，且在其分工的專門化之下，和其他社會結構判然分立。相對來看，這種將一批人分離出來，專事衝突解決，在一個齊頭式的社會裡，是不可想像的。換句話說：齊頭式的秩序具有自我治理的特性；反之，在國家秩序中，則存在著一種統治工具，其對整體社會的流程，亦有調控功能。在齊頭式社會中，衝突解決的特徵僅止於調和，其餘均維持原狀，社會並未因此而改變，仍維持靜止狀態。反之，經由國家法院的片面裁決，容易導致全然相反的情形，而且這通常也是法院的任務，即是（譯按：對社會）進行調控式的干預，甚至昭示某種過時的傳統已然過去。社會可以因此而改變，也就是進步。相對的，齊頭式秩序的集體性特徵則是將個人置入親屬的結構裡，若缺乏親屬的團結——此點通常基於相對性——，則失去保護，特別是在發生衝突的情境。相對來說，在國家秩序中，來自家庭或親屬的支持，通常無必要亦無可能。國家秩序的重點在個人，也就是個人主義。

努爾人的「cuong」（法）是一種道德上的秩序。善與惡，法與不法構成一體性，直接連接上帝。法與道德並未如我們般地分立。對我們來說，違反法律的背後可以有道德上的理由。只要想想人們發起對核電廢料運用的靜坐封鎖行為。而合乎法律的行為可能是不道德的。例如投機者長年閒置其住宅。對我們而言，法律是外在行止的準則，道德則是內在觀念、信念的問題，而對此問題的理解，極具有個人性，每個人首先必須自己決定何謂善與惡。早期的社會和我們不同，他們的道德是集體性的、從眾的（konformistisch）。外在的秩序與內在的心態是一體的。

齊頭式的秩序是具體的、關乎個人的；國家的秩序則是抽象的、客觀的。也就是說，在齊頭式的社會中，將某一個行為與某一個個人分別看待是不可能的。行為與行為人是不能分割的。個人與行為的區隔是國家秩序的特徵，吾人對於無需因人決事而感到驕傲；正義女神以布條蒙住雙眼。近代來自非洲司法領域的抱怨，充分顯示其間的差異性。近來有一些年輕非洲國家的政府部門，對於下層的第一審法院多有怨言，這些區法院與舊有齊頭秩序千絲萬縷而難以脫離，往往花費時間述說爭訟當事人的個人關係，有時長達多日。如果未盡清楚，則從頭講起。訴訟程序費時冗長、無效率，且多與實質上所應審究決定者無關。當法院如此個人化地作出決定時，同時意味了他們不是依照法律作判決，也就是說，法是由下而上產生的，而不是由上而下地強制接受的，如同義務一般。

以上是差異部分。這也就是為什麼人類學家們在描寫種種分支世系秩序時，難以把其差異放在一個特定的概念底下。這是法嗎？或者不是？那又是什麼？這方面的討論主要都是由英美人類學家們主導，歷有數十年，到底就是「law」與「custom」的問題。「law」不只是成文的法律，還包括各式各樣的法；「custom」則相當於我們說的習俗、習慣或倫理。困難度如此之大，是因為在分支社會當中各有各的社會結構，差異甚大。他們的法與我們的法，其間的差距並不像我們與努爾人之間那麼清楚。在一些酋長社會中已存有法院及國家強制的雛形，但輪廓相當模糊且具流動性，很難放到同一個體系中。樣態如此之多，人們該怎麼辦？大概有四種可能性。

首先，人們可以說，這全部是習俗，都不是法。「Custom is king」曾經是世紀之交的一句口號。在這些社會，也就是「野蠻」社會中的人類，生活在他們習慣的支配之下，自動地、強迫性地，而不需要有法院或國家的存在。一九二六年之後，人們對此有較多的瞭解。彼時，馬林諾斯基（Bronislaw Malinowski）出版一本有關特羅布里恩群島族人（Trobriander）[1]的書，名叫《野蠻社會的犯罪與習俗》（*Crime and Custom in Savage Society*）。他把「野蠻人」的人性還給他們，證明他們和我們完全一樣，也會違反或規避他們的規定，於是有第二種可能性：全部都跟我們一樣，全部都是法。

不過，人們很快地又放棄這種想法。也就是有了第三種可能性：視情況而定。如果與我們

1 譯註：屬巴布亞新幾內亞之群島。

實際相類似者，就是法，其他則是習俗。問題只在於，標準何在。人們多半依循美國法律人類學者亞當森・霍貝爾（Adamson Hoebel）的準據。對他來說，關鍵是來自社會正當機制的強制，它構成了法。換句話說：唯有存在著社會公認的機制，必要時可以對違法者訴諸實力，方能稱之為法。在努爾人的情形，霍貝爾應該會說，他們只有習俗，而不是法。因為並不存在此種機制，而只有自力救濟。

晚近則漸漸普遍認同另一種觀點。因為大家對於上述的形式區分方式越來越感到不安。上述區隔觀點是源自歐洲法理論，而和前述的分支社會格格不入。例如霍貝爾氏的強制理論（Zwangstheorie）是溯自馬克斯・韋伯（Max Weber）的法概念，那為了工業化集體社會而建構的說法。近人則想要脫離這種區分方法，再次為分支社會找尋統一性的術語。「law」或「custom」不再合用，也就是需要創造新的名詞。在一九四〇年代有了新名詞，為英國人類學家麥耶・福特斯（Meyer Fortes）所創，在他關於迦納（Ghana）的塔倫西人（Tallensi）的敘事中。他說他們的秩序叫「jural」。那是某種介於法與習俗之間的東西。這種在術語上的措辭的妥協，今天被廣泛接受。這是第四種可能性。

現在，哪一個正確呢？換個方式問：什麼是努爾人的「cuong」？舊有的觀念說那是一種習俗，這個看法正確嗎？或者，馬林諾斯基說這就是法，他的說法是對的嗎？霍貝爾重返舊觀念的見解又如何？又或者，人們可以同麥耶・福特斯一起說那是「jural」嗎？對於這些問題的回答，法律人採取一種迂迴之道。經由歐洲法理論史的迂迴之道。因為不只是馬克斯・韋伯以他的強制機制來回答法是什麼的問題。在此之前，早有無數學者在討論這個問題，各人各有自己的解方。未來亦將如此。如同其他類似的一般性問題。什麼是藝術？什麼是學術？什麼是法？超過兩千年以來，已有種種的答案，來自哲學家、法學家、社會學家。十五個例子可為例證。

一、柏拉圖（Platon）。他的法哲學可見於他的兩部著作。第一部是《國家篇》（*Politeia,* ca. 375 BC），第二部是《法律篇》（*Nomoi,* ca. 350 BC）。他由人性推論出他的理想國的構造。人性可分為三：感性的欲望、榮譽心和勇氣，以及——最高層次的——理性。國家的階層秩序則與之對應。最下層為人民：農夫、工匠、商人。中間階層為軍人，也就是「守衛者」。最上層是哲學家，他也是統治者。哲學家分受了善的理型，而回答「法是什麼」的問題。對柏拉圖而言，這是關於正義的內容性問題。答案是，每個人依據他在上述階層裡的功能而各得其所應得者。「Suum cuique」，也就是「各得其份」，因國家之故。

二、亞里斯多德（Aristoteles）。他的法哲學是倫理學、道德哲學的一部分，也就是《尼各馬可倫理學》（*Nikomachische Ethik,* ca. 330 BC）卷五。如同柏拉圖，這也是一個政治哲學。國家是人類發展的最高目標，因為唯有在國家中，人類才能夠完美實現其理性的本質。國家決定何者為適用於國家之法。對亞里斯多德來說，這也是個探求正義的問題。正義就是平等。大哉其語，但旋又略予細分。因為有兩種平等，也因此有兩種正義。他將這些也見諸於柏拉圖著作的思想予以體系性，並加以開展。有算術的（arithmetisch）與幾何的（geometrisch）兩種平等，分別對應衡平（ausgleichend）[2]與分配（austeilend）兩種正義。交換正義適用於契約法、損害賠償、人民之間的互負義務。一人對他人造成損害者，前者應支付相同程度的賠償。正義的較高形式則是分配正義。國家依照合比例性原則分配財貨、職位及榮譽。國家給某些人多一點，給某些人少一點。依所應得者來給予。所有的動物都是平等的，但某一些比另一些更平等。正義作為「區分性之階級與層級的正義」（eine differenzierende Klassen- und Ständejustiz）的正當性理據（恩斯特・布洛赫〔Ernst Bloch〕語）。

三、斯多亞學派（die Stoa）[3]。由芝諾（Zenon）於西元前三三〇年前於雅典創立，此一哲學學派存在直至西元二世紀。在羅馬的主要代表人物有西尼加（Seneca）、愛比克泰德（Epiktet）及奧理略（Mark Aurel）。不同於柏拉圖和亞里斯多德，斯多亞學派的法律觀念和

2 譯註：一般譯為交換正義，commutative justice。

3 譯註：又譯斯多噶學派，Stoicism。

國家脫鉤。斯多亞是為了所有人類的哲學，而非單為了某個城邦、國家。它奠基於世界的一個統一的自然法則，那是人類也分受的法則。最高的道德誡命是：依循本性而生活。如果人遵從他的真實本性，並且克服他的激情，那麼他就是自由的。而法的個別誡命也是源自人類的本性。這是一種自然法，獨立於國家之外。

四、羅馬法。斯多亞學派的普世主義契合於羅馬法，自西元前三世紀以來，它的適用領域超越了城市，遠播至整個義大利及其殖民地。就羅馬法律人表現於外的理論取向，多半顯示斯多亞學派的思想，例如西元二世紀烏爾比安（Ulpian）有關動物與人類皆適用之自然法的看法，或者有關奴隸不符合人性的——不置可否的——評論（民法大全《註釋篇》〔*Digesten*〕的開篇，第一部第一編，D.I.I.3與D.I.I.4）。

五、聖多馬斯（Thomas von Aquin）的《神學大全》（*Summa Theologica*, ca. 1270）。對他而言，法律是理性的指令，由職司共同體事物者，亦即君主，昭告於一般公眾。法，一方面是由國家形構，另一方面也是源於理性而獨立於國家，法即是基督宗教之自然法。在各種法理論中，這點是世俗權力與教會權威之間的衝突，這個衝突在當時仍然扮演重要角色。

六、雨果．格勞秀斯（Hugo Grotius）的《戰爭與和平法》（*De iure belli ac pacis,* 1625）。一種法的理論，並非根基於國家權力，而是源自人類的理性。這個法理論是近代第一個不以基督宗教為基礎而建立的非國家之自然法，所稱之法，「是一體適用於所有人，因而它不容許有任何宗教差別」（das allen Menschen so gemeint ist, dass es keine Unterschiede der Religion zuläßt.）。因為這些差別在當時發生的三十年戰爭是相當大的。此種自然法的證成是建立在一般性的思想：如果世界以及歷史上處處可見相同的法的規定和原則，那恰恰意味著此等規定與原則符合人性。因此，他大量引述古希臘羅馬的古典學家、羅馬法、聖經，並指出存在於外國民族的習俗。對他而言，在社會中處理事件居於主要地位的是契約，到處皆如此。自此，他對循此方式所發現的自然法不僅稱之為私法，它更適用於任何時期、任何民族，而且還是——這是他的第二大發現——萬民法（國際法）[4]，也就是民族與民族之間的法，例如亦適用於在當時震撼了整個歐洲的戰爭。

七、湯瑪斯．霍布斯（Thomas Hobbes）的《利維坦》（*Leviathan*, 1651）。這又是一種政治哲學。但國家的必要性則不像是柏拉圖和亞里斯多德那樣實定的理型推論和臆想出來的，而毋寧是從「自然狀態」以物理和數學的模式推論得到的。這是在國家產生之前的人類社會的狀態。霍布斯基於對於英國內戰的印象以及關於北美好戰的印第安人的報導，而重構了自

4 譯註：德文的國際法至今仍使用 Völkerrecht（萬民法）一詞；國際條約使用 Vertrag（契約）一詞。

然狀態。在自然狀態中，野蠻法則主宰一切，也就是混亂。每個人都和每個人為敵，在戰爭中，則是所有人和所有人為敵。但是人類終究還是有足夠的理性，而把他們的狼性轉讓給一隻狼王（Oberwolf），也就是國家，它挾其獨占武力之勢，猶如聖經裡的巨獸，也就是這本書的書名。必須要有人下命令，其他人才有辦法生活。他的命令就是法。「Auctoritas non veritas facit legem」：權威，而不是真理，決定法律是什麼。所謂的「權威」，他指的是國家。所謂的「真理」則是自然法的真理，大概就是格勞秀斯所認為的，是來自人類的理性與本性。藉由國家的這種專制化，霍布斯通常——不完全正確——被視為十七、十八世紀專制國家的哲學家。

八、康德（Immanuel Kant）的《道德形上學之基礎》（*Grundlegung zur Metaphysik der Sitten*, 1785）和《道德形上學》（*Metaphysik der Sitten*, 1797）。他是十九世紀和專制國家分庭抗禮的自由及市民社會的哲學家。因此，他的理論的出發點不是國家，而是社會，而且是——相當關鍵性的——個人的道德。道德的最高誡命是以下的定言令式（der kategorische Imperativ）：「如此行事，使汝之行事箴規在任何時候皆能同時作為一普遍立法之原則。」自由是實現道德原則之空間。在此，一個人可能會與他人的自由發生衝突。因此需要有一道清楚的界線。這就由法來構成。「法是使一個人之恣意得以與他人之恣意根據一項自由之普遍法律原則而統合起來的條件之總合。」恣意（Willkür）在當時並沒有如今天那麼強烈的負面意涵，而是相當於現在的任意（Belieben）。因此，這不是偶然，當我們《民法典》有關某種對康德而言扮演重要角色的權利，亦即所有權，於第九〇三條如下規定：「物之所有權人，於不違反法律規定或牴觸第三人之權利，得依其任意（nach Belieben）處理該物，並排除他人之任何侵害。」法律構成道德上自我實現的外在自由空間，純屬個人之自己事物。因此，法為自由的最外在要素，道德則是內在的態度，二者嚴格界分。在康德之前，此種區分並未如此嚴明。此外，人類不僅理性且道德，而且是有慾望且自私的，「一種需要主人的動物」。於此國家最終還是出現了。但是為自由之故，不能只為了赤裸的存活。這點是康德與霍布斯的差別所在，也由此產生德國法治國家觀念的重要部分，國家應尊重其人民的自由及權利。

九、黑格爾（Georg W. F. Hegel）的《法哲學原理》，一八二一年。他的起點不是如康德那樣的主觀和個人，而是所有人類的普遍觀念，也就是客觀精神。他的論證也不是如康德那樣的形式邏輯，而是內容的、歷史性的論證。他的法理論是關於道德的、自然法的理論。但它是截至當時未有過的自然法，也就是歷史性的自然法。法仍然是從國家的角度來看，發展成三個階段。第一階段：形式的、客觀的法。他稱之為抽象的法，究其實，即人們當時所稱之自然法，類似格勞秀斯的自然法，如所有權與契約等等，但同時是歷史性的理解，也就是古代法，精確地說：古代的羅馬法。客觀精神的第二階段：與抽象的法相對立，發展出主觀的道德（Moralität）及其良知與責任觀，歷史性的理解則是基督宗教。凡此則連結到第三階段：隨之而來的是倫理（Sittlichkeit）的「具體的法」，存在於家庭、市民社會以及國家中，歷史性的理解則是近代的國家，精確地說：普魯士。這個國家是基於前二階段之原則的和解（Versöhnung），從日耳曼諸國產生。於此，客觀的精神在歷史的進程中來到其最高階段，即國家。個人不再扮演角色。精神已然成為國家。因為其整體是一種精神的過程，法即是「一個民族的精神」。因此，不同於康德，國家的權力機器挾其強制手段，在黑格爾的法理論中並不重要。就此範圍，他維持內容的、自然法的（法觀念），並未如康德主張形式邏輯的「強制理論」，後者之見，國家的強制屬於法的本質，儘管他是從國家的角度來理解法。

十、薩維尼（Friedrich Carl von Savigny）於一八一四年在《歷史法學期刊》（*Zeitschrift für geschichtliche Rechtwissenschaft*, 1814）第一卷的發刊詞，以及同年的宣言論著：《論立法與學術的當代使命》（*Vom Beruf unserer Zeit für Gesetzgebung und Wissenschaft*）。它對於十九世紀法學的發展具有重大影響力。法雖被歷史性地理解，一如黑格爾，卻也是浪漫主義的（romantisch）。它固然是作為民族精神（Volksgeist），但不是文化精神（Kulturgeist）。居其主位的是習慣法，是靜態的，相對來說，對於黑格爾而言，三種階段的——辯證性（dialektisch）——變化才是具決定性的。此外，習慣法是社會的產物。對黑格爾來說，國家的法律則是法的本質。對薩維尼而言，個人的主觀權利則居於中心地位，財產權，他清楚地區隔法與道德，那是康德式的形式性的，而不是如黑格爾的自然法及內容性的論理。人們可以看出來，這個著名的「歷史學派」終究不像黑格爾那麼重視歷史要素，它毋寧是康德式的。因此，它不久就順理成章地褪去它的歷史學派的外衣，搖身一變而成為至今仍然流行的法實證主義（Positivismus）。法實證主義的代表人物之一為：

十一、卡爾・貝爾格玻姆（Karl Bergbohm）。他在其《法學與法哲學》（*Jurisprudenz und Rechtsphilosophie*, 1892），為法下了一項定義：「為使人類及其團體之實務上行為或關係有一定法理學與法學意義之實定法的規範或規則……，其不可或缺的條件是，就其重要的規範性內容，取得了同樣重要之法律形式，而其取得的方式唯有如下情形，即一個有權形成法律之權力，經由一定合適、外在可辨識的過程賦予該等規範或法則法律屬性，而此過程本身屬歷史之一部分且構成系爭規範之形式上法源。」只是對於歷史聊表敬意。法律無論如何都必須對外公布，不管在什麼時候，也就是由國家。習慣法不再扮演重要角色。但這部分則又存於法學的另一個新的支派，在法社會學（Rechtsoziologie）裡，其開展者是：

十二、歐伊根・埃利希（Eugen Ehrlich）。他的代表著作是《法社會學之基礎》（*Grundlegung der Soziologie des Rechts*, 1913）。法社會學之所以誕生，乃因十九世紀的法學被過度形式化，並且與所有的道德和自然法的內容脫節。社會活生生的運作機能必須維持不墜，不管在哪裡。埃利希再次大力強調法的非國家性，也就是社會面向的特性。他觀察到，位於東歐的加利西亞（Galizien）農民仍然依照他們的舊習慣生活，奧地利於一八一一年的新法律，即《一般民法典》，完全不被他們接受。而且，國家的法律，就他的認知，如果不被社會所接受，可能會空轉。從而，社會的「承認理論」（Anerkennungstheorie）便和國家的「強制理論」分庭抗禮，而後者則又見諸另一位偉大的法社會學家：

十三、馬克斯・韋伯（Max Weber）的《經濟與社會》（*Wirtschaft und Gesellschaft*, 1925）。這本書的第二部就是他的法社會學。法由三個要素組成。第一，法是一般的規範，第二，它是由國家頒布的規範，第三，由國家的強制機器確保規範的遵守。這是最關鍵的，國家及其強制機器，「一個為人類專設的權杖，使行為以強迫遵行或制裁違規為導向」。

十四、漢斯・凱爾森（HansKelsen）的《國家法理論之主要問題》（*Hauptprobleme der Staatsrechtslehre*, 1911）、《純粹法學》（*Reine Rechtslehre*, 1934, 2. Aufl. 1960）。從社會學的發展趨向，他想要固守法學，並且清楚地對抗社會科學，特別是與社會學及法社會學劃清界線。因此，他區分「實然」（Sein）與「應然」（Sollen）。其他社會科學探討的是實然問題。法學只和應然有關，是規範的科學（Normwissenschaft），因此是「純粹法學」。法是所有規範的總集，由國家所發布，並以其強制手段貫徹之。法與道德嚴格劃分開來。

十五、葉夫根尼・帕舒卡尼斯（Eugen Paschukanis）一九二四年的《一般法學與馬克斯主義》，一九二九年發行德文版。他是馬克思法理論的古典家，他填補了馬克思及恩格斯對法律不感興趣的不足。三個要素決定了資本主義社會的法律形式，此形式係源於資本主義社會的貨物形式，其存在三個要素：權利主體（貨物持有人、財產及契約）、抽象的規範（對應貨物交換的平等形式性），以及國家及其強制機器，以確保上述種種所有。對於法而言，這個理論完美地充實了馬克思在《資本論》對經濟的論述。由於馬克思自詡為黑格爾歷史哲學的正當承繼人，我們會在下頁的圖表裡把帕舒卡尼斯放進來。

這個圖解可以再次闡明以上諸例，並且彰顯基本上僅有少數判準可以用來定義法是什麼，而在時間的推移過程中，幾乎所有的可能性都已經被演示過。人們可以把法視為純然社會的產物，不論是否由國家產出，就如同斯多亞學派所做的，以及之後的格勞秀斯及康德。或者，也可以認為是一個國家秩序的重要要素與產出，如柏拉圖和亞里斯多德、霍布斯及馬克斯・韋伯。也可以綜合二者。埃利希曾如此做，當他說，法由國家制定，但唯有社會承認

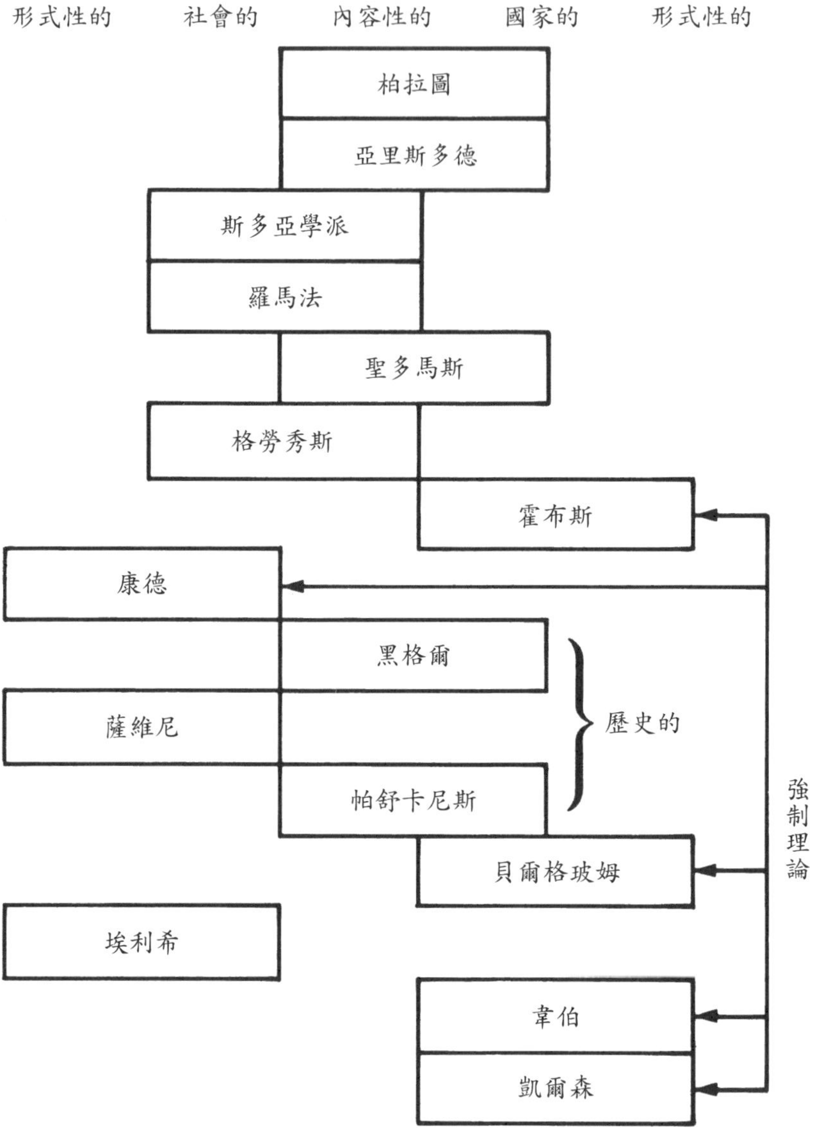

法的四種理解的可能方式，包括另外兩種變型（歷史性的觀點與否；強制理論與否）。

及接受時，方為有效。類似的思想亦早就見於聖多馬斯。即便是強制理論也被證實不是強制性的。許多法理論大家不用強制理論同樣可以成一家之言。是的，關於法與道德的關係，尚未有確切的說法。於柏拉圖和亞里斯多德、斯多亞學派、羅馬法、聖多馬斯以及格勞秀斯，二者恆為一體。直到霍布斯才出現破口，於康德則完全是分立的。黑格爾雖然再次取消分立，但是在他之後卻從未有過真正的重合。以上，可以得出問題的解方。

我認為，法在時間的過程中改變了它的特性。沒有一個法理論可以對所有時期具有同等的效力。於古代時期，集合了諸多理論，將法與道德緊密連結，並非偶然。在過去的三百年，與之相抗衡的諸多理論占了上風。原因很簡單，此後事實上有些事情發生了變化。近代的法律大抵上成了國家手裡的形式調控工具。在此之前，我們稱之為傳統或習俗、道德及習慣，也就是還是人類的道德觀深植的領域，扮演了較重要的角色。

我們的倫理、道德及慣習等概念（在這裡我們以同樣的方式使用它們）說明了一個內在態度的領域，對它而言，現在的每個人都要對自己負責，而不問他人或法的外在規定或習俗。而在古代及中世紀則完全不同。語詞的用法就已經指出這點。倫理與道德是源自希臘文的「ethos」及拉丁文的「mos」。兩個字的意思都是禮俗、傳統、習俗、習慣，也就是不僅僅只是個人的內在態度、個人的良知。過去人們的生活及思考比較是從眾的。個人的道德大抵上都是符合一般的禮俗及習俗。而二者與法緊密相連。例如「mos」一詞在羅馬法裡就扮演相當重要的角色，遠大於我們今天的「善良風俗」。人們越是往前回溯，道德、禮俗及法的一致性就越高。於國家前時期的社會最強，甚至與宗教結合在一起，其後才逐漸分開。

原始的一體性的裂解，繫於國家重要性的增強。一體性越強，則法決諸其下越大，由社會及其風俗與習俗決定。國家掌控其調控機能越大，則國家更加需要由上決定法及秩序。因此，人們不能說，以前沒有法的存在，只是其特性改變了。對於法是什麼這個問題，人們不能以一般性的定義來回答，而只能依照老的公式，這個公式已經解救了無數世代的法律人在考試時的難題，直到今天。聰明的學生總是會說，視情況而定。也就是，要看涉及的是哪一時期而定。

在法發展的初期，法與道德及禮俗是一體的。到現在，此三者是不同的領域，相互分離，但不是完全分立。柏拉圖和亞里斯多德在他們那個時代就以類似方式提出正確的答案，如同馬克斯．韋伯及凱爾森給我們的答案一樣。這是法的一般性發展法則。從原始的法與道德及禮俗三合一，隨著時間發展而逐漸分立：

那麼，努爾人的「cuong」呢？他們是國家前時期的社會。因此，我們有很好的理由把「cuong」稱為法。在那裡，法與習慣同樣沒有區別。這種區別只在國家社會的法理論才有

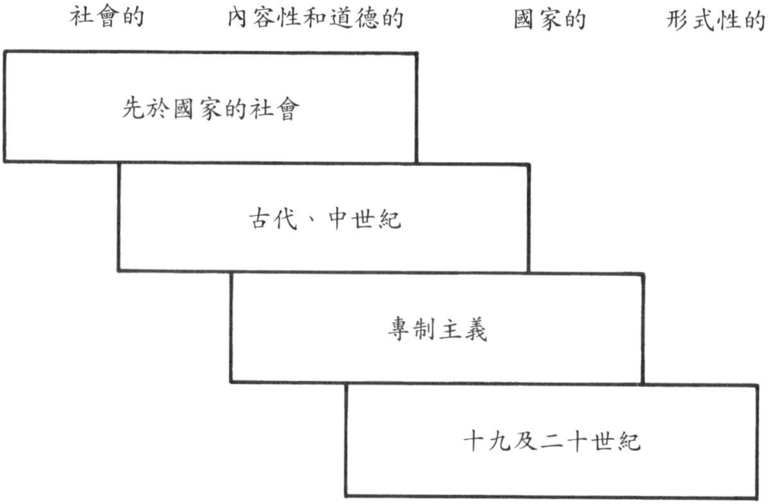

法的一般發展法則

意義。人們不宜把此種區別挪用到完全不同的秩序中。

霍貝爾有關「law」與「custom」理論，見：*Das Recht der Naturvölker*, 1968, S. 29-41。關於種種「jural」的近期詳論：M. Fortes, *Kinship and the Social Order*, 1969, S. 87-92。關於法理論歷史的教科書，優先推薦：Karlheinz Rode, *Geschichte der europäischen Rechtsphilosophie*, 1974（可惜已絕版）。關於過去與當代部分，見：Hans-Peter Schwintowski, *Recht und Gerechtigkeit: Eine Einführung in Grundfragen des Rechts*, 1996。

第四講

古代法——希臘與羅馬的比較

雅典人過去總是認為他們是文明的搖籃。他們最先發布法律，世界上最古老的法院是他們建立的，也就是亞略帕古（Areopag）[1]。西元前四五八年，艾斯奇勒斯（Aeschylus）在雅典首演其劇作《奧瑞斯提亞》（*Oresteia*）[2]，把控告俄瑞斯特斯（Orestes）的審判程序帶入這個城市，在那裡展演了人類歷史上第一齣法庭戲，以雅典人為審判長，由復仇三女神（Erinnyen）提告，阿波羅（Apoll）擔任辯護角色。這是一首讚美神聖法庭上法律誕生時刻的聖歌，一種「雅典式司法的神格化」（Apotheose attischer Rechtsprechung）（語出阿爾賓·列斯基〔Albin Lesky〕[3]）。在那個城市裡，也就是雅典城裡，一百年後，亞里斯多德完成了《尼各馬可倫理學》，在法哲學的歷史長流中，這是至今少數無以倫比的偉大貢獻之一。儘管如此，當今人提到希臘人時，述說的是他們的藝術、文學及哲學，而不再是他們的法律。歐洲法律的創建，乃羅馬人的歷史性貢獻，是羅馬人，而非希臘人，以法律的民族之姿進入歷史之中，為什麼？

1 譯註：「Areopag」源自古希臘文，由「Areios」與「Pagos」組成，意思是（希臘戰神）阿瑞斯（Ares）的山丘，位於雅典衛城（Akropolis）的西北角，據稱是古典時期雅典審理訴訟案件的地方。參見 Douglas M. MacDowell, *The Law in Classical Athens* 27-29 (1978)。

2 譯註：古希臘劇作家艾斯奇勒斯（525-456 BC）於公元前五世紀寫成的古希臘悲劇三部曲。參見 J. Peter Euben, Justice and the Oresteia, *The American Political Science Review*, Vol. 76, No. 1 (Mar., 1982), pp. 22-33。

3 譯註：奧地利古典語文學家（1896-1981），著有《希臘悲劇》（*Die griechische Tragödie*, 1938）等書。

當艾斯奇勒斯和亞里斯多德著述的時候，羅馬人還只是一處無足輕重的義大利村落。直到西元前三世紀末，他們奪取了下義大利的統治權，並且開始在多次的布匿戰爭中（punische Kriege）[4]與世界強權迦太基（Karthago）展開霸權的爭奪，他們的法律史則直抵艾斯奇勒斯時期。西元前五世紀中葉，《十二表法》頒布，蒂托・李維（Livius）將之稱為「我們整體法律的來源」，但此說有點言過其實。依據無從考證的羅馬歷史學者的紀年，這大約是西元前四五一年的事。我們只認知到這部法律的斷簡殘篇，完整部分則消失在我們所知有限的原史時代（Frühzeit）迷霧中。直到羅馬共和國的最後兩百年，也就是西元前二世紀及一世紀，羅馬人的法律史才逐漸清晰起來。

在豔陽高照的義大利古羅馬廣場上，我們瞧見羅馬民選官（Prätor）及其法律諮詢員們，他們標誌出一部世界法的輪廓，這部世界法經由西元一、二世紀早期羅馬皇帝時期的法律人繼續開展。《十二表法》頒布一千年之後，大約是西元五三〇年，在拜占廷東羅馬帝國查士丁尼大帝的立法之下，羅馬法再次被完整彙集起來，匯總成為一部《民法大典》（Corpus Iuris Civilis）。最後它也來到德國。羅馬人這部法典的精密程度，其他古代法無出其

4 譯註：布匿戰爭是在古羅馬和古迦太基之間的三次戰爭，布匿是當時羅馬對迦太基的稱呼「Punicus」，拉丁文是「Poeni」。

右者。當時無人能夠像這部法典使用如此言簡意賅的概念，無人能建構如此精確的規則。三個例子足以說明。

第一個例子：所有權。羅馬人最先清楚區分所有權與占有，分別稱為「dominium」與「possessio」。物的所有人，是該物所屬之人；占有人則是該物在其手上之人。法律人說：所有權是對物的法律上支配，占有則是對物的事實上支配。換言之，即使是小偷也取得占有，但是當然沒有所有權。當我出借了一本書，我還是這本書的所有人，另一人則成為占有人。以下規則屬於此一區分：所有人隨時可以向占有人請求交付該物，除非所有人負有讓該物留在占有人一段時間的義務，例如所有人將該物出借或出租給占有人。《民法典》第九八五條規定：「所有人得向物之占有人請求交付其物。」這就是羅馬法。當時是一種訴訟型態，以類似《民法典》第九八五條方式簡要表述，叫作「rei vindicatio」（請求返還物的訴訟）。所有權與占有的精密區分，對應所有人權限的高度抽象表述。羅馬人的所有權概念是個人主義的、利己的，而非社會的。到今天為止，《民法典》第九〇三條仍然規定：「物之所有人，於不違反法律或第三人權利之範圍內，得自由處理該物，並排除他人之干預。」

希臘人則有所不同。他們也早就有私所有權，但沒有如此清楚的表述，也沒有和占有嚴格區分。所有人的單獨支配權並沒有如此清晰的建構。他們雖然也區分對物影響的各種可能性，但只是類似羅馬法，但沒有那麼精細。他們說「kyrieia」與「kratesis」，前者相當於所有權，後者約略是占有，這是近似的用語。「dominium」源自「dominus」，「kyrieia」則源自「kyrios」。「dominus」與「kyrios」的意思都是主人，對物有支配之人。不過，細看之下，兩個法律世界的差距相當大，比如說，依照希臘法，土地的承租人依據土地租賃契約得於該土地上為一定改變措施者，在此範圍內，享有「kyrieia」（所有權）。對羅馬人來說，這是不可想像的。於同樣的情形，所有權完完全全依然如舊，也就是仍屬於出租人。

第二個例子：契約。羅馬人清楚地區分契約與侵權行為。契約是基於合意；侵權行為則是對他人權利的損害性干預。兩種情形多半會涉及損害賠償請求權。假定我向某人買了一桶酒，因為我知道我可以賣給別人而獲利。當出賣人未給付時，我可以對他訴請損害賠償，並取得所失利益的賠償。這是基於契約的損害賠償。如果我在地窖裡有另一桶屬於我的酒，有一天我的鄰居打破了這桶酒，酒流光了，我同樣可以向他請求損害賠償，因為他侵害了我的所有權。這是基於侵權行為的損害賠償。羅馬人區分得很清楚。希臘人則不然。羅馬人在歷史上最先建立這項規則，契約僅基於雙方的意思合致而成立，經由共識，如其所稱。這是著名的共識契約（Konsensualvertrag），不為希臘人過去所知。於實務上，希臘人還停留在現貨交易（Barkauf）的階段。對於契約所生或因侵權行為所生之損害，都是同一種訴訟，

「dikeblabes」（損害賠償訴訟）。羅馬人甚至還針對契約發展出一個枝繁葉茂的體系，分別對應買賣或租賃、消費借貸、委任、使用借貸等，主要部分到今天依舊存在。

第三個例子：奴隸，在希臘與羅馬均有相同形式的制度。不過，羅馬人最先將之明確地形成概念。在西元前三世紀一部有關財產損害賠償的法律中，即《阿奎利亞法》（*Lex Aquilia*）[5]，規定如下：

> 不法殺害他人之男奴隸或女奴隸或四足之牲畜者，應賠償所有人最近一年之最高價格。

將此法律文字傳襲下來的法學家蓋烏斯（Gaius），於西元第二世紀中葉就將上述規定註解如下（*Digesten Justinians*, 9. Buch, 2. Titel, 2. Fragment, 2. Paragraph，簡稱 Gai. D.9.2.2.2）：

> 如人所見，法律將我們的奴隸視同四足動物，其得以被圈養於牧場上，如綿羊、山羊、牛、馬、騾及驢。

這是語言力量的一項明證，因為實際的情形可能剛好相反。《阿奎利亞法》把奴隸與牲畜等同視之。關於奴隸的轉讓、質押及損害，羅馬法適用關於物之相同規則。奴隸是物，如同一頭牲畜或一具犁。換個說法：羅馬人當時已經達到法律上抽象化的頂峰。奴隸如牲畜一

5 譯註：《阿奎利亞法》（*Lex Aquilia*）是一部民事損害賠償法，於西元前三世紀羅馬共和國時期由阿奎利亞平民會議（Volkstribun Aquilius）所制定。參見 Herbert Hausmaninger/Walter Selb, *Römisches Privatrecht*, 9. Aufl., 2001, S. 280 f.

般地為所有人之所有物。藉此抽象化成為：奴隸一方面是人，另一方面則是動物，重要的是所有權。由此我們可以認識到，法律的抽象化和人性很容易處於某種矛盾關係當中。反之，對希臘人來說，對於殺害一名奴隸的處理方式，與殺害一名市民相同。奴隸雖不完全像自由人那樣受到重視，但至少是類似。

整體以觀，希臘法比較不細密，衝突的解決比較無法依循一般準據而可以預見，其主要視個案情節而定。這點讓人頗為驚訝，因為兩個國家的社會及經濟結構基本上極為相似。當然也存有差異。希臘人比較民主，不像羅馬人那樣的軍事組織化。因此，希臘的法院由為數眾多的國民法官組成，有時候數以百計，甚至更多，究其根本，不外就是國民會議的個別分支。反之，羅馬人則由一名法官判案，也就是「unus iudex」（獨任法官），在此之前，先由民選官開啟程序，同樣也是由單一個人為之。人們對著單一個人陳述論辯，而不是對著一群人。相對較為安靜而準確。面向人群，人們會試著訴諸情緒、依靠雄辯，把審判的群眾拉到自己這方。因此，羅馬法在技術上比較完善、精細、可預測且理性。也因此，羅馬人是歷史上第一個為人類社會發展出一套法的世界模範的民族，其中私財產權與契約扮演了決定性的角色。

羅馬的發展在其帝國時期的前兩個世紀達到高點，法律史上人們稱之為「古典法學」

（klassische Jurisprudenz）。當時出現了許多著名法學者的著作，如薩比努斯（Sabinus）[6]與波庫錄斯（Proculus）[7]、尤利安（Julian）[8]與塞爾修斯（Celsus）[9]、帕皮尼亞努斯（Papinian）[10]、保羅斯（Paulus）[11]與烏爾比安（Ulpian）[12]。他們主要是羅馬皇帝行政體系中的高級文官，以一種無人可及的清楚且簡鍊的文字寫作，具有高度的統治學（Herrschaftswissenschaft）水準，至今仍是所有法律人的典範。

例證之一是由古典時期法學家蓋烏斯所撰的段落，大約西元一五〇年左右；來自《君士坦丁法典》的重要部分，所謂註釋部分（Digesten），這是古典時期法律人著作原稿的彙集（譯按：學說彙纂）。以下段落出自第十九卷第二節，租賃，第六段：

Gai. D.19.2.6: Is qui rem conduxerit,

non cogitur restiture id, quod rei nomine

---

6 譯註：古羅馬法學家，生卒年約在西元一世紀前葉。

7 譯註：古羅馬法學家，生卒年約在西元一世紀中葉。

8 譯註：古羅馬法學家，全名 Publius Salvius Iulianus（ca. 110-170）。

9 譯註：古羅馬法學家，全名 Publius Iuventius Celsus（67-130）。

10 譯註：古羅馬法學家，全名 Aemilius Papinianus（142-212）。

11 譯註：古羅馬法學家，全名 Iulius Paulus，生卒年約在西元一世紀至二世紀。

12 譯註：古羅馬法學家，全名 DomitiusUlpianus（170-223/228）。

furti action consecutus est.

（物之承租人
不能被強迫交付
其為該物提起竊盜訴訟之所得。）

事實與裁判被技巧地合而為一，構成要件則被省略，因為這些要件對當時的專業讀者來說是理所當然的事。羅馬的法律人對其裁判通常很少給理由。有關事實部分，蓋烏斯——在旁句中——也只寫：有人承租了一物。其餘部分，人們必須從記載該裁判的段落推敲其意：承租人對某一竊賊提起「actio furti」，即竊盜訴訟，因而有所取得。也就是說，承租物被偷了，該物之承租人對竊賊提起了訴訟。從上述的句子「承租人不得被強迫交付」還可以推知：提出要求者另有其人。這個人只能是出租人，也就是本案的原告。因此，蓋烏斯要處理的事實如下：被告向原告承租一物，該物被偷，他對竊賊提起告訴，竊賊被判罪，並且支付承租人一筆訴訟費用。出租人向承租人請求交付該所得。蓋烏斯作出裁判，其內容表面上令人驚訝：承租人可以保有其所得，出租人不得請求交付該所得。

謎底揭曉：在羅馬法，承租人即使無過失亦負——今天我們不再如此——損害賠償責任，如果承租物被偷的話。人們稱此為保管責任（custodia-Haftung），「custodia」是保管之意。承租人必須保管承租物。如果該物滅失，則應賠償該物之同等價值，必須向出租人給付。反之，承租人經竊盜訴訟從竊賊獲得者，多於該物之同等價值，通常是雙倍。因為竊盜訴訟是刑事性質。由於承租人負承租物被盜的風險，故亦可保有其因該風險所獲得的利益。這就是典型的羅馬法。簡潔而明瞭，加上若干未提及的要件，而沒有提出理據。今天我們的法律條文，至少會十倍之長，但對於缺乏預備知識的人來說，想要理解法條意旨，亦非易事。

羅馬帝國於西元三世紀巨大的經濟危機底下滅亡，古典羅馬學時代隨之終結，其後誕生庶民法（Vulgarrecht）[13]，決定一個國家的歷史的不再是法律人，而是軍人。法律被簡化，比較不精密。人們不再區分所有權與占有、買賣契約與物的移轉。正如我們今天也還是會碰到的，沒有受過法學訓練的人。不過，隨著這個羅馬法文化的沒落，正義是否因此而受到減損，似乎是值得懷疑的。也許小老百姓的權利在後羅馬帝國時期獲得比之前較好的維護。只有在東羅馬，人們還可以讀到古典法律人的著述。

13 譯註：指羅馬帝國皇帝戴克里先（Diokletian）即位後迄至查士丁尼法典編纂完成之間的羅馬法，約起於西元三世紀。參見 Uwe Wesel, *Geschichte des Rechts: Von den Frühformen bis zur Gegenwart*, 2001, S. 238 f。

東羅馬帝國比西羅馬帝國穩定，是個強大的王朝，加上無遠弗屆且運作正常的行政系統。文官在國家的法學院裡受教育，在貝里圖斯（Berytos）與君士坦丁堡。人們在這裡研讀古典法律人的拉丁文本，儘管官方語言是希臘文，同時萌生把這些文本彙整成為一部法典的構想。為何？也許是基於編排上及體系化的理由、基於教學的理由，而不是為了強化拜占庭帝國的法統一性。因為廣大的民眾都不懂拉丁語言。總之，查士丁尼，人稱「不眠的皇帝」」（der schlaflose Kaiser），抓住了這個主意，在他就任伊始即獲得軍事上重大成功之後，隨即以「執法者」（Ordnungskraft）享譽域內，至於聞名於世至今，則應非其所料。也許他原本寄望藉由聖索菲亞大教堂（Hagia Sophia）的重建而留芳百世，它同樣歷經數世紀而依舊矗立，是拜占庭藝術最重要的建築典範。他從西元五二七年至五六五年攝政，就任一年後，將這項任務交付給立法委員會執行，委員會主席是特里波尼亞努斯（Tribonian），後來擔任司法行政官，也因執行此項任務而享有個人聲譽，身為一名法學者，至今仍因其快速而精準的工作而令人驚嘆，但也因其對古典法學家的文本進行文體風格上及內容上的更改而備受批評，也就是所謂的添寫／插補（Interpolationen）。參與者另外還有兩位來自君士坦丁堡的教授，狄奧斐盧斯（Theophilos）與克拉提努斯（Kratinos），以及兩位來自貝魯特的教授，多諾德奧斯（Dorotheos）與安納托里奧斯（Anatolios）。費時六年，完成了這部法典，共分成三大部分：

西元五二八年～五二九年　法典（Codex）　皇帝法的彙編。哈德良（Hadrian）大帝至查士丁尼的皇帝法律，共十二卷。

西元五三〇年～五三三年　註釋（Digesten）　法學者法的彙編。西元前一世紀至西元三世紀的法學者文書摘錄，共五十卷。

西元五三三年　法學階梯（Institutionen）　入門教科書，依據蓋烏斯的一份原件，共四卷。

中世紀時期，人們再添加第四部分，查士丁尼時期及其二位後繼者的法律彙編，於數十年之後問世，即《新法》（Novellen）。總和此四部分，世稱「Corpus Iuris Civilis」，《民法大典》。隨著《查士丁尼法典》的完成，古代羅馬法的歷史至此結束，總計歷有數千年：

西元前四五一年　十二表法

西元前二世紀至西元一世紀　共和國法學（republikanische Jurisprudenz）

西元一世紀至二世紀　古典法學（klassische Jurisprudenz）

西元四世紀至五世紀　西方的庶民法（Vulgarrecht）

西元五二八年～五三三年　東方的查士丁尼立法

不過，對羅馬人來說，他們的偉大成果才即將來臨。他們的法律遠播整個歐洲，並且擴及世界多數的國家。到底有多成功，看看下面的抱怨：

羅馬法，我想念你，
像磨臼壓在我的肚子上，
像板子縫在我的腦袋上。

這是維爾納・基爾霍夫（Werner Kirchhoff）[14]的呻吟，一位失敗的法律系學生，他是維多・封・舍夫（Viktor von Scheffel）[15]詩集《塞京根的號手》（*Trompeter von Säckingen*）中的主人翁。舍夫對此知之甚詳，他自己也讀過法律，如同他的偉大楷模海涅（Heinrich Heine）一樣。大約同一時期，海涅在他的《回憶錄》（Memoiren）寫道：

14 譯註：全名是Franz Werner Kirchhofer，於一六三三年生於德國塞京根（Säckingen），卒於一六九〇年。維多・封・舍夫（Viktor von Scheffel）根據他的婚姻軼事，寫成詩集《塞京根的號手》（*Trompeter von Säckingen*）。塞京根城裡目前仍留有「塞京根號手」的銅像及基爾霍夫夫婦的墓誌銘。

15 譯註：德國十九世紀著名的作家與詩人（1826-1886）。

在我就讀德國大學的七年裡，我虛度了美好生命盛開的三個年頭，為了讀羅馬的繁瑣案例（Kasuistik），羅馬法學，這門最狹隘的學科。

多麼可怖的一部書啊，民法大典，利己主義的聖經！

就像羅馬人自己，我總是痛恨他們的法典。這些強盜想要確保他們的戰利品，以及他們用刀劍掠奪的東西，他們透過法律來尋求保護；因此，羅馬人當時既是軍人又是訟師，造就了一種極其令人厭惡的混合。

誠然，我們要感謝那些羅馬小偷們發展出來的所有權理論，之前這只是事實的存在，而此一學說的開展，其最讓人鄙夷的後果，卻是那些被稱頌的羅馬法，成為我們今天所有的立法、所有現代國家制度的基礎，儘管與宗教、道德、人類感情以及理性存在著頗為顯著的衝突關係。

類似這樣的抱怨，在十九世紀普遍存在。因為法學教育絕大部分是在學習羅馬法。二十世紀以降，才較少聽到此類怨聲。一九〇〇年一月一日，德國《民法典》生效，儘管內容並無徹底的改變。羅馬法的舊規定多半仍然維持下來，只是轉換成為德國法律的語言。自此之後，在大學裡的課堂上，人們聽的是《民法典》的講授課程，法典背後所根基的羅馬法則不復可辨。嘆氣的方式改變了，但如果稍加留意，還是可以發現其實還是一切如舊，連納粹黨人亦無法倖免，比如說。早在一九二〇年《納粹黨綱》第十九點即規定：

> 我們要求以德國的共通法取代服務唯物主義世界秩序的羅馬法。

他們沒能辦到。羅馬法在德國已經存在超過五百年了，到今天仍然存在。遙想過去，德意志人還生活在被羅馬人占領的時期，在上日耳曼尼亞與下日耳曼尼亞（Ober- und Untergermanien）的行省地區，只有少部分是用羅馬法，羅馬首都的高水平法文化極少數地進入德意志人的生活領域。雖然德意志地區有時候也有來自首都的著名法學家。就我們所知，大約在西元九十年，亞瓦倫（Javolen）[16]任上日耳曼尼亞的省督（Statthalter）[17]，在緬茵茲（Mainz）生活過一段時間。另一位偉大的羅馬法學家尤利安，曾於西元一五〇年待過科隆，擔任下日耳曼尼亞的省督。不過，即使是在此等高級公務員主政的法院中依照羅馬法判決，但通常遠遠不及在羅馬裁判的精密，其間的差距非只是地理上的。直到一千年之後，當人們對羅馬征服者尚存微弱記憶時，也就是到了十四、十五世紀，羅馬人的法律才大舉湧入德意志地區。當時不只是亞瓦倫和尤利安的著作重返德意志地區，跟隨而來的還有烏爾比

16 譯註：古羅馬法學家，全名 Lucius Iavolenus Priscus，為薩比努斯的學生、尤利安的老師，生卒年約在西元一世紀。

17 譯註：「Statthalter」字源於拉丁文「locum tenens」，原意是位子（職位）的代理人，引伸為主管（如皇帝、國王、領主等）派至外地代行職權之人，類如「欽差」之意。於羅馬帝國時期，指派至領域之外代表皇權的高級公務員。參見 https://imperium-romanum.info/wiki/index.php/Statthalter。

安與保羅斯、薩比努斯與波庫錄斯、蓋烏斯、塞爾修斯，以及那位世紀之久被奉為有史以來最偉大的法學家：帕皮尼亞努斯（Papinian），他為法律殉道而死，因為他拒絕為羅馬皇帝卡拉卡拉（Caracalla）殺害其弟蓋塔（Geta）的合法性背書。在如此令人驚訝的短時間內，羅馬法幾乎全面壓境，進入德意志境內，並且停留到今天。人們可以合理地說，羅馬人今天在德國留下的影響力遠大於過往，特別是他們的法律能夠在羅馬帝國界牆之外輕易地征服這塊領域。這是中世紀末德國繼受（Rezeption）羅馬法的歷史怪譚。

關於希臘法的德語文獻，見：U. Wesel, *Geschichte des Rechts*, 1997, S. 115-149。詳實、清楚的好書：D. M. MacDowell, *The Law in Classical Athens*, 1978。關於羅馬法有一系列不錯的教科書，多半分為「羅馬法律史」（例如：W. Kunkel, 10. Aufl. 1983）與「羅馬私法史」（例如：M. Kaser, 16. Aufl. 1992）。例外的是兩者合一的：D. Liebs, *Römisches Recht*, 5. Aufl. 1999（Universitätstaschenbücher Nr. 465）與H. Hausmniger, W. Selb, *Römisches Privatrecht*, 5. Aufl. 1989。

第五講

中世紀法與繼受

隨著古代終結，中世紀時期開始。但是古代於何時終結？於民族大遷徙的時候？還是西羅馬滅亡時？這個過程是流動的，羅馬古代於中世紀初期的餘波之大，遠遠超過當時人們所信。例如奴隸制度延續到中世紀；還有基督宗教經過羅馬傳到德國。凡此種種均涉及我們仍然所知有限的日耳曼的過去。

在耶穌基督誕生時，日耳曼人似乎還是一個齊頭式的農業社會。考古學家從他們的部落結構、墳墓的狀態考證而知，雖然偶爾發現存有族長的痕跡，然其權威僅侷限在某一村落的領域內。直至西元一世紀才有較為強烈的差別，在一般的墓區之外，另有單獨且較大的個別墳墓可資辨識。誰被葬在這裡，可從塔西佗（Tacitus）[1]知之，大約西元一百年左右，在他的《日耳曼尼亞志》（*Germania*）（7.1）中寫道：

reges ex nobilitate, duces ex virtute sumunt.

「（日耳曼人）依其尊貴而擇為國王，依其勇敢而選為將領。」也就是有國王、領主。但塔西佗隨即補充：

nec regibus infinita aut libera potestas……

---

1 譯註：羅馬帝國時期政治家及歷史學家（ca. 56-120），主要著作：《歷史》（*Historiae*）、《編年史》（*Ab excessu divi Augusti*）等。

「但是國王沒有毫無限制的權力。」這應該是古代齊頭式結構的後續效應。但或許也有地區的差異性，例如東方的易北日耳曼族（Elbgermanen）國王的權力，就比在西方日耳曼族要來得大。古代時期的確切狀況，見諸塔西佗著作的另一處（Germ. 18.2.）：

dotem non uxor marito, sed uxori maritus offert.

「不是妻給夫嫁妝，而是夫給妻。」塔西佗還記載夫必須給妻的東西，先是牛隻，然後是一隻被馴服的馬、一張盾牌、一支矛及一支標槍。徵象明顯，這是男方給的聘禮，常見於單系結構且親屬財產共有（Verwandtschaftseigentum）的分支社會。相對於此，塔西佗提到，嫁妝則是私有財產權制之個人化社會的典型特徵。嫁妝具有預留妻可獲遺產的功能，即妻交給其夫的嫁妝，為妻日後可以獲得的遺產。

中世紀的多層統治系統是從上述日耳曼齊頭式（Kephalität）的初期社會演化而來。在統治系統的頂端雖有國王及皇帝，但他們所擁有的權力遠不及他們的羅馬前任者。他們的統治體制是多層級且交互重疊的，其旁及其下有公爵及領主，還有伯爵及修道院下轄的無數小農莊體制（Grundherrschaften）[2]，其中各有各的統治模式與階級，從完全自由或半自由之個

2 譯註：「Grundherrschaft」的字義是土地支配，為歐洲中世紀時期地主支配農民的封建農地體制，農民依附於地主之下，負有交租的義務，地主則須提供農民庇護，於一八四八年農民解放後廢除。見：Alfred Zangger, Grundherrschaft, in: *Historisches Lexikon der Schweiz,* 2013, https://hls-dhs-dss.ch/de/articles/008973/2013-10-01/。

人到奴隸不等。在《薩克森通鑑》(*Sachsenspiegel*)[3]中分成十種不同等級，傷害的贖罪金額度和殺人的償命金額度各有不同（見《薩克森通鑑》，由埃克．封．瑞帕高〔EikevonRepgow〕[4]寫於一二二四年，第三編第四十五節，經卡爾．奧古斯都．埃克哈特〔Karl August Eckhardt〕轉換為標準德文）[5]：

（III. 45 § 1）現在聽著，所有人可以獲得的償命金（Manngeld）[6]與贖罪金。對於君主、領主及具擔任參審官資格之人（schöffenbare Leute）給予等額的償命金與贖罪金。但人們為了尊崇君主和領主得付予其金鑄芬尼；於贖罪金，是十二金芬尼（Pfennige），每一枚

3 譯註：《薩克森通鑑》是德國中世紀時期由私人所撰之法律書（Rechtsbuch），以中世紀低地德語（即薩克森語）編寫，約於一二二〇年至一二三五年間完成問世，為德國各邦制定成文法典之前的重要法律參考書，影響深遠，該書同時也是德國第一部散文體的文學著作。「Spiegel」（鏡子），源於拉丁文「speculum」，在當時作為勵志、啟迪或教化等書籍的名稱，取「以鏡為鑑」之意，內容涵蓋法律、宗教、倫理、道德或通識教育等領域，謂之「鑑學」（Spiegelliteratur, speculum literature）。見：Gunhild Roth, Spiegelliteratur, in: *Lexikon des Mittelalters*, Bd. 7 (1999), Sp. 2101-2102.

4 譯註：Eikevon Repgow，從姓氏推斷，出生於德國瑞琵霄（Reppichau），位於今薩克森—安哈特（Sachsen-Anhalt），生平不詳（ca. 1180/90-1233），曾任藩侯（Markgra）的侍從，任職於宮廷。根據當時法庭文書記載，他擔任過參審員及法庭證人。見：Klaus-Peter Schroeder, Eikevon Repgow (ca. 1180-1235) – SchöpferdesSachsenspiegels, in: ders., *Vom Sachsenspiegel zum Grundgesetz, Eine deutsche Rechtsgeschichte in Lebensbildern*, 2001, S. 4-5; Paul Kaller, *Der Sachsenspiegel*, 2002, S. 1-3.

5 譯註：條文數字標記，為譯者對照原文所加；條文內容解讀，另參英譯版：Maria Dobozy, *The Saxcn Mirror, A Sachsenspiegel of the Fourteenth Century*, 126-128 (1999)，與德文比對，推敲其意，特此敘明。

6 譯註：原文 wergeld。

應與三枚銀芬尼等重。當時一枚金芬尼與十枚銀芬尼等重，因此十二枚金芬尼的價值等於三十先令（Schillinge）。對於具擔任參審官資格之人，給予足重芬尼之三十先令作為贖罪金；二十先令應與一馬克（Mark）等重。其償命金是十八磅之足重芬尼。

（III. 45 § 2）每一位（已婚）婦女取得其丈夫所獲贖罪金與償命金之半數；每一位少女及未婚婦女，按其系出階層取得贖罪金與償命金之半數。

（III. 45 § 3）夫為其妻之監護人，自妻與其夫結褵時起。妻與其夫同床共眠起，取得與夫同階層之配偶地位（Standesgenossin）[7]；於其夫死亡後，妻獨享夫之權利。

（III. 45 § 4）那些稱作佃農（Zinszahler）與付地租之佃戶（Abgabenpflichtige），且參與判官（Schultheiß）[8]庭決會議之人，可以獲得十五先令之贖罪金及十磅之償命金。

（III. 45 § 5）人們需要執達員（Fronbote）時，可從擁有不足三庭地（Hufen）[9]之佃戶中挑選之；法官及參審官亦得選定執達員。

7 譯註：原文 nottine。

8 譯註：「Schultheiß」一詞，由「Schult」與「heiß」組成，為「斷定」（heißt）「債務」（Schuld）之意，於中世紀時期，為職司地方法律爭議裁決的行政首長兼判官。見：Schultheiß, in: *Lexikon des Mittelalters*, Bd. 7 (1999), Sp. 1591 f.。

9 譯註：「Hufe」一詞，指足夠放一組犁並可供一家人力耕作的農地，與今之 Hof（庭園、農場）同義，見：Georg Landau, *Die Territorien in Bezug auf ihre Bildung und ihre Entwicklung*, 1854, S. 4；「Hufe」亦是古代農戶的土地面積單位，約七至十五公頃。

（III. 45 § 6）其他之自由人，稱之為自由佃戶，得以客卿方式自由來去，但不得擁有土地；可以獲得十五先令之贖罪金及十磅之償命金。

（III. 45 § 7）佃農（Zinsbauer）可以獲得二十先令、六芬尼及一赫勒（Heller）之贖罪金，九磅之償命金。

（III. 45 § 8）零工（Tagelöhner）可以獲得十二個羊毛手套及一支糞叉之贖罪金，其償命金則是一垛由十二組麥紮構成的穀棚，每一組麥紮之間須相隔一尋（Faden）[10]。每一組麥紮上須有十二根朝上的釘子，每根釘子須相距及肩之長度，以便於丈量，每個釘子上掛十二只袋子，每袋內置十二枚先令。

（III. 45 § 9）牧師之子女及非婚生子女，可以獲得一輛滿載乾草之拖車（Fuder Heu）之贖罪金，並由二頭兩歲幼馬拖曳。吟遊藝人（Spielleute）及其他自願為農奴者（無人身自由者），可獲得一名男人的陰影（Schatten eines Mannes）之贖罪金（譯按：加害者在太陽底下倚牆站著，讓無權利能力者看到他的影子，對著他嘲諷辱罵）。傭兵（Berufkämpfer）及其子女可獲得之贖罪金，為一副盾牌面對陽光之反射。凡因竊盜、強奪或其他原因被褫奪權

10 譯註：約六英尺，182,88 公分，見：Wolfgang Trapp, *Kleines Handbuch der Maße, Zahlen, Gewichte und der Zeitrechnung*, 1992, S. 131 f。

利者，可獲之贖罪金為二把掃帚及一支剪刀。

（III. 45 § 10）對無權利能力人施以贖罪金，效益極小，但之所以規定，乃為了讓法官判賠後得收取懲罰性規費。

（III. 45 § 11）無權利能力人，無償命金；但如有人對其傷害、搶奪或殺害者，或有人強暴無權利能力之婦女，並且破壞其和平者，得對行為人依據維護和平法論處之。

統治的多階層與交疊性也反映在法律中。沒有一視同仁的法律，而是各依階級與個別之統治領域，縱使是德意志皇帝和國王也沒辦法輕易地支配法律。十二世紀之前的德意志地區不存在一般性法律的觀念，完全取決於個人出身與當地習俗。

與此相對應的是，所有的生活領域具有強烈的團體拘束性。即便是統治（者）本身亦同時負有忠誠義務與照顧義務，這不只存於中世紀中期的封建采邑法（Lehnsrecht），早在日耳曼人早期的族長社會似即已開始。此種社會的內在要素是親族結構（Verwandtschaftsstruktur）的極致化。猶如中世紀中期的農村聚落（Dorfgemeinschaft）[11]，其耕作的種類及地點多由全體共同決定。所謂的耕地強制輪作（Flurzwang），源於三圃制（Dreifel-

11 譯註：中世紀德意志地區的農村聚落，最初農民分散而居，各有庭園與田地，於十一世紀後逐漸集中，形成有組織的聚落。見：Deutschland im Mittelalter, Das Dorf im Mittelalter, in: https://deutschland-im-mittelalter.de/Lebensraeume/Dorf。

derwirtschaft）[12]——每年輪替夏播、冬播及休耕——，而耕地的複合（Verschachtelung der Felder）也可能是傳自原史時期（Frühzeit）。在《日耳曼尼亞志》中有一段頗受爭議的記述，塔西佗不只載錄日耳曼人每年變更播種的田地，讓其他的耕地休耕，而且還提到日耳曼人村落裡的土地是共有財產（Tac. Germ. 26.2.）。

中世紀並不區分所有權與占有，不知羅馬法的二分法，而是將二者合一在「權占」（gewere）的概念下。這個字源自「wern」，意思是包覆（einkleiden）。對一物的事實上支配，即我們所說的，「占有」必須被包覆在某種正當性之中，對物之「所有」（Haben）的正當性必須被證成，比如說基於繼承、贈與或買賣、借貸或租賃等；一名佃農所享有的「權占」與一位經營自家庄園所享有者並無不同。於不動產的法秩序，形成多種不同層次的「權占」，因為只靠收地租或利息而自土地獲利之人，也會被歸入所有人的範圍。換言之，不管是佃農，或是收佃租者及其上級修道院主，都可以取得「權占」。

物一旦脫離其所有人，「權占」即喪失。羅馬法及德國今天的法律，與此不同：在同樣情形下，所有權原則上仍然存在，只是喪失占有。於「喪失權占」時，（譯按：原所有人）僅

12 譯註：三圃制，指聚落中的每一塊農地必須保留三分之一維持休耕狀態。見：Deutschland im Mittelalter, Das Dorf im Mittelalter, in: https://deutschland-im-mittelalter.de/Lebensraeume/Dorf。

有侵權行為的訴訟可用，類似一種請求損害賠償的訴訟，但沒有基於所有權之物權法上的訴訟，如同羅馬人的「請求返還所有物之訴」（rei vindicatio），或德國今天的《民法典》第九八五條[13]。縱使是自願交付，亦喪失權占，但受讓人基於此一交付關係而被賦予義務。套用我們的法學德語來說，即：無基於所有權之返還請求權，只有基於契約之權利。如同今天的規定，物的借用人主要是基於借貸契約負有於約定期間屆至時返還該物之義務（《民法典》第六〇四條）。在此之外，今天還有基於所有權之請求權，即《民法典》第九八五條。只不過我們今天意義的所有權，並不存在於中世紀的法律中，不像古希臘人區分所有權與占有。缺乏此種區分同時意味的是，所有人的權利不能被清楚地確定，其結果則是，所有權的社會責任較強，特別是對該物同樣享有權利之人（譯按：負有社會責任）。

如果所有權的法律建構薄弱，則契約的功能通常也不大，中世紀法亦不例外。中世紀早期，實務上並沒有我們今天意義的契約。人們的日常需求不是靠契約來規範，如買賣、租賃、雇傭契約等等。當時的人們主要是生活在一種無互易的家庭經濟（Hauswirtschaft）中，也就是一種自給性經濟（Naturalwirtschaft）。就算是手工藝製品也不出售，而是用來繳納公

13 譯註：條文內容：「物之所有人得向占有人請求返回其占有之物。」（Der Eigentümer kann von dem Besitzer die Herausgabe der Sache verlangen.）相當於我國《民法》第七六七條第一項前段：「所有人對於無權占有或侵奪其所有物者，得請求返還之。」

課，直到中世紀中期的城市才有所改變。十三世紀的科隆，當時德國最大的城市，有三分之二的房屋是出租的，但這不表示他們的租賃契約像羅馬人那麼精確。有相當長的時間，買賣被理解為是一種現貨交易（Bargeschäft），當事人的意思不具決定性。而且，日耳曼人的契約法比羅馬人更具有社會性，例如在租賃契約。

出租人將其房屋出賣給他人時，依照羅馬法，承租人不受免於搬遷的保護。新的房屋所有人可以要求承租人離開房屋，因為他與新的所有人之間並無契約關係。租賃契約只是由承租人與原所有人之間所簽訂。房屋的買受人不受租賃契約的拘束。人們以一種簡潔但不完全精確的方式將此稱為「買賣破租賃」（Kauf bricht Miete）原則。承租人僅享有對原所有人暨出租人的損害賠償請求權，但不能留在房屋裡（下圖）。

於中世紀德國城市的法律，人們基於承租人的利益及

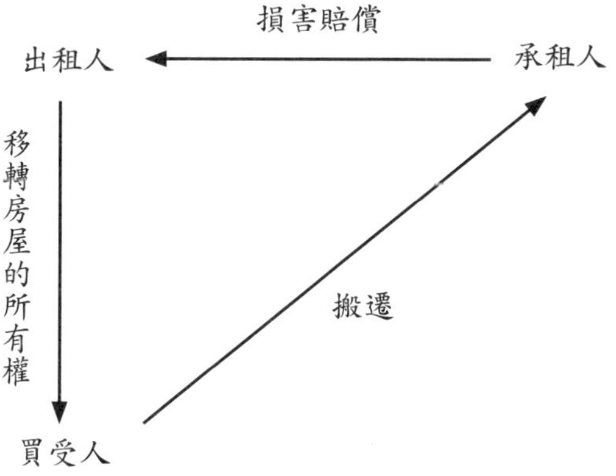

其享有的「權占」解決這項衝突，讓承租人在租賃契約終止之前不被新的所有人趕出門。尚在十六世紀時，漢堡市長朗根貝克（Langenbeck）在其所著《漢堡市法》註釋書中，將此稱作「hur brickt koep」（租賃破買賣）。不過，漢堡市的這項規則不久就成了例外，於此其間，其他大多數城市都陸續改成「買賣破租賃」原則。因為羅馬法來到了德國。今人將此種奇異的過程稱之為法「繼受」（Rezeption），羅馬私法的繼受。

這波繼受來自義大利。當年，隨著日耳曼人的入侵，該地古典羅馬法的傳統被中斷。在羅馬不再有羅馬法，僅餘部分尚存於拜占庭。此種情形於中世紀中期改變。十一世紀，在阿瑪菲（Amalfi）[14]有一份《民法大典》註釋（Digesten）的手稿出土，可能是查士丁尼大帝治下的原始手稿。作為戰利品，這份手稿被送到北義大利（Oberitalien），今天仍保存在佛羅倫斯的梅迪奇圖書館（Biblioteca Medicea Laurentiana）的保險櫃裡。由此開啟了羅馬法於歐洲的傳布。最初只在波隆那（Bologna），約於十一世紀中葉，當地有一位演辯學教師，伊爾內留斯（Irnerius），他以這份手稿的文本為基礎，於大學裡講授法律課程。這件事本身並無特別之處，因為演辯術自古即有三種教學方式，在政治集會、榮典禮儀以及法庭的演說術。不

14 譯註：義大利薩萊諾省（Salerno）的一個市鎮，位於義大利西南角。

過，隨後沒多久法律成了波隆那大學裡唯一的課程主題，又有新的手稿出土，內有與文本相關的解說，然後記錄在文本的周圍。人們稱此為註解（Glossen）。「Glossa」是希臘文，意思是舌頭，引伸為語言及解說之意。因此，人們把這一時期的法學者稱為註釋法學者（Glossatoren）。他們以中世紀的方法治學，也就是經院哲學式的（scholastisch），如同神學的治學方法，註釋和詮釋聖經的經文，亦如哲學的治學方法，以類似方式出土的亞里斯多德作品作為指引，如此構成了註釋法學派。動作緩慢、極其微察地尋索確切的規則，因而缺乏宏大的綜觀。

波隆那大學是歐洲第一所大學（譯按：一〇八八年），中世紀時期教師與學生（學者）的共同體[15]，即「universitas magistrorum et scholarium」[16]。十二世紀，這裡有四位著名的教授，

15 譯註：本書原文為：Gemeinschaft von Lehren und Schülern。

16 譯註：拉丁文 universitas magistrorum et scholarium，為歐洲中世紀時期的大學稱語。「universitas」一詞，意指團體、行會等，亦為現代大學「university」或「Universität」等詞的字源；「magistrorum」與「scholarium」的原意，前者為教師（的），後者則有學者（的）與學生（的）二意，或指行會之成員，參見 https://www.wordsense.eu/scholarium/。因此，上述稱語於英文世界乃有「university of masters and scholars」（例如：M. B. Hackett, in: Aston (ed.), *The History of the University of Oxford*, Vol. 1, 1984, p. 49）與「university of masters and students」（例如：Jacques Verger, in: Ridder-Symoens (ed.), A History of the University in Europe, Vol. 1, 1992, p. 37）兩種譯法。德語領域，本書原文為：「Gemeinschaft von Lehren und Schülern」，係採後一譯法；另亦有譯為「Gemeinschaft der Lehrenden und Lernenden」（例如：Reinhard Kreckel, Von der "Gemeinschaft der Lehrenden und Lernenden" an Universitäten in Europa, in: Fikentscher (Hrsg.), *Gemeinschaftskulturen in Europa*, 2007, S. 81ff.）。惟查拉丁文「scholaris」雖有學者與學生二種意涵，不過中世紀時期的「學生」，主要指資深的獨立學習者，類如今日的研究生。

布加魯斯（Bulgarus）、馬丁努斯（Martinus）、雨果（Hugo）及賈科布斯（Jacobus），人稱四教授（quattuor doctores）。神聖羅馬皇帝巴巴羅薩（Kaiser Barbarossa）於一一五八年在隆卡里亞（Roncaglia）帝國議會上頒布的法律[17]，即曾向此四人諮詢立法意見。由於德意志皇帝自認是舊羅馬皇帝的合法繼承人，自此之後羅馬法作為舊羅馬皇帝的法律適用於整個「神聖羅馬帝國」。因此之故，越來越多的青年學子湧向波隆那，不只是來自義大利，還有來自其他的歐洲國家，法蘭西、西班牙、荷蘭、德意志等地。大約在一二〇〇年，有上萬的學生在那裡學習法律。吸引如此天文數字般的學子群集，就算在今天都值得給予尊敬，更不要說當時的空前盛況。在十三世紀，於波隆那大學進行的註釋工程在阿庫修斯（Accursius）完成《通用註釋》（*glossa ordinaria*）之下竣事。他對民法大典集大成的解說與詮釋，在整個歐洲直到十八世紀具有極高的權威性，於實務上更發揮了等同一部法律的效力。

十四世紀的治學方法就沒有那麼經院哲學，而比較現代一點。當時有兩位素負盛名的義大利法學家，巴托魯斯（Bartolus）與巴爾杜斯（Baldus），屬後註釋法學派時期或務實註釋

17 譯註：即所謂的《隆卡里亞法》（*Constitutio de regalibus*），共分四部：《皇權法》（*Lex Regalia*）、《司法權法》（*Lex Omnis iurisdictio*）、《皇宮及皇室法》（*Lex Palaci et Pretoria*）、《徵稅法》（*Lex Tributum*）。細節詳見：Paul Willem Finsterwalder, Die Gesetze des Reichstags von Roncalia vom 11. November, 1158, in: *Zeitschrift der Savigny-Stiftung für Rechtsgeschichte* 51 (Germ. Abt.), 1931, S. 1-69。

法學家（Konsiliatoren）[18]。他們大幅調整了羅馬法，以適應當時的需求，因而比阿庫修斯《通用註釋》更具權威性。數百年來，時人交口讚譽說：「沒有巴托魯斯，就沒有法學者（nemo jurist nisi batolista）。沒有人是真正的法律人，除非他完全信奉巴托魯斯的學說。」十五世紀的西班牙甚至有一部欽定法律規定：於爭議問題時，巴托魯斯與巴爾杜斯的見解具事實上之一般法律效力。

因為，於此時期，羅馬法遍布整個歐洲。不只是透過大學的新設，更為直接的是，從義大利學成返國的學人，在其桑梓地以法律人之姿，益獲肯認，深孚眾望，從眾人中脫穎而出，在城市行政部門及法院位居要津，德意志地區亦不例外。返鄉學人從羅馬法訓練所學得的治法方式，於德意志地區還有一項額外的優點。德意志各地區的法律相當分歧，羅馬法帶來了一定程度的統一性，成為所謂的「共通法」（gemeines Recht），通用在不同邦國之間的一般法，其意義非僅止於地域上的共通效力，而是對於所有人同等適用，無分其身分地位。

法蘭克福的法繼受過程，是羅馬法湧入德意志的最佳寫照。一九三九年，海爾穆特・柯因（Helmut Coing）於所著《羅馬法在緬因河畔法蘭克福的繼受》（*Die Rezeption des römischen*

18 譯註：「Konsiliator」一詞，源於拉丁文「consilium」，意思是諮詢、鑑定，指稱這時期的註釋法學者是以鑑定意見形式進行法典註解；因在十二世紀註釋法學者之後，故又稱「後註釋法學者」（Postglossatoren）。見：Franz Wieacker, *Privatrechtsgeschichte der Neuzeit*, 1996, S. 80 ff。

Rechts in Frankfurt am Main）一書中描寫兩位法學家，路德維希・馬堡（Ludwig Marburg）與亞登姆・熊維特（Adam Schonwetter），提到他們在十五世紀後半葉完成學業返鄉後引進新訴訟法的事蹟。馬堡擔任當時的市判官（市尹），也就是地方行政首長兼市參審法院（Schöffengericht）審判長，柯因如此描述（S. 175）：

> 如果我們整個概觀這些別具影響力的人們對於法蘭克福法繼受具有什麼意義，就會得到以下的看法：在一四六〇年代，參審法院開始就一些比較陌生的案件，向原本與司法事件無關的市政諮詢官（Stadtadvokat）徵詢意見，這或許跟第一個法律人，路德維希・馬堡，在同一時期被選為參審法院合議庭成員有關。當時判決的作成不先行評議，因此他無法憑藉其法學素養而對所有裁判都給予決定性的影響力。不過，其他的參審員必然查覺，當案子交到他手上由他作成判決時，他是如何本於法律知識沉穩地處理判決所涉問題。對於絕大多數的參審員來說，這應該是他們在自己實務工作上，首次認識到一位學養專精之法律人的工作方式。

這波發展大約在一五〇〇年告一段落。精確的年份，一般來說——對整個德意志而言——指的是一四九五年。這一年，馬克西米廉恩（Maximilian）皇帝在法蘭克福設立了帝國法院（Reichskammergericht），德意志神聖羅馬帝國的最高法院。根據《訴訟法》規定[19]，

19 譯註：此所謂《訴訟法》，指一四九五年八月七日頒布的《帝國法院訴訟法》（*Ordnung des Camergericht, Reichskammergerichtsordnung*），上引宣誓規定全文，見：Karl Zeumer (Hrsg.), *Quellensammlung zur Geschichte der deutschen Reichsverfassung*, 2. Aufl., 1913, Neudruck 1987, S. 284。

法官必須宣誓：

效忠吾王暨吾皇之法院，謹守遵奉帝國共通法，並依據各領地、統治者及法院之正直、可敬且允中之規則、律令及習慣法，據此律法，對尊貴者與卑下者依其最佳利益平等對待。

這是德國法律中首次提到帝國的共通法，而不是各別德意志領地的法律，也就是於德意志地區普遍被接受的法，實則是羅馬法。之所以如此，確實是因為當時人們因德意志諸皇帝自認是羅馬皇帝的後繼人，因而把羅馬法看作是德意志皇帝的法律。但就羅馬理念（Romidee）本身而言，卻非如此，因為歐洲到處可見羅馬法繼受過程；沒有任何的特殊國家措施，他國法（譯按：羅馬法）或多或少地傳入了另一國家。如何解釋此種現象？這是一項史觀問題。保守的法律史學者將此看作是一種「法知識化」（Verwissenschaftlichung des Rechtswesens）的過程，也就是把法繼受過程理解為司法事務之理性、跨地域且超個人的貫徹。（譯按：保守法律史學者認為）當時的司法事務掌握在法律專業人士手中，而這群人具有超越地域及領主利益的獨立性；且經由從義大利學到的形式性技術，使得他們凌駕於本土法之上而不受其影響。因為中世紀的德國法不具可預測性，並且比較缺乏合理性，經濟上的理由並非關鍵，合理性毋寧才是重中之重，也就是羅馬法的學術品質及可預測性。

德國偉大的法律史學前輩，哥廷根的法蘭茲．維亞克爾（Franz Wieacker），在其經典著作《近代私法史》（*Privatrechtsgeschichte der Neuzeit*）一書中，作了如下撰述（1967, S. 151）：

> 羅馬法的學術優越性及其對現代歐洲整體文化的貢獻，並不是建立在其制度之實質內涵的品質或正確性，也不是在於經由已具自主性的專業法律人思想而使歐洲法秩序方法技藝化，並透過法學對政治及社會衝突之法律問題的理性討論而導出理性且可靠的裁判。建構全新歐洲之羅馬法，其超越時空的學術支配力之所以可能，乃因其累積了歷史上存留下來取之不盡的法理性與法道德，此原本蘊藏於偉大羅馬法學的文本之中，現則由歐洲法文化承接並吸納之。

（譯按：保守法律史學者認為）經濟上的理由則未扮演重要角色。因為羅馬法原本即對經濟不甚友善，至少比德意志舊法要來得不友善。換句話說：羅馬法具有較高的精神品質，才是重點所在。以上闡述的根基，說到底是一種唯心史觀，即社會變遷本身是來自人類精神的進步，來自人類的理念。不過，到了一九七〇年代在探討方法論的時候，維亞克爾還是明白肯認了法律發展與經濟之間的相互依賴性。在一九六〇年代的時候，這點還不是他最感興趣的問題，因為法律史在當時是一種思想史（Geistesgeschichte）。唯物史觀對這件事的看法，則完全不同。對他們來說，思想的改變——包括法律思想在內——，根源於與思想緊密相關的經濟變動，更何況在羅馬法繼受時期確實也發生了經濟變動。當時在北義大利城市——剛好也包括波隆那——，已經發展出資本主義式的貨物生產市民社會。同樣情形，也可以在同期稍晚的德意志城市中觀察得到，其時正是羅馬法在這些城市擴展的時期。誠如恩格斯（Friedrich Engels）在寫給卡爾．考茨基（Karl Kautsky）的信中所言：羅馬法在彼時恰恰是「單純貨物生產的現成法」（das vollendete Recht），為市民的經濟提供了法的基礎。此乃源於羅馬法之個人主義——自利性——所建構的所有權及其契約法的核心部分。恩格斯在信中寫道（1884）：

> 羅馬法是單純貨物生產的現成法，也就是為前資本主義時期之貨物生產提供的現成法，其中多半也兼含了資本主義時期的法律關係。而這恰恰是我們市民在他們崛起時所需要的東西，卻在本土的習慣法中遍尋不著。

以上哪一種史觀正確呢？各人自下判斷，但也許可以想想，被維亞克爾稱作精神知識現象的理性，卻被另一位偉大的保守學者認為是具決定性、經濟性的要素，寫於馬克斯．韋伯（Max Weber）的《經濟與社會》（*Wirtschaft und Gesellschaft*, 1925）一書中。他把在十九世紀發展達到頂峰的市民經濟，形容成越來越理性的開展，也就是一種有規劃且長期獲利精算的生產理性與相對應的商業理性的提升。於是，連同法繼受，我們可能又回到經濟（因素）。抑且，我們或許不能僅僅讚嘆人類精神的改善，實則這是一種精神、法律、政治及經濟發展交互影響下的過程，到底是哪一個因素發揮了決定性的影響力，還很難說。恩格斯在他去世前幾年的另一封信上如此寫道（1890）：

那些人缺乏的是辯證法。他們都只是這邊看起因，另邊看結果。這是一種高度的抽象化，在現實的世界中，這種形而上的兩極對立只有在危機時才會存在，整個過程實則是交互作用的形式，——即使是相當不均衡的力量，經濟活動始終還是最強勢、最原始性、最具決定的——，向前移動，這不是絕對的，所有都是相對的，他們只是沒有看到這點，對他們來說，黑格爾是不存在的。

同一時間，在另一封信上，恩格斯提到：依照唯物史觀，「歷史最後一刻的決定性要素」，是實際生活的生產與再生產。也許他是對的。

法繼受之後，羅馬人終而進入我們之中，一直留到今天。他們的法律，現在是統稱，有其優點，全部都是以拉丁文寫成。若乏學有專精之法律人的協助，一般人是漫無方向的。這點到今天為止還是如此。從此以往，如同在羅馬，存在一種特殊的職業，經過特別程序養成的法律人，也就是「Jurista」，這個字從十四世紀起就有了。法律成為一門統治學，與人類的日常經驗和感知相互脫節。人們或亦可說：法與道德的距離越來越遠。今天，人們雖不再說拉丁語，但法律人的語言及其源自羅馬法的一系列層層交疊的技術性概念工具，仍然是難以理解的，儘管從十七世紀起已開始多用德文進行聽說讀寫。這是自然法的時代。

關於日耳曼早期時代，出於考古學家角度的著作，見：R. Hachmann, Zur Gesellschaftsordnung der Germanen in der Zeit um Christi Geburt, in: *Archäologia Geografica* Bd. 5 (1956), S. 7-24。其他文獻見：K. Kroeschell, Germanisches Recht als Forschungsproblem, *Festschrift Yhieme* (1986), S. 3-19。關於中世紀的文獻，見：K. Kroeschell, *Deutsche Rechtsgeschichte* Bd. 1 (bis 1250), 10. Aufl. 1992 und Bd. 2 (1250-1650), 8. Aufl. 1992 (WV Studium Bd. 8-9)。關於「買賣破租賃」問題的歷史，見：K. Genius, *Der Bestandsschutz des Mietverhältnisses in seiner historischen Entwicklung bis zur den Naturrechtskondifikationenen*, 1972。關於大註釋時期、後註釋時期及法繼受，一直是最佳讀本：F. Wieacker, *Privarrechtsgeschichte der Neuzeit*, 2. Aufl. 1967。我對該書史觀的評釋：*Zur Methode der Rechtsgeschichte, in: Kritische Justiz* 1974, S. 337-368。引用恩格斯的三封信，見：Karl Marx, Friedrich Engels, *Werke* (*MEW*) 36. Band, S. 167; 37. Band, S. 494 und ("in letzter Instanz") S. 463。

第六講
自然法

法律中的自然（Natur）[1]到底所涉為何？像是德意志帝國中的羅馬法嗎！當時二者的關聯具有如此重大的意義，這件事本身就頗為怪異，特別是二者之間還有競爭關係。

羅馬法如今為德國所繼受，廣布各處，部分與舊的地方法結合，在方法上更為精純。義大利註釋學家的繁瑣累牘，逐漸被來自法國的人道主義趨向所取代。「mosgallicus」（人文主義風格）[2]取代了「mositalicus」（義大利風格）。這是十六世紀時期的事。然後，整個歐洲的政治與經濟風貌為之丕變。由於三十年戰爭的混亂，於十七及十八世紀誕生了專制國家，德國的範本是：普魯士。這類國家的法律是自然法，十七及十八世紀的「古典的自然法」，德國的範本是：《普魯士一般邦法》（das Preußische Allgemeine Landrecht），這種自然法一路發展進入十九及二十世紀的民法前階段。正如專制國家是市民社會的開路先鋒（Wegbereiter）一樣，它清除了中世紀封建殘餘的斑駁雜碎，建立了統一性的國家領域，以

1 譯註：德文「Natur」一詞，本義為「自然」，中文一般亦多譯為「自然」，本章章名「Naturrecht」，譯為「自然法」，即為一例，已約定成俗。不過，「Natur」一詞，同時有「本質」或「本性」之意，例如「Natur der Sache」，一般譯為「事物之本質」，本章開篇問句，亦可作如是解。又，本書譯文依行文脈絡意旨，或譯「本質」或「本性」，未必皆譯為「自然」，特先敘明。

2 譯註：「gallicus」一詞，字面意指是高盧人的，引申為法國的，或法式的；「mosgallicus」，指約於十六世紀以法國人文主義法學家紀堯姆．布代（Guillaume Budé）、雅各．屈雅斯（Jacques Cujas）等人為首興起的人文主義批判法學，從人文主義的角度對羅馬法進行解讀與詮釋，與義大利學派形成對比。參見 Gerhard Köbler, *Lexikon der europäischer Rechtsgeschichte*, 1997, S. 508, 509。

及伴隨而來的社會結構一致性，也必然會徹底釋出經濟力，解放農民，讓土地成為商品，國家退出——「重商主義」的——經濟操控，自然法於焉誕生；自然法曾是德國民法的開路先鋒。不過，那些用羅馬法與十九世紀的法突破相抗的人，也就是薩維尼及其歷史學派，看法則完全不同。對他們來說，自然法是一種怪異的缺陷建構。

然而，在此之後，自然法並沒有因此而完全消失。雖然有相當長的一段時間，一般人忌諱談及自然法。但是在第二次世界大戰之後，在極權國家的廢墟上，自然法又再展榮光。一時之間，德國的最高法院甚至說起人的自然本質和造物秩序（Schöpfungsordnung）[3]。過去這雖是中世紀天主教的說法，但畢竟也就是自然法。（戰後）聯邦法院的首任院長，赫曼．魏因考夫（Hermann Weinkauff），在一次眾所矚目的回顧中把自然法譽為「偉大告解的餘緒」（Bruchstücke einer großen Konfession）[4]，並加以稱頌。針對這項議題的探討，作為演奏前的調音，先來一份自然法的前菜，這是取自一九五三年聯邦法院關於男女平權的一份鑑定

3 譯註：「造物秩序」，指聖經《創世紀》所載上帝造人所建立的基本秩序。

4 譯註：語出歌德自一八〇三年起陸續出版的自傳《我的生命：詩與真理》（*Aus meinem Leben. Dichtung und Wahrheit*），全句為：「凡我所知者，皆只是偉大告解的餘緒，足以讓這本小書成為一項大膽的嘗試。」（Alles, was daher von mir bekannt geworden, sind nur Bruchstücke einer großen Konfession, welche vollständig zu machen dieses Büchlein ein gewagter Versuch ist.）。http://www.zeno.org/Literatur/M/Goethe,+Johann+Wolfgang/Autobiographisches/Aus+meinem+Leben.+Dichtung+und+Wahrheit/Zweiter+Teil/Siebentes+Buch.

書，載於《聯邦法院裁判彙編》，民事事件，第十一卷，附錄，頁六五：

就人類及個人尊嚴而言，男人與女人完全平等；而且必須在所有法律中嚴予明確表明。但是男女之嚴格區別不僅在其先天的生理性別上，還存於依其所在及造物意旨而在家庭秩序裡對其自身及子女之相互關係秩序中；此一秩序係由上帝所促成，從而不是人類立法者所能破毀的。依據造物秩序，家庭是一個嚴遵男女各自秩序之統一體；男人與女人為一「聖體」（ein Fleisch）。欲把社會的法律形式套在這（婚姻經濟領域之外）原始構成要件之上，誠屬荒謬。在此密不可分的家庭統一體中，男人與女人的地位與任務有所不同。男人製造子女；女人接受之，生產之，並照養之，並且將未成年子女教育成人。男主外，確保家庭的存續、發展與未來；他對外代表家庭；在此意義下，他是一家之「主」（Haupt）。女主內，奉獻於家庭的內在秩序及其建構。在涉及家庭秩序中性別平等之法律問題時，法律不能獨斷地（doktrinär）忽略上述根本的差異性。

於此處亦然。也因此，到底什麼是自然法？這道問題的提出，便有了正當性。就過去的聯邦法院而言，毫無疑問，自然法就是法。不過，於通常情形，自然法只是一種哲學。一般來說，有兩種可能性，如恩斯特．布洛赫（Ernst Bloch）在《自然法與人性尊嚴》（*Naturrecht und menschliche Würde*）一書中所示，就此問題寫得最好的一本：自然法可以是誡命式的

（fordernd），或者是維繫式的（bewahrend）。誡命式的自然法提出批判並且要求改變；維繫式的自然法則是保守的，正當化既有秩序，並且意欲維持之。兩種論點均訴諸自然，多半訴諸人的天性。這是自然法的一般特徵，要不是應和人類天性的既存關係，就是挑戰顛覆人類天性的既存關係。前述聯邦法院的裁判是維繫式的自然法。於此往往取決於人們事前把什麼東西塞進人類的天性裡，然後再從中得出與之相應一致的法。多數情形就像是魔術師與小白兔的手法，在魔術師可以如魔法一般地從帽子中抓出小白兔之前，它必然是已經先把兔子裝在裡頭了。

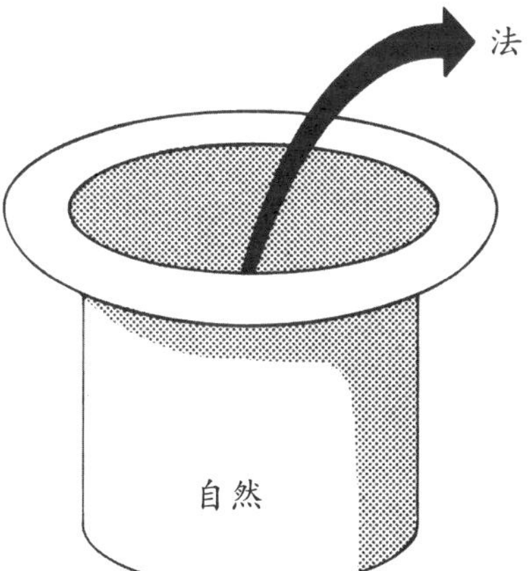

自然法的歷史就是以這矛盾為起點的。在西元前五世紀的伯羅奔尼撒戰爭的危機中，雅典出現了一群男人，他們喪失了對眾神的信仰，智者學派（Sophisten），一般人如此稱呼。這是「希臘的啟蒙時期」（語出黑格爾）[5]。「至於神，我既不知道他們是否存在，」普羅

5 譯註：載於 Hegel, *Philosophie der Weltgeschichte,* II/3, § 5；參見 Alfred Verdross-Drossberg, Die Rechts- und Staatslehre der griechischen Aufklärung, in: ders., *Grundlinien der Antiken Rechts- und Staatsphilosophie*, 1946, S. 40-59。

塔哥拉（Protagoras）如是說：「也不知道他們像什麼東西，有許多東西是我們認識不了的；問題是晦澀的，人生是短促的。」人類是萬物的尺度，「是存在的事物存在的尺度，也是不存在的事物不存在的尺度」（Diels-Kranz, *Fragmente der Vorsokratike*, Nr. 80, Fragment 1）[6]。傳統法的正當性隨著對眾神的信仰而搖擺。「法只為強勢者的利益服務」，塞拉西馬柯如（Thrasymachos）[7]如此說過，也因此招來兩千五百年後如卡爾．李卜克內西（Karl Liebknecht）在其《階級司法》（*Klassenjustiz*）同樣強烈的憤怒。希庇亞（Hippias）[8]，在雅典對哲學家們的一場演講上說：「我把你們都當作我的親友和同胞，這是根據本性來說的，而非依據習俗（法律）。」當時出現的對立，爭議延續至今，也就是自然（physis）與規範（nomos）的對立，自然與法律的對立。於自然，眾生皆平等。只有法才會製造差異。「法律是人類的暴君。」這句話希庇亞應該說過，如柏拉圖所述，他自己則——「自然地」——

6 譯註：《前蘇格拉底哲學家殘篇》，係由德國古典語言學家赫爾曼．亞歷山大．迪爾斯（Hermann Alexander Diels）與瓦爾特．克蘭茲（Walther Kranz）二人收集並整理而成，共三冊，自一九〇三年陸續出版，於一九五二年，發行第六版，為古希臘哲學研究的奠基著作。

7 譯註：古希臘智辯家（ca. 459-400 BC；其較知名的句子，載於柏拉圖《理想國》（Politeia）：「正義不外就是強勢者的利益」（338c）以及「正義應遵從於法」（339b）。見：Nils Rauhut, Thrasymachus (fl. 427 B.C.E.), in: Internet Encyclopedia of Philosophy, https://web.archive.org/web/20210212000413/https://iep.utm.edu/thrasymachus/.

8 譯註：古希臘智辯家，約生卒於西元前五世紀中後期，一般被認為是「自然法」觀念的提出者。

持完全不同見解（Protagoras,[9] 337c[10]）。

法律是基於約定，反之，自然則是真理，安提豐（Antiphon）[11]說，這位古怪的男士，於西元前四一一年在雅典被處決，因為他想要推翻民主。以下是智者學派少數原始文件之一，二十世紀之交，人們在埃及的俄克喜林庫斯（Oxyrhynchus）從一段紙草片簡上發現（Diels-Kranz, Nr. 87, Fragment 44A）：

> 正義在於不逾越國家的法律規定，在國家中，人是人民。也就是說，在適用正義時，一個人將獲得最大的利益，如果他在有人見證下尊崇法律，反之，若單獨一人且無見證時，則要尊崇自然誡命；因為法律的誡命是恣意的，而自然的誡命是必要的，法律的誡命是經由約定，不是生成的，反之，自然的誡命是生成的，不是約定的。凡違反法律規定之人，如果隱

---

9 譯註：《普羅塔哥拉篇》（*Protagoras*），係柏拉圖以對話形式完成的著作，虛構其與蘇格拉底及普羅達哥拉斯之間的對話錄，核心主題環繞在倫理、美德與德行，約寫於西元前四三三年至四三二年間。

10 譯註：「法律是人類的暴君」這句話，載於《普羅塔哥拉篇》337d，接續「讓我們成為兄弟、朋友及同胞的是自然，而不是法律」，完整的句子是：「法律，乃凌駕人類的暴君，強使許多事物違反自然。」在此處，柏拉圖請蘇格拉底與希庇亞共同評判這樣的說法是否正確。德文版，見：Karl und Gertrud Bayer, *Platon, Protagoras, Anfänge politischer Bildung*, 2008, S. 117；英譯版，可參見 James A. Arieti and Roger M. Barrus, *Plato's Protagoras: Translation*, Commentary, and Appendices (2010)。又，柏拉圖自己對法律的看法，則是寫於西元前三五〇年前後的《法律篇》（*Nomoi*），參見本書第三講。

11 譯註：古希臘演說家（ca. 480-411 BC.）。

而不為約定者所知，可免於恥辱與處罰；如果無法隱而不為人知，則不能免於恥辱與處罰。反之，試著違犯一點自然與我們一起生成的律法之人，對他來說，如果隱而不為人知，其災難並不會比較小，如果人盡皆知，其災難更大；因為損害不是基於單純的看法，而是真理。一般來說，這些事物的考察都是為其自身之故，因為絕大多數的法律規定都是與自然敵對而存。法律之設，是為了眼睛，為其所應見或不應見者；為了耳朵，為其所應聞或不應聞者；為了舌頭，為其所應言與不應言者；以及，為了雙手，為其所應為或不應為者；以及為了雙足，為其所應行或不應行者；以及為了心智，為其所應求或不應求者。於此，法律對人類的禁止及其要求實際上皆非順應自然或合於自然。與之相反，生命是存乎自然，死亡亦然，而且生命於人類有益，反之，死亡則非益處。當益處經由法律規定者，則益處是自然的枷鎖；反之，經由自然確定者，則益處是自由的。這不是真的——至少根據正確的觀點——，自然帶來的痛苦多於快樂；而這也不是真的，憂傷比充滿喜悅要來得有益。在真理中的益處必須不是造成傷害，而是有用的……

這段話應該出自阿爾西達馬斯（Alkidamas）[12]，他從整體得出的一些推論，對古代社會

12 譯註：古希臘智者學派，約生卒於西元前四世紀。

提出了最尖銳的質疑。他應該曾經說過，神創造了所有人類，自然不讓任何人成為奴隸。換言之，這曾是維繫式自然法的頂峰時期。

這個時期伴隨著柏拉圖與亞里斯多德而到來。「人是政治的動物」（Anthropos physei politikon zoon esti），亞里斯多德在他的《政治學》（1253a 2）如此寫道。人天生是一種國家的生物。因此，國家與法律屬於人的本性。在自然與法之間不存在衝突。奴隸制度也是在此基礎下建立，它是基於人的本性。這部分見諸其《政治學》（1254a9-1255b39）的一段長篇，數頁之多，也許是因為他良心不安。支配與被支配，他寫道，都是屬於人的自然天性。總是會有強者與弱者。隨著出生，人的旅程即已確定。也因此，男人支配女人。自然的不平等。有些人矮小、結實而強壯，因此適合勞力工作。如果他們只是為了理解別人的命令才「分受到理性」，那麼天生就是奴隸。「Physei douloi」，即天生的奴隸。吾人可以稍微回憶一下聯邦法院，想想「偉大告解的餘緒」及其他類此說法，在德國行將突破之前的過往。在中世紀之前，自然法仍然維持此種樣態，以聖多馬斯的《神學大全》為其高點。直到十七及十八世紀之後，才又再度回到從前——自然與法律的衝突，以改變為訴求。而這番衝突確實促成了改變（Karl Bergbohm, *Jurisprudenz und Rechtsphilosophie*, 1. Band, 1891, S. 215）：

其撼動了農奴制度與依附關係，徹底地推促解放；激發被僵化行會強制與苛刻商業限制所束縛的營業能量……進取宗教信仰之自由與學術教學之自由。其促使刑求的廢除，並且將刑事訴訟導向依法定程序之有序軌道上。

在德國的中心基地是哈勒（Halle）大學，建於一六九四年，對狄爾泰（Dilthey）來說，這是「普魯士自然法的誕生時刻」。卡默（Carmer）、蘇瓦雷斯（Suarez）及克萊恩（Klein）等人，在此給了《普魯士一般邦法》法典化決定性的推力。恰恰是一百年後，這部法律於一七九四年由普魯士國王頒布。因為自此之後，進入了普遍性法律的時代，其以人的平等性為基礎。專制國家廢除了中世紀等級社會的諸多疊床架屋，亦完全是根基於一般自然法律之思想，該等法律以相同方式通行於各地。此種立法方式的發現，在同一時期改變了人們的思想，絕非偶然。伽利略（Galilei）的《對話錄》[13]寫於一六三二年。五年後，一六三七年，笛卡兒（Descartes）的《方法導論》（*Discours de la méthode*）也跟著問世。

古典自然法最重要的一本書，是由格勞秀斯於一六二五年所寫的《論戰爭法與和平法》（*De jure belli ac pacis*）。他當時是荷蘭城市貴族的代表，貴族們需要自由貿易及海洋的自由，不受歐洲各國的限制。於此需要一種法理論，可以獨立於國家權力之外，只根基於人類

13 譯註：全名：*Dialogo sopra i due massimisistemi del mondo*（關於托勒密和哥白尼兩大世界體系的對話）。

的自然與理性。特別是當時還存在一項別的問題，無法以單一國家的法律解決之。在戰爭時，當時的歐洲被戰火蹂躪，人們如何能夠維持共通規則的最小公約數？什麼是戰爭？何時戰爭是正當的？誰可以發動戰爭？什麼事可以被允許，什麼不能？如何處理俘虜及被戰勝者？中立國有何權利？

於是，格勞秀斯寫了一套自然法的完整體系，第一位，與截至當時寫過的不一樣，主要在於其內含詳盡之各種規範。財產權及契約原則為其中心。這是源自人類的天性。除了跟其他人一起外，人類無法生活。人類是一種群居的生物，這是他的社會性（socialitas），追求群聚而成社會，而不是國家。不是如亞里斯多德所說的「政治的動物」。那麼會是什麼？構成社會的是契約，是人與人之間的原則。一種無國家的社會契約。三百年後，另一位學者再度發現這點，那就是馬塞爾．莫斯（Marcel Mauss）[14]一九二五年的《禮物》（*Essai sur le don*）[15]以及他所說的相互性。透過人種學家對前國家時期社會的考察，他發現維繫社會的是禮物交換。

14 譯註：法國社會學家（1872-1950）。

15 譯註：全名：Essai sur le don: Forme et raison de l'échange dans les societies archaïques（禮物：古式社會中交換的形式與理由），發表於《社會學年鑑》（*L'Année Sociologique*）。

格勞秀斯據此得到一種全新的契約法，比作為其奠基的傳統羅馬契約法還要一目瞭然。他一開頭就說，契約是經由要約與承諾而成立的。羅馬人只有說是合意。不同於羅馬人，他同時解決買賣時所有權移轉的問題。出賣人將物出賣給買受人時，該物之所有權如何移轉？羅馬人說：當物被交付時。換言之，要件有二：一個有效的買賣契約，再加上移轉占有。錯，格勞秀斯說。買賣契約，即為已足。羅馬人所要求的交付，只是在羅馬歷史發展中偶然的表徵，不是不可變的自然法。關鍵在於雙方的合意，這就夠了。也就是，在契約締結的時點，物的所有權即已移轉給買受人，「而且這是最簡單的」（第二卷第八章第二十五、二十六節以及第十二章第十五節）。新的契約原則和羅馬的傳統原則分庭抗禮。這點在德國並未貫徹，但是在法國則成為現行法，仍見諸《法國民法典》第一五八三條。

格勞秀斯從羅馬人繼受了萬民法（ius gentium）的思想而修正之。萬民法，對羅馬人而言，原本是私法的規則，非屬典型的羅馬國家法，而是適用於所有人的私法，與市民法（ius civile）為相對立的概念，後者僅適用於羅馬市民，口頭契約（mancipatio）屬之，是一種複雜古老的轉讓行為，以語言形式、證人、一個天秤和一名秤量師。這只適用在羅馬。一般的買賣或奴隸買賣，則見諸所有古代人。這是當時的萬民法，背後蘊含有——斯多葛的——普遍性思想。凡到處皆有之事，必然合於人類的本性。格勞秀斯採用了此種證據方法，運用其博學多聞的浩繁卷證。以此方式證明為自然法的萬民法，格勞秀斯不只是將之描述為通用於所有人的私法，而是適用於民族之間的國際法。這是原創的，他因而成為「國際法之父」。

他的對手是霍布斯及其一六五一年的《利維坦》。在此之前，格勞秀斯提出了普遍法（das allgemeine Recht）的觀念。霍布斯則是專制主義的國家哲學家。對霍氏而言，社會性不是人類自然本性的決定性要素，不是如格勞秀斯一樣的社會本能。霍布斯建構的是一種自然狀態，即「naturall condition」（他使用的是兩個「l」字母），在此狀態中遍地混亂，任何人都具有威脅性，是他人的敵人。恐懼與虛弱驅使人們建立國家。因此，軟弱無助（Imbecillitas）才是人的本性，也就是意識到自己的軟弱，而不是社會性。因此，所有的武力及暴力均移轉到國家身上，國家一方面成為秩序的要素，但另方面則變身為令人畏怖的巨靈，正是利維坦，在聖經裡被描述成一隻蛇龍合體。從牠的嘴裡吐出火。從牠的鼻子冒出熱煙，如同沸騰的鍋壺。在地球上，無人可比（《約伯記》第四十一章）。國家作為最高的怪獸（Bestie）。也因此，專制國家從來不像他的最高理論家一樣的真的那麼幸運。

還有兩個名字值得一提，他們對於理論在德國的發展具有重要性。賽繆爾・馮・普芬多夫（Samuel von Pufendorf）和克理斯提恩・托馬修斯（Christian Thomasius）。普芬多夫撰寫了德國首部自然法體系鉅著。他是海德堡及隆德（Lund）[16]大學的教授，之後擔任柏林大公國的宮廷撰史官（Hofgeschichtsschreiber）。《自然法與萬民法》（*De iure naturae et gentium*）共八冊。他以一般之哲學討論開篇，遵從格勞秀斯，拒卻霍布斯。法不是支配的產物，而是理性的成果。由此可以導出以下之說，首先是人作為權利主體的學說，這個概念是他最先發現的。私法最重要的三個要素終而清楚地表述出來：權利主體、財產權、契約。今天仍寫在《民法典》第一條：「人之權利能力始於出生。」在此闡述之後，他進一步體系性地開展。緊接其後的是財產權，以及契約法中權利主體與權利主體之間的連結。於親屬法表述的是次高的單位，之後則是最高單位的法，即國家法。再之是國家與國家之間的法，構成最後一部分，即國際法。

「克理斯提恩．托馬修斯，一位無憂的德國學者」（ein deutscher Gelehrter ohne Misere），這是恩斯特．布洛赫一本書的標題。對這位先生作了令人印象深刻的描寫，他是在哈勒大學建立之後第一位自然法的權威。貢獻良多。曾為文反對獵巫及刑求，第一位以德語在大學中講授法學的教授，為受過教育的外行人主編最古老的學術期刊，《德意志月刊》（*Teutsche*

16 譯註：瑞典大學，建於一六六六年。

Monate）。為了反對偏見，他到處抗爭、啟蒙，提供思考方向，同時寫下了一部自然法的體系，《自然法與萬民法基礎》（*Fundamenta iuris naturae et gentium*, 1705）。他是誡命式古典自然法的個人化體現。

如果說克理斯提恩・托馬修斯是自然法的化身，那麼《普魯士一般邦法》就是自然法立法的理念展現。腓特烈二世在其生命終點交付了這項任務，由三位先生履行：約翰・海尼希・卡西米爾・封・卡默（Johann Heinrich Casimir von Carmer）、卡爾・哥特里布・蘇瓦雷斯（Carl Gottlieb Suarez）及恩斯特・斐迪南・克萊恩（Ernst Ferdinand Klein）。有一則軼事可以用來彰顯這部法律的精神特色，它對於這項立法任務具有決定性的推動力，那就是磨坊主阿諾德的官司（Der Müller-Arnoldsche Prozeß）。

這位磨坊主約翰・阿諾德（Johann Arnold）不是無憂宮（Sanssouci）旁的那位磨坊主，後者曾在波茨坦對著老國王說：「是的，如果沒有柏林高等法院的話。[17]」這句話之後被改成：「在柏林還是有法官的。」這位阿諾德是另一個磨坊主，在普魯士歷史上扮演重要角

17 譯註：故事大略是：國王腓特烈二世嫌磨坊風車轉動的聲音過大，乃召見磨坊主，表示欲買下他的磨坊，遭到拒絕。於是，國王警告磨坊主說：「你知道嗎，我可以把你的磨坊充公，而不用給你一毛錢？」磨坊主回答說：「陛下，是的，如果沒有柏林高等法院的話！」見：Franz Kugler, Adolph von Menzel: *Geschichte Friedrichs des Grossen*, 5. Aufl., S. 221. http://friedrich.uni-trier.de/de/kugler/221/text/?h = M%C3%BChle。

色。他是一位在紐馬克（Neumark）靠近波美爾茨格（Pommerzig）的一座磨穀倉的承租人，位於普魯士東北方的布蘭登堡侯國（Mark Brandenburg）。他長年處於經濟拮据狀態，經常遲延給付租金。他總是抱怨說推動磨坊的溪流水量太少。一日，格爾斯多夫（Gersdorf）的官員在溪河的上游處設了三座人工湖（Karpfenteiche），讓溪流水力不足的問題更形嚴重。於是阿諾德停止給付地租，所有人史邁陶伯爵（Graf Schmettau）乃向法院提告並獲得勝訴。磨坊主被判必須搬離該座磨坊，但是他質疑判決的正確性。因為波美爾茨格的區法院在某種意義上是屬於原告的。史邁陶伯爵身為地主，不僅可以行使警察權，甚至可以動用所謂的莊園地主審判權（Patrimonialgerichtsbarkeit）[18]，足以影響法官的任免。但是判決還是被受理上訴的科斯琴（Küstrin）地方法院維持而告確定。從局外人的角度來看，這至少已經是該判決正確性的保證。該磨坊被清理，磨坊主的財產被強制拍賣。這是一七七八年的事，在事件引起轟動的前一年。

磨坊主的太太，蘿西娜・阿諾德（Rosine Arnold），不斷地向政府及國王寫陳情信，力

18 譯註：莊園地主審判權是德國十八、十九世紀時期獨立於國家法院以外的特殊法院，以特定世襲土地為單位而成立（「patrimonium」為世襲財物之意），普魯士於一八四八／四九年廢除該等法院。「Patrimonialgerichtsbarkeit patrimonium」，見：Monika Wienfort, *Patrimonialgerichte in Preußen, Ländliche Gesellschaft und bürgerliches Recht 1770–1848/49*, 2001, S. 29ff。

圖廢棄這項判決。石沉大海。這些陳情書多數停在半途上。但有一天，阿諾德成功了。經由在布藍茲維（Braunschweig）城市的利奧波德（Leopold）王子，他是國王的姪子，阿諾德的一個哥哥剛好在他的麾下服役。利奧波德王子先向司法部長反應，也就是大統領卡爾．約瑟夫．封．弗爾斯特（Karl Joseph von Fürst），但他拒絕所請。一如往常。一切穩當。最後是國王自己出手，他看到了一次懲一儆百的機會。一七七九年八月，他組了一個調查該判決的委員會，成員是科斯琴區政府的代表與國王的人馬，統領霍因金（Oberst Heucking）。然後出現了兩份報告，一份是由科斯琴區政府所提出，判決沒有問題；另一份出自統領霍因金之手，身為服從命令的軍人，他確知國王希望他做的事。總之，他提出了不同意見，寫道：阿諾德遭遇不法，他失去了水源。這份報告證實了老國王的懷疑。

一七七九年十二月，柏林高等法院收到國王的指令，受領科斯琴法院的卷宗，再次審查，並作出第三份判決。依照訴訟法規定，這種作法原本不被允許。很快地，也就是在一天之內，法院院長指定一名法官為受命法官，進行判決的準備程序。工作一天一夜後，得出結論，波美爾茨格與科斯琴的判決均是合法作成。次日上午，高等法院作出判決，第三個判決不利於阿諾德。卷宗被送回科斯琴，交給國王的只是一份內容概略的文書。這不是很禮貌。國王勃然大怒。他召見大統領，「連同（作出該判決的）三名法官」。他不知道，高等法院判決的作出是由七名法官組成。那該怎麼辦呢？他們派了三名法官到波茨坦的皇宮，其中一位是受命法官，朗斯雷本（Rannsleben）。但國王並未聽取他的陳述，而是詢問另一位、魁梧偉岸的法官。不過，這位法官毫無概念。這讓國王更為生氣，於是將大統領撤職。這三名法官被拘禁，並且被判處一年的關堡壘徒刑（Festungshaft），而且還必須對磨坊主阿諾德負損害賠償責任。這是一種所謂國王的「權力宣示」（Machtspruch）。依照當時的國家法，這種作法是有可能的。然在此之後，強化司法獨立與禁止國王動用權力宣示的各種努力則越來越多，直到十九世紀的法治國家才獲得成功。然後以所謂司法宮（Justispalästen）之名，有意識地對外表彰法院與國王享有同等的法律地位。法的宮殿（Palast）與國王的宮殿平起平坐。

這件事造成了轟動。在國外，國王廣獲喝采，給了鄉村農民許多的希望，於柏林的貴族圈內，則引發了強烈的反彈。腓特烈二世的繼任者於一七八六年就任時，撤銷了對法官們的判決，且從國庫中填補他們受到的損害。阿諾德仍保有他所得到的。到底誰有理？直到今天還沒有清楚的答案。國王？高等法院？不過，本案在十九世紀恰恰為法院建立起好名聲，法院證明了面對王權皇冠的無畏勇氣。有人認為法院對阿諾德的判決是正確的，因為基於十六世紀以來的用水正義（Wassergerechtigkeit），擴建魚塘原本即具有正當性。阿諾德所承租的磨坊權於當時自始即受有負擔。我對此表示懷疑，只不過這很難證明，訴訟的卷證資料都已經不存在了。

大統領弗爾斯特的繼任者，也就是卡默伯爵，後來成為西利西亞（Schlesien）的司法部長。他受委託起草新法典，曾就讀於哈勒大學，跟他的同儕蘇瓦雷斯與克萊恩一樣。他們三人從預備工作開始著手，於極其隔離的情境，被斷絕在柏林的社會之外。腓特烈二世去世後，立法工作遭遇困難，他的繼任者受到普魯士貴族的影響。貴族中地位最崇隆的代表是馬維茨將軍（General von der Marwitz），他將法律草案貶抑為一部「平等法典」（Gleichheitskodex）。因此，草案內容有所改動。一七九四年，這部法典還是以法律的形式對外頒布。政治上的實質部分多半保留下來，與磨坊主阿諾德案的情形沒有兩樣（譯按：不過，本法基本上）站在小老百姓，而不利於貴族，以下只舉一例。

在租賃方面，舊的德國規則是十六世紀的「租賃破買賣」，後來被羅馬法的「買賣破租賃」原則所取代。個人主義的羅馬法排除了舊德國法的社會拘束（見第五講）。在接下來的時期，還有一些緩和社會不公的嘗試。不過，始終遭遇來自繼受以來即取得上風之羅馬法的抗衡。直到一七九四年《普魯士一般邦法》的頒制，始透過法律之力再次昭示相反的規定，在關於租賃、租地及其他用益權之共通規定的開端，第二條及第三條（《普魯士一般邦法》

第一編第二十一章第二條、第三條）：

於權利人實際占有可使用或可利用之物時，其權限具有物上權利（dingliches Recht）之性質。允許權利人行使該物上權利而課予之義務，一併移轉於該負有負擔之物之新所有人，其權利承自使用權或利用權之設定者。

易而言之：新所有人不得趕走舊承租人。舊德國法的社會拘束原則再次重建。所稱「物上之權利」，對於法律人而言，甚至還有提升承租人安定地位的意涵，於實務則無太大意義。關鍵在於，承租人可以留下來。

以上是這部法律的一般趨勢，但實際上未能全面貫徹。等級的劃分並未被廢除，農民依附於地主的情形，依然存在。這是等級國家（Ständesstaat）與市民社會之間的妥協，直到十九世紀才有所突破。

關於自然法的一般性文獻，見：Ernst Bloch, *Naturrecht und menschliche Würde*, 1961 (suhrk. Taschenbuchwiss. 250); Hans Welzel, *Naturrecht und materiale Gerechtigkeit*, 4. Aufl. 1962 (Nachdruck 1990)。Hermann Weinkauff的文章，見：Der Naturrechtsgedanke in der Rechtsprechung des Bundesgerichtshofes, in: *Neue Juristische Wochenschrift* 1960, S. 1689-1696。關於古典的自然

法、格勞秀斯、普芬多夫、托馬修斯與普魯士一般邦法，見：Franz Wieacker, *Privatrechtsgeschichte der Neuzeit*, 2. Aufl. 1967, §§ 15-19。磨坊主阿諾德訴訟案的法律問題，見：M. Diesselhorst, *Die Prozesse des Müllers Arnold und das Eingreifen Friedrichs des Großen*, 1984。關於本案生動且趣味的描寫，見：Thomas Carlyle, *Geschichte Friedrichs des Zeiten, genannt der Große*, 6. Band (1928), 7. Kapital。

第七講
民法於十九世紀的起源

與其他西歐國家相較，日耳曼在十九世紀上半葉還只是一個低度開發的農業國家。發展腳步的推進者是普魯士，或許是因為那裡礦產豐富，在西里西亞、魯爾區及薩蘭。在對抗法蘭西的民族英雄失利後[1]，人們開始推動各項改革，等級國家被徹底地廢除。首波是一八〇七年的「農民解放運動」，鼓吹職業自由，推動鄉鎮及城市的地方自治、一般的義務教育及一般的服兵役義務等。一八一〇年新的大學在柏林設立，這是整體改革的桂冠，威廉・封・洪堡（Wilhelm von Humboldt）為該大學奠定了現代典章，破除截至當時的大學「行會」體制，更完美地呼應市民社會的理念與利益，「寂寞與自由」[2]成了新學術的動力。

農民的解放是關鍵，一方面讓大規模農業（Großlandwirtschaft）終於可以理性地計算，另一方面則建構起工業化必要的無產（勞動）階級（Proletariat），他們湧向新的城市，在那裡歷經了一八三〇年代及一八四〇年代的經濟蕭條，生活在難以想像的貧困狀況，尤其是大規模工業化難免意味著必要的投資會影響到大眾的消費。當時，契約自由是工業化的法律槓

1 譯註：指一八〇五年十二月二日，拿破崙在奧斯特里茨（Austerlitz）擊退神聖羅馬帝國與俄羅斯聯軍（拿破崙戰爭之一，又稱奧斯特里茲戰役），耶拿會戰，普魯士全線潰敗，弗朗茨二世（Franz II.）放棄神聖羅馬皇帝號，於一八〇六年八月六日退位，神聖羅馬帝國覆亡。

2 譯註：即「Einsamkeit und Freiheit」，語出洪堡「關於柏林高等學術機構之內外組織」（Über die innere und äußere Organisation der höheren wissenschaftlichen Anstalten in Berlin, 1809/10），該句話的前後文是：「唯有當每一個人盡其所能地面對學術的純粹理念，此機構（按：大學）之目的始有達成的可能，故寂寞與自由是學術圈的主流原則。」

桿，特別是勞動法中之契約自由。

十九世紀的後半葉，德國的經濟已向前邁出了一大步，加上人口的快速成長，在該世紀整整增加了兩倍，柏林更成長了十倍之多，一八〇〇年即有二十萬居民，一九〇〇年則有兩百萬人。農業產品擴增三倍，儘管有農地災損。工業的成長率更高。一八七〇年至一八七一年的戰爭[3]讓生產量倍增，再加上來自法國數十億的賠款（譯按：五十億法郎），以及帝國暨經濟疆域的統一[4]。一八八〇年代，又發生一次小規模的金融危機[5]。面對社會的重大緊張關係，人們嘗試透過社會立法來化解[6]。儘管如此，社會民主黨還是取得極高的選票。一八八九年，發生第一次大規模的罷工，造成了社會巨大的不安。俾斯麥於一八九〇年去職。於世

3 譯註：指在普魯士王國與法蘭西第二帝國之間爆發的「普法戰爭」，普魯士聯軍於關鍵的色當會戰（Schlacht von Sedan）攻克法軍，拿破崙三世被俘，法蘭西第二帝國瓦解，德意志邦國統一。見：Geoffrey Wawro, *The Franco-Prussian War: The German Conquest of France in 1870–1871*, 2005。

4 譯註：指一八七一年，德意志帝國（Deutsches Reich）成立，由普魯士國王威廉一世任德意志皇帝（Deutscher Kaiser），為君主立憲制的民族國家（Nationalstaat），一般「德意志統一」（Deutsche Einigung）或「帝國統一」（Reichsvereinigung）。見：Wolfgang Hardtwig und Helmut Hinze (Hrsg.), *Vom Deutschen Bund zum Kaiserreich, 1815-1871*, 1997, S. 458ff。

5 譯註：指一八七三年至一八七七年或一八七九年歐洲和北美經濟蕭條的金融危機，即所謂「Gründerkrach」，起因是一八七三年維也納的股市崩盤（黑色星期五）。見：Patrick Galke-Janzen, Der Gründerkrach 1873, in: ders., *Spekulationskritik in fiktionalen und faktualen Darstellungen des Gründerkrachs 1873 und der Finanzkrise 2008*, 2022, S. 29-118。

6 譯註：社會立法，指一八八〇年代一系列勞工健康保險、勞工事故保險與失能及年老保險法。見李建良譯，Christian Starck 著，德國社會保險立法的發展與歐洲社會聯盟，李建良主編，《法文化成就》，二〇一七年，頁二〇七—二〇八。

紀末上升的經濟成長，在一八七〇年代及一八八〇年代的社會主義立法之後，再度促進了若干自由的政策。市民社會的發展達到頂峰，國家幾乎完全退出經濟調控，且自一八八〇年代起推動帝國主義的原料政策，並在非洲及太平洋逐步建立殖民地。在第一次世界大戰之前，德國人生活在德國經濟的黃金年代。

因應經濟發展所需要的法律變遷，歷史學派占了上風，相對於十七、十八世紀的自然法。歷史學派屬於歷史上精神科學生成的整體脈絡之一環，在十九世紀殷始，人文科學為市民社會打開了大道，包括歷史主義（Historimus）及古典語言學、浪漫主義（Romantik）以及德國古典主義。歷史學派的綱領可以追溯到哥廷根大學的古斯塔夫・雨果（Gustav Hugo）教授，他部分被歸為自然法學派。歷史學派的創立者為薩維尼，堪稱迄今為止德國最重要的法律人。他是柏林大學的共同創辦人之一，一八一二年至一八一三年擔任校長，皇儲及後繼任國王斐特列・威廉四世的業師，入主普魯士國家諮議院（preußischer Staatsrat），一八四二年至一八四八年任普魯士司法部長。三月革命後，他離開公職，回歸私人生活。他與甘妲・封・布倫塔諾（Gunda von Brentano）結褵，她是克萊門斯（Clemens）與貝提娜（Bettina）的姐姐[7]。薩維尼好以歌德自況，當時已是公認的德國法學權威。薩維尼，同時也是一個名

7 譯註：貝蒂娜・馮・阿爾尼姆（Bettina von Arnim）與丈夫阿希姆・馮・阿爾尼姆（Archim von Arnim）及其兄克萊門斯・布倫塔諾（Clemens Brentano），均為德國十九世紀作家、詩人，德意志浪漫派（Deutsche Romantik）的代表人物。

字，讓人不悅的名號，且看海因里希．海涅的描繪（Die Menge tut es）：

我想到柏林，還有座落在我面前的
就是大學。
那裡有騎兵行經而過，紅赭逼人，
展演叮咚作響、喇叭長號——
軍隊音聲，響徹雲霄
直抵詩人們的大講堂。
那裡的教授們，好嗎？
多少帶著長耳朵？
那位身染驕氣傲味
羅馬法學的可愛吟遊詩人
那位薩維尼，好嗎？這位溫儒人士，
也許這位先生早已過世——
但我不知道——你們應該會幫我找到他，
而我不會感到驚駭。

歷史學派，指人們從此不再從自然或人的理性推演出法律，而只能把法律看作是一種歷史的產物，一種民族精神的產物。這樣的法律人不再需要考量如何建構對人類有意義的秩序，而只能單純地蒐集民族精神產出的法律素材，並且將之化作有體系的秩序，古斯塔夫・雨果曾經如此的描述過，人們稱其為「歷史暨哲學的」。這已然存在的——「實證的」——法律必須先確定其現狀，然後再將之體系化的建構。薩維尼在一八一五年《歷史法學期刊》第一卷的發刊詞頁六就此寫道：

> 歷史學派的基本觀念是，法的素材是經由民族的整個過去而既存，不是經由恣意，以致法的素材可以偶然地或此或彼，而應該是從民族自身的最內在本體及其歷史而生成開展。但是，每個時代的特殊活動的方向必須是，洞視這些帶有內在必要性的既存素材，將之活化並保持新鮮。

他所稱的恣意，即指十八世紀的自然法建構。他從赫爾德（Herder）[8]處發掘浪漫主義之民族精神觀念以及法律的有機成長觀念，以之和自然法對比。他也經常把法律與一個民族的語言相比擬（*System des heutigen Römischen Rechts*, 1 Band, 1840, S. 16f）：

8 譯註：約翰・戈特弗里德・赫爾德（Johann Gottfried Herder），德國十八世紀啟蒙時期重要哲學家、神學家與詩人，與歌德、席勒等人同為威瑪古典主義的代表人物。

因為如同在一個人的生活裡沒有一刻是完全靜止不動的，而是持續有機地發展，一個民族的生活以及每個個別的要素中也是如此，全體的生活即由此構成。因此，我們在語言中發現到不斷的續造及發展，法律亦然。

如同在自然法，歷史學派的基本觀點在某種意義上也是自然科學的，只不過不是如自然科學的數學、幾何學、物理學一般，而是生物的、演化論的。其觀點符合中產階級經濟理論的生物學及有機觀念，如法國的重農主義家（Physiokraten）及英國的亞當・史密斯。

有機論觀點體現了社會相對於國家管制的自治，因為有機論（Organismus）是自我運作、有機的，干預只會帶來損害。例如法蘭索瓦・魁奈（François Quesnay）早在一七五八年即在其《經濟表》（*Tableau économique*）一書中將經濟循環比喻為一種血液循環，在一種自我調節的平衡中，農業生產者、營業主及地主之間供應與營收的平衡。這是中產階級的自由放任（Laissez-faire）抗衡重商主義的經濟調控。數學、幾何學以及力學的結構，符合國家的計畫與操控，如薩維尼說的「恣意」。反之，生物的有機論觀點，則是結合了沉默卻自我運作的民族精神作用，後者是市民社會的體現。在社會中，不是來自國家，新的法律同樣可以產出，亦即透過市民的學術，以歷史學派及其羅馬學說彙纂法（Pandektenrecht[9]）為代表，不是如自然法中之法律為國家的產物。

這就是薩維尼與海德堡大學教授尤斯圖斯・蒂博（Justus Thibaut）[10]之間一段著名論戰的背景，後者於一八一四年寫了一本書：《關於為德國制定一部一般民法之必要性》（*Über die Notwendigkeit eines allgemeinen bürgerlichen Rechts für Deutschland*），主張要有一部可以在所有德意志邦國頒行的法律，以建立法的一致性。薩維尼於同年寫了一篇反駁的文章〈論當代立法與法學之使命〉，回應蒂博的主張。實際上就是反對立法而支持學說。因為一個民族的法律是其個人生活的一部分。就像是語言，它構成這個民族生活的外貌，就像是皮膚包覆身體一樣。如果人們以一部理性建構的法典取代之，那不啻意味了，把一個人的皮膚從身體剝除，並以人工製品取代之。

在四分五裂的德意志境內裡的人民，當時還沒有強大到足以透過國家建立一部民法典，

9 譯註：歐陸繼受之羅馬法，溯自六世紀時期東羅馬帝國的《民法大典》，「Pandekten」（原意：包羅總覽）為構成部分之一，是當時學者對該部法典內容的註釋與體系建構，故謂之「學說彙纂」。十二世紀被重新發現、研究，蔚為一門學科，稱「Pandektenwissenschaft」，可譯為「羅馬法釋義學」。見本書第五講。

10 譯註：安東・弗里德尼希・尤斯圖斯・蒂博（Anton Friedrich Justus Thibaut），德國十九世紀初葉重要的法學家，他專研羅馬學說彙纂法，力圖將之轉換成通用於所有德國的制定法。

就像法國在革命獲勝後創造了一部民法典。因此，德意志人民經由社會的途徑，經由市民的學術，以薩維尼及其歷史學派。其結果還是導向如同法國的立法成就，只是這是學術的。十九世紀終結時，德意志人民終於創造出民法典。以法學者的成果為基礎，終究還是由國家把民法法典化。

從學術理論以言，上述種種意味了法律從有意識評價性的自然法，過渡到——所謂的——價值中立的法實證主義。過去在自然法中，尚存有政治、社會、經濟及法學觀點的一體性，如同的「官房學」（Kameralistik）是一門處理庫房、王室內府等行為的學問，該等行為有特定的意義，也就是專制時期的行政管理。國家計畫性的經濟調控需要理由，必須合理可行，方得以針對行為目標而予以精算，也就是必須作出「價值決定」（Wertentscheidung）。反之，自由放任則非如此，它交由市場自主管理，完全刻意不去計畫，僅就既存的事物，依照自然科學的模式，進行——所謂的——價值中立的確立。

相對於過去的自然法，在這波抽除意義（Sinnenentleerung）的過程中（譯按：法實證化的過程），歷史學派的功能在於，把自然法的實用學科（Realien）——如政治學、哲學、社會學、經濟學等——從法領域中剔除在學術上獲得正當性。亦即訴諸歷史回溯。歷史是形式性的正當化（Legitimation）。首要是蒐集史料，然後經由概念掌握這些史料。如同化學、物理學和生物學一般地蒐集資料，從中可以解讀出自然法則。

歷史學派的理論和羅馬學說彙纂法的隱藏性法實證主義之間的距離，只有一小步之遙，也就是說，人們只消經由既有法學規則的邏輯性且價值中立的推論，即可得出任何法的決定。（譯按：對歷史學派理論來說）接著只要拿掉歷史法實證主義（historischer Positivismus）的歷史面向就行了。這一步則是由喬治．腓特烈．普赫塔（Georg Friedrich Puchta）[11]踏出的，他是薩維尼的學生及其柏林教席的繼任者。普赫塔改變了法源理論，確切地說，擴增了法源的範疇。對薩維尼而言，法的發生只有兩種可能性：制定法（法律）與習慣法，並且特別強調習慣法的重要性。普赫塔認知的法源則有三：制定法、習慣與學術，而且現在最重要的是學術。因為從事學術工作的法律人對於習慣法的表述發揮了決定性的作用，也就是把民族最初相當粗糙且不經意發展出來的習慣法轉換成條理。法律人運用的是概念。法律人成為法續造的機關，歷史面向變成多餘的，取而代之的是法律人抽象概念的法學真理（die juristische Wahrheit）。

這就是十九世紀的（羅馬）學說彙纂法，此一名號成為當時教科書的書名，通行於德

11 譯註：喬治．腓特烈．普赫塔（Georg Friedrich Puchta），德國十九世紀初葉重要的法學家，羅馬學說彙纂法學的代表人物之一，德國概念法學的奠基者。

國，稱為「學說彙纂法教本」，或乾脆叫做「學說彙纂法」（Pandekten）。這個字是希臘文「註釋」的意思，是《民法大典》最重要的部分。「Pandechestai」，意指綜合整理，其義同拉丁文的「digerere」。這一系列的出版品中，最重要的教科書及其作者最重要的教學地點如下：

人名	年代	地名
普赫塔（1798-1846）	一八三八年	柏林
凡葛羅（1808-1870）[12]	一八三九年	海德堡
阿恩德斯（1803-1878）[13]	一八五〇年	慕尼黑
布林茲（1820-1887）[14]	一八五七年	慕尼黑
溫沙伊特（1817-1892）[15]	一八六二年	萊比錫

12 譯註：卡爾・阿道夫・封・凡葛羅（Karl Adolph v. Vangerow），德國十九世紀中葉法學家。

13 譯註：路德維希・阿恩德斯・封・阿恩斯貝格（Ludwig Arndts v. Arnesberg, 1803-1878），德國十九世紀中葉法學家。

14 譯註：阿羅伊斯・布林茲（AloysBrinz, 1820-1887），德國十九世紀後期法學家。

15 譯註：伯恩哈特・溫沙伊特（Bernhard Windscheid, 1817-1892），德國十九世紀後期法學家。

鄧恩保格（1829-1907）[16]　一八八四年　柏林

貝克（1827-1916）[17]　一八八六年　海德堡

瑞格斯貝格（1831-1916）[18]　一八九三年　哥廷根

當時，在德國各地都是以這些教科書在大學裡授課及學習法律，且以此方式建立——學術上的——法的一致性。由於缺乏統一的法典，這些教科書就是現行法，也就是羅馬法。羅馬法於德國具有直接效力的最後階段，又再度成就了一次偉大的學說彙纂，猶如古典時期末期烏爾比安和保祿斯在羅馬的成果，或者十三世紀阿庫修斯的《通用註釋》。形式的法學的概念性和抽象性達到最高的境界，並且於國際聲譽卓著。形式邏輯掩飾了法理性可證性與法內容合理性的棄絕。法學的任務只剩下（Paul Laband, *Das Staatsrecht des Deutschen Reices*, 1. Aufl. 1876, S. IX）：

將實證的法律素材予以縝密且完整地確立，並透過概念予以邏輯上的掌握。……此項任

16 譯註：海因里希・鄧恩保格（Heinrich Dernburg, 1829-1907），德國十九世紀後期法學家。
17 譯註：恩斯特・伊曼努爾・貝克（Ernst Immanuel Bekker, 1827-1916），德國十九世紀後期法學家。
18 譯註：斐迪南・瑞格斯貝格（Ferdinand Regelsberger, 1831-1916），德國十九世紀後期法學家。

務的解方，除了邏輯別無他法：為此目的，邏輯是無可取代的；所有歷史上、政治上及哲學上的觀點……於具體法律素材的釋義不具重要性。

此種方法一以貫之的特徵要素就是抽象化。它是「人人平等」的表現。如果人們要平等對待所有人，就必須忽略其所處情境的各種特殊性，也就是要抽象化。人類的普遍平等符合法律規則的普遍性。而這種普遍性就在一個成就上達到其最高峰，那就是學說彙纂法最感驕傲者，這就是「總論」。在所有的學說彙纂法教科書中，第一部分是總論，所謂的「vor die Klammer gezogen」（抽出放在括號之前）[19]，先論民法所有領域的一般性規則，之後再論各領域。這是所謂五大編的學說彙纂法體系，今天仍存於德國《民法典》的五大編：總論、債權法、物權法、親屬法及繼承法。

在自然法裡早就有若干先驅，例如普芬多夫。不過民法體系的純粹化則是十九世紀的產物。第一個芻議來自喬治·阿諾德·海瑟（Georg Arnold Heise）[20]，後任呂北克邦高等上訴法院（Oberappellationsgericht[21]）院長。他於一八〇八年以此五大編撰就一份《共通民法體

19 譯註：一種借用代數的觀念及方法，指將具有共通的要素以刮號集中在一起。

20 譯註：德國十九世紀初葉法學家（1778-1851）。

21 譯註：一八二〇年設立於北德之民事及刑事上訴審及終審法院，管轄範圍為法蘭克福、布萊梅、漢堡及呂北克等自由城市，於一八七九年廢除。見：Katalin Polgar, *Das Oberappellationsgericht der vierfreien Städte Deutschlands (1820–1879) und seine Richterpersönlichkeiten*, 2007。

系綱要》（*Grundriß eines Systems des gemeinen Zivilrechts*）。隨後的偉大論著是薩維尼的《當代羅馬法體系》（*System des heutigen Römischen Rechts*, 1840-1849），共分八冊出版，無異即是民法總論及其一般學說的第一部詳論鉅作。

薩維尼同時也是把抽象化在一項重要個案中推究至極的人。例如轉讓（Übereignung），在物的買賣時，要如何成為該物的所有權人？羅馬人說，必須要有兩種的合意。出賣人與買受人之間的買賣契約必須有效簽訂，且該物必須由出賣人交付給買受人。保祿斯在《註釋》中說（31. Fragment, Paul. D. 41. 1. 31 pr.）：

> 單純的交付，不發生所有權的移轉，必須先有買賣或有其他任何的法律原因（iusta causa），而後基於此原因而交付。（**Numquam nuda traditio transfert dominium, sed ita, si ventitio aut aliauqa, iusta causa praecesserit, propter quam traditio sequertur.**）

這是十九世紀之前的羅馬法。於十七世紀，格勞秀斯有不同的看法。只要有買賣契約就夠了，他當時如是說。單單是契約的簽訂，物的所有權即移轉於買受人，早在該物交付予買受人之前。不過，他的見解只有在法國才被接受，這項規則後來被寫入法國《民法典》。德國則仍然照舊（交付原則）。到了薩維尼，他發明了所謂的抽象原則（Abstraktionsprinzip，一般譯為「無因性原則」）。依此原則，物的所有權仍然發生移轉的效力，即使買賣契約基於任何理由而不生效力。所有權的移轉與買賣契約——「抽象地」——兩相脫鉤。必要的只有交付以及原所有人與受讓人之間對該物之抽象合意。對於該物所有權的移轉，雙方必須合意。基於何種理由，契約有效與否，在所不問。這點至今仍寫在德國《民法典》第九二九條第一項：

> 動產所有權之移轉，所有人應將物交付給受讓人，且雙方合意，該所有權應予移轉。

對於此一抽象原則，德國法律人至今始終深感驕傲，即使可能導致荒謬至極的結果，像是下例顯示的：

> 葛西娜．克雷斯帕長大了，十七歲了，從她父親雅各繼承若干金錢。她在母親不知情的情況下，到一家珠寶店買了一串金項鍊，價值一千馬克。當她向母親瑪莉展示的時候，卻遭致巨大的憤怒。「立刻把它送回去。」母親說。這串項鍊屬於誰的？買賣契約效力如何？葛西娜已經付給珠寶店的一千馬克又如何？

法律上，這裡有三個契約被簽訂。一個是買賣契約，一個是項鍊所有權的契約，一個是千元鈔票所有權的契約。就算人們在報攤上買一份報紙，也是如此。三個契約，一個是報紙的買賣契約，一個是報紙所有權的契約，一個是報紙價金所有權的契約。

葛西娜的情形如下。買賣契約不生效力，因為她還是未成年人。這是依據《民法典》第一〇七條：

未成年人為意思表示，其非純獲法律上利益者，須經其法定代理人之同意。

基於買賣契約，她雖然取得了請求項鍊的權利。這是好處之一。但契約也有壞處，她必須付錢。也就是說，她不是因為該契約而「純獲法律上利益」，像是贈與之類的情形。因未成年之故，買賣契約不生效力。同理，關於千元鈔票所有權的契約也是不生效力。葛西娜仍然是千元鈔票的所有人。不過，關於項鍊所有權的契約則非如此。因該契約讓她「純獲法律上利益」，故有效。因為該契約是抽象的，不受買賣契約是否有效的影響。只有關於項鍊所有權的契約有效。這就是我說的荒謬至極。

然後，雖然珠寶店會有補償請求權。但至少葛西娜擁有所有權，在某些情形，對於珠寶店來說，不是沒有壞處的。葛西娜說，親愛的薩維尼先生，謝謝您如此美好的抽象原則。

若依照羅馬法，她應該不能取得項鍊的所有權。在羅馬法，移轉是「有因」的，原本是結合買賣契約。如果契約不生效力，移轉亦同。在羅馬法以及英美法國家亦適用相同規則。法國更是如此，單憑買賣契約即發生移轉的效力，不需要交付。如果契約有問題，則該物的所有權還是在出賣人這一方。

關於抽象原則，有趣的是，薩維尼發展這項原則完全是不符史實且有瑕疵地解讀歷史法源。他應該是相當隨意任性地處理羅馬法學者的意見，以得到反證。這點無論如何都和歷史學派的精神扞格不入。至於何以德國的民族精神可以有辦法如此默默地不斷產出正確的羅馬法，這道問題大可暫置不論，總是會有一些理由的。《民法典》第九二九條的抽象原則也有好的一面，就是異常地難以理解。一旦弄懂了，在他人的面前便可以有某種的優越感。知識即是力量，而法律就是一種統治學。這也讓法律系學生在初學階段吃盡了苦頭，法學教育實例演習作業（Übungsarbeiten）[22]的錯誤多半來自於此。的確令人沮喪。不過，如果這群興趣盎然的年輕人在完成學業時，還是一往如初地樂於學習法律，或許是更加美好的事。然後，我們的司法又會呈現何種面貌呢？對於法律人的社會化來說，抽象原則確實是一項重大貢獻。

十九世紀末，在前述預備醞釀基礎之上《民法典》頒布了。一八七一年，帝國統一。憲法中只需要新增制定全德民法的帝國立法權，即得以著手草擬法案，而有一八七三年《米魁

22　譯註：實例研習（Übung）為德國大學法學教育課程重要的一環，分「家庭作業」（Hausarbeit）與「筆試」（Klausur）兩部分，均以案例解題形式進行。於前者之情形，授課教師先提供一則案例題，由修課學生帶回解答，於規定期限內繳回受評。

爾—拉斯克法》（*Lex Miquel-Lasker*）[23]的修憲。經過二十二年的審議，於一八九六年在帝國議會以壓過社會民主黨的票數通過了該法。簡單說，這部法律是《（羅馬）學說彙纂法》的法典化，只擷取若干傳統舊德國法而略作補充，整部法律是個人主義的而反社會的。主其事者對於外在的警告與批評置若罔聞，包括左派政黨，例如維也納國家社會主義黨（Wiener Staatssozialisten）——也是反馬克思主義者（Antimarxisten）——安東・孟葛（Anton Menger）年的著作《民法與無產的人民階級》（*Das bürgerliche Recht und die besitzlosen Volksklassen*, 1890）。另外還有來自保守派的嚴厲批判。奧圖・封・基爾克（Otto v. Gierke）說（*Der Entwurf eines Bürgerlichen Gesetzbuchs und das deutsche Recht*, 1889, S. 2 ff.）：

對此草案如果不細究或此或彼的完善枝節，而是作整體觀察，檢視其心臟與腎臟，探問活在其中的精神，或許顯現若干值得讚美的特質。只不過它不是德國的、只不過它不是民族的、只不過它不是創造出來的一個新私法秩序的道德及社會使命，似乎完全達不到它的水

23 譯註：《米魁爾—拉斯克法》的正式名稱是《帝國憲法第四條第十三款修正法》（*Gesetz, betreffend die Abänderung der Nr. 13 des Artikels 4 der Reichs-Verfassung*），該法案由帝國議會議員約翰尼斯・封・米魁爾（Johannes von Miquel, 1828-1901）與愛德華・拉斯克（Eduard Lasker, 1828-1884）提出，故得名。一八七一年《帝國憲法》第四條係有關帝國立法權之規定，帝國於該條所列舉事項範圍始有立法權，民法不在其列，較接近的是第十三款：「關於債法、刑法、商事暨票據法，以及法院訴訟程序。」為使帝國得以制定通用於全德的民法典，米魁爾與拉斯克提案將該款中「債法」、「商事暨票據法」予以刪除，代之以「全部之民法」（das gesamte bürgerliche Recht）。參見 Franz Wieacker, *Privatrechtsgeschichte der Neuzeit*, 1976, S. 468ff。

平！它給我們的，究其終極核心，是一部法律條文灌注而成的羅馬學說彙纂綱要（Pandek-tenkompendium）。當然該草案廣納德國及現代法，廢除許多鬆散的羅馬制度，並接納本土法的建構，如果沒有這些，當前的法制誠難想像。但是，從地基到山牆的整體建築，其內在結構源自未受日耳曼法精神動搖之羅馬法原理思想工廠，德意志法充其量只被當作一種外來建材箝入其中，隨處裝修，又隨意剪裁，彷若盡可能不去破壞風格十足之藝術建築的鮮明線條。從條文字句來看，這部法典係以學有專精的法學者為對象，但對於德意志人民而言，他們不是這樣說話——（所以）無法入耳，更不要說無法進入他們的內心。在枯乏索然的抽象化之下，尚存於我們之中雋永有味且意趣清朗的法律，將消失殆盡；僵化的形式主義與貧乏的公式主義，蹂躪了我們祖國法建構的理念寶藏以及有機的形塑資產。而在有創造性的思想中顯示的卻何其貧瘠、難以形容的貧瘠，其主要內容充其量是「羅馬法新用」（usus modernus pandectarum）的法典化……。

民法典之中究竟有無胸懷一點丁的社會趨向？或者這只是個人主義或純粹曼徹斯特自由主義（Manchestertum）的片面資本主義傾向，而這可能是那些敵視團體的傾向、以強者越強於弱者為目標、實際上是反社會路線，在此之外，吾國其他新立法已決然走向另一路線！很難想像本草案有此意圖，毋寧是對於逸脫法學影響範疇而毫無知覺，無意間造成了上述後果，且必將無所不在地招致而來，當羅馬法思想凌駕日耳曼法而凱旋高歌的時候。

一滴少許「社會主義的油」（語出奧圖・封・基爾克）[24]，從舊德意志法淬取而出，然後進入《民法典》之中，且著地於租賃契約，涉及以下問題的解決：當出租人將房屋出售的時候，承租人又將如何？羅馬法對於承租人完全未設有保護，舊德國法則具社會色彩，且友善於承租人，謂之「租賃破（先於）買賣」（hur brickt koep）。過去，共通法的人文主義法律人回歸羅馬法的原則：「買賣破租賃」（Kauf bricht Miet）；自然法再一次著眼於在小人物的福祇，《普魯士一般邦法》對於承租人的保護格外周全，甚至賦予承租人享有「物上之權利」，承租人不再被掃地出門。不過，歷史學派及《（羅馬）學說彙纂法》於十九世紀則又重建了純粹的羅馬法。在一八八七年公布的《民法典》第一版草案依舊如此。當時人們認為，對於承租人的保護將過度干預財產權。各方於焉展開了激烈的對立論戰，特別是奧圖・封・基爾克於一八八九年發行的書中，結果他的見解勝出，其他許多對此問題的相關著作也陸續問世，同樣支持他的見解。自此之後，在德國又再次說，如漢堡市長蘭根貝克所言，

---

24 譯註：原句是：「在吾國的公法中，必須瀰漫自然法的自由氛圍，在吾國的私法中，則應摻入一滴點社會主義的油」（in unserem öffentlichen Recht muß ein Hauch des naturrechtlichen Freiheitsraumes wehen und unser Privatrecht muß einen Tropfen sozialistischen Öl es durchsickern!）。參見 Otto von Gierke, *Die soziale Aufgabe des Privatrechts* [1889], 1943, S. 10。

「租賃破（先於）買賣」（hur brickt koep）或「買賣不破租賃」（Kauf bricht nicht Miet），（譯按：舊）《民法典》第五七一條的說法則是：

> 出租土地於交付承租人後，為出租人讓與第三人者，受讓人代替原出租人於其享有所有權期間，承接租賃關係所生之權利與義務。

新的所有人必須承受其前手之契約上義務。總之，這是在利己主義大纛下的一次小小勝利。

然而，不單只有社會問題，還有立法技術問題。最前端的總則規定，部分之後必須再作限制。更糟的是，又增加了第二個總則，第二編的債法，導致複雜的規範交疊雜沓與引用規定。對於大學的教學與學習來說，帶來了巨大困難。學生們對此感到厭煩，不是學得很差就是硬啃下去，而且越來越進入一種無可救藥的形式思維。總體來說，《民法典》無疑是一項大成就，其立法品質來自早已高度發展的羅馬法技藝特性，以及從《註釋法》到《學說彙纂法》數百年來的傳統。此外，這樣的一部法律儘管在當時相當不公義，卻也完全契合於當時的社會及經濟關係。易言之，這是一部「十九世紀市民社會的典型作品」（語出法蘭茲・維亞克爾）[25]。

25 譯註：見：Franz Wieacker, *Privatrechtsgeschichte der Neuzeit*, 1976, S. 479。

關於（德國）經濟史概觀的佳構，見：Helmut Böhme, *Prolegomenaz einer Wirtschfats- und Sozialgeschichte Deutschlands im 19. und 20. Jahrhundert*, 1968 (edition suhrkamp)。關於重農主義、魁奈和亞當斯密的經濟理論，見：Joseph Schumpeter, *Geschichte der ökonomischen Analyse*, 1. Band (1965), S. 290-313, 240-256。關於歷史學派、薩維尼、羅馬學說彙編及《民法典》的起源史，最佳著作：Franz Wieacker, *Privatrechtsgeschichte der Neuzeit*, 2. Aufl. 1967, §§20-25。關於法律人之法實證主義的深入及中肯批判，見：Georg Lukács, *Geschichte und Klassenbewußtsein* (1923), nachzulesen in der Ausgabe der Sammlung Luchterhand, 1970, S. 204 bis 207。另見：Ernst Bloch, *Naturrecht und menschliche Würde*, 1972 (Suhrkamp Taschenbuch) S. 155-164。該書論及抽象化的功能（「窮人及富人的法治國」）。關於移轉的無因性原則，見：Ernst Felgenträger, *Savignys Einfluß auf die Übereignungslehre*, 1927。其比較法，見：Ernst von Caemmerer, *Rechtsvergleichung und Reform der Fahrnisübereignung*, in: ders., *Gesammelte Schriften*, 1. Band (1968), S. 146-186。關於（《民法典》）總論的立法技術與辯證問題，近期佳作：Dieter Medicus, *Allgemeiner Teil des BGB*, 7. Aufl. 1997, §5（「總論的法政策問題性」，S. 14-17）。關於《民法典》第五七一條「買賣不破租賃」，見前引：K. Genius, *Der Bestandsschutz des Mietverhältnisses*, 1972。

第八講

契約自由與今日的民法

一九〇〇年一月一日，《民法典》正式生效，迄今幾無修正。即使是第三帝國也讓這部法典完整無損地保留，儘管這部法典是奠基在羅馬法之上，而依據國家社會主義德意志勞工黨（NSDAP，簡稱納粹黨）黨綱第十九條，羅馬法被列在待清除的計畫中。帝國司法部秘書長法蘭茲．席列格貝格（Franz Schlegelberger）於納粹奪權之後隨即在著名的演講中宣告「告別《民法典》」，並且獲得了廣大迴響，接著法西斯主義的德國法研究院（Akademie für Deutsches Recht）[1]開始著手草擬一部《人民法典》，意欲擺脫自由主義以及——正如當時人們的想法——受到猶太人影響的羅馬法。儘管如此，此項工程並未完成。其間戰爭爆發，直至戰爭結束，《民法典》持續適用至今。

不過，外表是會騙人的。《民法典》和一百年前確實幾乎沒有兩樣，但是其實仍有許多部分已然改變。法典之外，經濟政策上的自由成分已經逐漸地弱化，最明顯的例子是契約自由的領域。

契約自由也與《民法典》的抽象化密切關聯。因為契約自由意指個人的生活過程應被同

1 譯註：德國法研究院，德國納粹時期設立的法學研究機構，於一九三三年六月二十六日成立，位址在慕尼黑，並於一九三四年七月十一日公布《德國法研究院法》，明定該研究院為帝國之公法社團法人，其成員不乏知名的法學者，如法蘭茲．維亞克爾、卡爾．史密特（Carl Schmitt）等人，哲學家馬丁．海德格（Martin Heidegger）亦是成員之一。於一九三九年，開始起草《人民法典》（*Volksgesetzbuch*）。見：Hans Hattenhauer, *Die Akademie für Deutsches Recht*, JuS 1986, 680 ff。

等對待，不受個人特殊性的影響。A男與B女就一頭牛簽訂的買賣契約，應該與C女與D男就一部汽車簽訂的買賣契約，同等看待。不管是涉及A男或D男，或B女或C女，又或者涉及一部汽車或一頭牛，皆無差別。這些全都要同等處理。抽象化意味同等對待。在一個人人平等的社會中，這是無可置疑的正義原則。問題只在於並非人人平等。因此，不同事物的相同處理會導致不公平的結果。這是不正義的，因為正義就是平等。從亞里斯多德以來，我們就知道。

不只是買賣契約，《民法典》抽象化的還包括各種不同的契約，不管是買賣契約、借貸契約、租賃契約或勞動契約，概皆如此。契約於雙方合意時成立，而且僅雙方合意之事具有效力。這就是合意原則（Konsensprinzip）、契約自由，又稱為私法自治（Privatautonomie）。任何人都應該享有自己決定的權利，也就是透過契約，不受國家的管制。

讓我們回到A男與B女的例子，這個原則就特定一部汽車的買賣契約有其意義。我們假定這是一部中古車，A男出了相當高的價錢，B女說「謝謝」，然後到下一家。如果還是太貴，再找下一家，一直找到有人以合理的價錢出讓汽車，而且她也喜歡那部車。這是自由市場的原則、供給與需求的原則，通過此項原則，經由自由的協商，讓市場自己調節，直到達成合理的價金。亞當．史密斯在一七七六年的《國富論》裡首次對此提出宏偉的闡述。這是市民社會的原則，依照此一原則，國家應該與經濟保持距離，因為合意原則這隻看不見的手已經在調節一切了。國家不需要下令說：一部「VW-Golf」、年份一九九七、無天窗、里程數三萬、定價一萬九千馬克。這是錯誤的，而且可能帶來許多無意義的後果。

但如果A男與B女簽訂的是勞動契約，而不是一部中古車的買賣契約，那麼情況就完全不同。特別是當工作機會稀少，在高失業率的時期，B女急需一個工作職位。在此情況下，就算條件對她不合適，她也沒辦法放心地一家接著一家地找工作。她必須接受A男提出的條件。而如果他說：我們合意雙方有隨時終止契約的可能性，她也必須接受。同樣的情形是，如果他堅持說，一年只有兩天的休假，或者如果她懷孕時就會立即被解雇。因為這是雙方的合意，所以是有效的。這是契約自由的原則。如果沒有國家法律的規定，如解雇保護法、（勞工）休假法、母性保護法等等，那麼就會產生極大的不義。人們在頒布《民法典》的時候早就知道這點。奧圖．封．基爾克於一八八九年在維也納的演講「私法的社會使命」（Die soziale Aufgabe des Privatrechts）裡再次說道：

> 毫無限制的契約自由將自我毀滅。一個銳利的武器在強勢者的手上，一個遲鈍的工具在弱勢者的手上，契約自由將成為一方壓迫另一方的工具，是精神及經濟上占優勢者遂行無情剝削的工具。這部法律藉由肆無忌憚的形式主義，讓所欲或接受所欲的後果在自由的交易活動

> 中發生，將會在和平秩序的表象下，帶來法律形式之所有人對所有人的戰爭（bellum omnium contra omnes）。現在尤其迫切需要的是，私法應負起保護弱者對抗強者的使命，應對抗個人的追求私利，以維護整體的福祉。（Erik Wolf, *Quellenbuch zur Geschichte der deutschen Rechtswissenschaft*, 1949, S. 499）

在這一點上，《民法典》並沒有聽從他的意見，而仍然維持普遍契約自由的冷酷抽象性。不過，沒多久就有所改變。早在第一次世界大戰期間及之後。自此而後，契約自由逐漸被限制。

例如在勞動法領域。勞動法的許多規定即是對於契約自由的重大限制。於《民法典》中屬勞動契約的規定總共有二十條，即第六一一條至第六三〇條，稱為「雇傭契約」。與買賣契約的規定相較之下，著實令人驚訝。買賣契約總共有八十二則條文，足足有四倍之多，儘管勞動契約在今天比買賣契約來得需要許多。就像在A男與B女的例子。但這種現象現在已經不在。《民法典》雖然還是維持二十則條文，即第六一一條至第六三〇條，但在《民法典》之外有無數的國家法律及等同於國家法律的團體協約，這些規定再度平衡了存在於《民法典》中的不公義。

契約自由的限制雖然早發生於《民法典》制頒之前，例如十九世紀的勞工保護立法，但並未扮演重大角色，至多是在禁止童工，主要是基於軍事的理由，而不是出於社會考量。一八二八年，普魯士將軍封・霍恩（Heinrich Wilhelm von Horn）在一份提交給國王的報告中提出警告說：工業區（Fabrikbezirke）可能沒辦法供應足夠的役男額度。許多青少年基於健康因素而無法服役。他把它歸因於童工以前在礦場及工廠的工作。這些童工太小就被迫工作，他們必須長期工作，而且經常要值夜班。因此，一八三九年，禁止九歲以下兒童工作；一八五三年，禁止十二歲以下兒童工作。兒童父母及業者的契約自由不再像以前那麼為所欲為。至於婦女的工作則未規範。不同於英國一八四七年的《十小時工時法》[2]。主要的部分仍然照舊。於一八八〇年代，增加了社會保險。一八九一年，在勞工保護方面終於有週日工作的一般性限制，並引進婦女夜間工作禁止以及母性保護等規定。一九一〇年，針對未滿十六歲的青少年及婦女設定十小時日工時制。

一八二八年	封・霍恩將軍的報告
一八三九年	禁止九歲以下童工

2 譯註：即：「Factory Act of 1847」，又稱「Ten Hours Act」，規定紡織廠的婦女及十三歲至十八歲的青少年每日工作至多十小時。法案沿革見：B. L. Hutchins and A. Harrison, *A History of Factory Legislation* 65-66 (1903)。

一八五三年　禁止十二歲以下童工
一八八三年　醫療社會保險
一八八四年　意外社會保險
一八八九年　失能及老年社會保險
一八九一年　《勞工保護法》
一九一〇年　青少年及婦女十小時日工時制

基本上，勞動法的歷史是始於威瑪時期。第一次世界大戰結束，勞動階級的地位大幅提高。這是他們的勝利，但不是經過一次的革命，他們沒有發動革命，而是勞動法，讓他們的生活差強人意。八小時日工時制是個重大的成果，隨即通行於整個歐洲。但是開始的衝勁——《威瑪帝國憲法》第一五七條：「帝國應制定一致性之勞動法。」——並沒有沿襲下來。雖然如此，還是打下了社會勞動法的基礎，有些規定甚至還遠超越我們今天所適用的。比如說，罷工權得到普遍的承認。在一九一八年有關團體協約的命令中，確立了集體的勞動權，團體協約對於所有個別勞動契約均具有直接之法律效力，獲得肯認。勞動法自成領域的相關文獻出現了，大學裡開始講授勞動法，勞動法同時也成為一項獨立的學科。

一九一八年　八小時日工時制、勞工失業照顧、團體協約命令

一九二〇年　《企業協商法》、解雇保護

一九二六年　《勞動法院法》

一九二七年　勞工失業社會保險

在法西斯主義之下，整個集體勞動權被廢除，包括組織工會及團體協約的權利、企業協商（Betriebsräte）的權利以及罷工權等。勞動法院及工會被解散。雇主與勞工被整合在「德意志勞工陣線」（Deutsche Arbeitsfront）裡。至於個別的勞動法，亦即個別勞動契約法，則比較沒有受到干擾，母性保護及休假法甚至還被擴大。

第二次世界大戰結束後，人們重建威瑪時期的成果，包括工會制度及個別的勞動法院審判權。在礦產業（Montanindustrie）領域更引進了雇主與勞工的共同決定制度。有許多的個別法律，但沒有統一的勞動法典。因為聯邦眾議院憚於和資方及工會正面對立。因此，人們把勞動法的開展續造交給法院的裁判，特別是聯邦勞動法院對於資方相當友善，對工會則頗為敵視。在集體勞動權方面，今天的發展遠遠落後於威瑪時期，例如在罷工權方面。一九七六年制定《共同決定法》（*Mitbestimmungsgesetz*），當時社會民主黨（SPD）的目標是建立勞

資雙方的對等地位，但在自由民主黨（FDP）的強烈反對下沒能過關。

一九四九年　《團體協約法》

一九五一年　《解雇保護法》、礦產業共同決定制度

一九五二年　《企業基本法》、法院以「政治性」罷工禁止報業印刷工發起罷工

一九五三年　《勞動法院法》

一九五八年　聯邦勞動法院針對於一九五六到五七年金屬業勞工於什列斯威霍爾斯坦邦發起之罷工的判決。因為所謂的違反和平義務（Friedenspflicht）而被判四千萬馬克的損害賠償（後來反對金屬工業工會〔IG Metall〕的讓步而放棄和平義務）。

一九六三年　聯邦勞動法院有關禁止「野」罷工（不經工會）的判決

一九六三年　《聯邦（勞工）休假法》

一九七二年　《企業勞動法》修正

一九七六年　《共同決定法》

想想今日在勞動法中有如此多的契約自由限制，就可以認知到《民法典》曾經是如此的反社會。

「人人享有自由發展其人格之權利。」《基本法》第二條第一項如此規定。這是德國憲法主要的自由權。緊接其後的第三條是平等權規定。二者之後再細分為個別的基本權利，源自第一條保障的人性尊嚴。今天吾人從第二條的自由權建立起契約自由，不再如過去是從《民法典》推論得到的。《民法典》，今人如是說，只是契約自由最強的體現，而不是契約自由的法基礎。不過，契約自由亦建立在人人平等的思想上。因為所有人是自由且平等，所以可以自己形成自己的生活，不需要國家的規章，透過私人間的契約，可以和自己屬意的對象，約定所意欲的內容。與此相對應的是，締約自由與內容自由的區分。任何人不僅可以自由決定是否及與何人締約，還可以自由決定締約的條件。在今日的法學文獻中，甚至會說締約的前提要件多半是不存在。許多教科書雖不願講清楚說明白，但這是普遍的看法：例如漢斯・布洛克斯（Hans Brox, *Allgemeiner Teil des BGB*, 23. Aufl. 1999, Randziffern 24, 25, 73）。但也有不同見解，例如海爾穆・柯勒爾（Helmut Köhler, *Allgemeiner Teil des BGB*, 24. Aufl., 1998, § 12, Randziffer 2）：

隨著時間的推移，人們越來越意識到以下的事實，契約自由以及「自由」成立之契約的法律上貫徹，在契約一方為經濟上優勢者的情況下，其功能可能轉變成為支配另一方的工具。人們認知到契約自由的原本目標是個人的自我實現，只有在經濟力相近對等的領域才能達到，也只有在競爭及機會平等仍然事實存在的領域方能運作。契約的機制，也就是對於他方的要求必須可以交互議定，其本身無法保證契約內容的正確性。在不受限制的契約自由之下成立的契約內容樣貌，往往繫於契約一方對他方給付的依賴程度，以及是否存有若不如此約定的可能性。契約雙方如果不存在協商的對等性（「被干擾的契約對等性」），立法者、行政機關及法院就必須介入，以便實現機會平等或審查契約的內容……。此種干預於今天已是契約自由的必要補充：契約自由與契約正義必須在其交互關聯與彼此作用之下看待。

一般而言，人們確信契約自由可以且必須被限制。《基本法》第二條第一項亦對此提供了法基礎，完整的規定是：

> 於不侵害他人之權利且不牴觸合憲秩序或道德法之範圍內，人人享有自由發展其人格之權利。

契約自由若導致反社會的結果，即得限制之，因為此種契約自由牴觸了合憲秩序，而《基本法》第二十條第一項的社會國要求，是德國憲法最重要的原則之一：

> 德意志聯邦共和國為民主且社會之聯邦國。

根據上述，不僅勞動法的限制規定有其正當性，其他無數的契約自由限制亦然。這些限制可以回溯觀察，例如一九五七年《限制競爭法》（*Gesetz gegen Wettbewerbsbeschränkungen*）的卡特爾法（Kartellrecht）[3]，路德維希·艾哈德（Ludwig Erhard）[4]認為這是市場經濟之社會要素的核心。又如一九七六年的《一般契約條款法》（*Gesetz über Allgemeinen Geschäftsbedingungen*）[5]，該法規定契約中之條款，如企業預先訂立而其內容有利於企業，但對其契約相對人重大不利者，無效。

契約自由的限制多半涉及內容自由的問題，諸如在勞動法或定型化契約條款法；較少是締約自由的限制，例如在卡特爾法的領域中，某些關於市場分配或聯合行為的契約，特定企業是不得締結的。在此之外，只有極少數情形才會限制締約的自由，即人們不得拒絕與他人締結契約。這就是所謂的強制締約，亦稱為合意強制（Kontrahierungszwang），主要存在於公共供應企業，例如郵政及鐵路，水、瓦斯或電力的供應等。另外，私人企業獨占一般生活重

---

3 譯註：即反競爭法（anti-competitionlaw）或反托拉斯法（anti-trustlaw）。「Kartell」一詞，源於希臘文「chártis」，與拉丁文的「charta」同義，原指發動戰爭者之間的條約或協議，後引申為經濟領域中競爭對手或市場企業之間的合意，並成為德國《限制競爭法》的法律用語，聯邦主管機關即稱「聯邦卡特爾署」（Bundeskartellamt），相當於我國的公平交易委員會。

4 譯註：德國政治人物、經濟學家，一九四九年到一九六三年任德國勞動部部長，從一九六三年到一九六六年任德國聯邦總理。

5 譯註：即所謂「定型化契約法」，我國定於《消費者保護法》第二章第二節，依第二條第九款定義：「定型化契約：指以企業經營者提出之定型化契約條款作為契約內容之全部或一部而訂立之契約。」

要財貨的分配時，亦有締結契約的義務，如果該契約的締結對該企業「合理可期待」者，如人們一般如此描述。這是極少數的情形。倒是有一個領域的契約自由是經常性地被限制，對於大多數人來說，這個領域與勞動法同等重要。我指的是社會租賃法。

有別於勞動法，此領域的發展是在《民法典》頒行之後才開始。於第一次世界大戰期間，住屋相當短缺，因為房屋興建的數量減少。當時人們即採取了三種手段，到現在依然扮演重要角色：住宅空間管理、價格管制、解約保護。同樣不同於勞動法，這些手段最先是作為濟急法制，只要在住屋短缺時期才運用。情況改善之後，則又回歸《民法典》原本的契約自由，這是當時的想法。後來人們逐漸認知到，出租人與承租人之間的社會不對等也存在於正常時期。威瑪憲法末期，社會租賃法的必要性已為人所知。因此，原本預定於一九三三年廢除的《承租人保護法》與《帝國租賃法》，於一九三一年被併入《民法典》租賃法社會條款另行立法，然未完竣，故上述承租人保護法制繼續適用到聯邦共和國成立之初。於納粹掌權時期，《承租人保護法》的內容甚至還被擴增，意味著一九三一年的濟急法制已然成為正常的社會租賃法，具有與勞動法一樣的常態法特性。

租賃法的全面改造，在艾德諾（Adenauer）主政時期[6]。一九五〇年，自籌資金新建的

6 譯註：康拉德．艾德諾（Konrad Adenauer），二次戰後，德國首任聯邦總理，主政期間：一九五〇年十月二十一日至一九六六年三月二十三日。

住宅不再適用承租人保護法制，《民法典》的完全契約自由再現。當時的目標是建立完整的住宅市場，承租人保護又成了濟急法制。一九六〇年，透過《廢除住宅強制經濟與建立社會租賃暨住宅法》全面回歸《民法典》。如果文字會說話[7]，這是戰後自由化在租賃法領域的高峰。直到一九六五年，所有的城市及鄉鎮逐步地脫離「強制經濟」。不過，最後期限卻一再地推遲。

一九七一年發生了一件奇蹟，那是最後一次的改造。社會與自由的聯合政府頒行了《關於住宅租賃關係解約保護法》，也就是住宅解約保護法。出租人的解約權形同被廢除，只有在例外情形方得允許，亦即於承租人有重大違反租賃契約、出租人有自用需求或經濟利用之變更，例如拆除；依新程序的提高租金被禁止。該法最先定有施行期限，至一九七四年，因為擔心法律施行遭遇阻力。其間有出租人提起憲法訴訟，主張其財產權的自由被限制。一九七三年，聯邦憲法法院確認該法的合憲性。一九七四年，該法終於——以第五六七a條——納入《民法典》。這是《民法典》自其生效以來最重要的一次社會立法，選民毫無察覺。

7 譯註：《廢除住宅強制經濟與建立社會租賃暨住宅法》是法律名稱，文字相當長，原文：GesetzzumAbbau der Wohnungszwangswirtschaft und übereinsozialesMiet- und Wohnrecht。

一九一七～一九三一年	濟急法制
一九三一～一九五〇年	《社會租賃法》
一九五〇～一九七一年	濟急法制
一九七一年之後	《社會租賃法》

一九八二年底，在科爾（Kohl）的新政府之下，新增第五六四c條的定期契約（Zeitverträgen）[8]略微修正上述規定，但社會租賃法的本質並未因此而根本性地改變。總的來說，在正常情況，社會租賃法有一定的社會功能。正常情況是，中產階級的承租人居住於平均中等品質的住宅中。經由《民法典》第五六七a條，這些承租人獲得了良善運作的保障。但邊陲區則非如此，也就是弱勢的承租人及劣質的住屋狀態。在許多的大城市裡。在那裡，由於住屋品質的惡化及額外的租稅誘因，大量資金湧入，伴隨而來的是搬遷與整建，依舊導致對

8 譯註：本條意旨略為：關於房屋空間之租賃關係定有期限者，承租人得於租賃關係終結前至遲二週內請求租賃關係繼續為不定期之租賃關係，如出租人無終止租賃關係之正當理由者。德國於二〇〇一年以包裹立法方式公布《租賃法之重新編排、簡化及改革法》（*GesetzzurNeugliederung, VereinfachungundReformdesMietrechts*），簡稱《租賃法改革法》（*Mietrechtsreformgesetz*），將《民法典》租賃契約規定全盤翻新，上述第五六七a條、第五六四b條及第五六四c條等規定被納入新法，條文同時刪除。又，為因應 COVID-19 疫情造成的衝擊，德國於二〇二一年及二〇二二年陸續修正《民法典》中之租賃契約規定。

承租人的驅趕與嚴酷的社會問題。

最後還有一則來自日常生活的案例，人們可以從中清楚看到，什麼是契約自由及其相反的面貌。這是柏林的騰博霍夫克羅伊茨堡[9]（Tempelhof-Kreuzberg）區法院於一九七八年作成的一則判決，當時引發了社會不安，直到今日。之後，人民持續討論這個問題，一再有高等法院裁判刊載於法學期刊，現在整件事已經逐漸回到契約自由的正軌上。本案涉及所謂租屋整修（Schönheitsreparaturen）的問題。

騰博霍夫克羅伊茨堡區法院於一九七八年五月二十三日的判決（*Zeitschrift für Miet- und Raumrecht*, 1979, S. 242-244）說：

> 承租人M於一九七四年九月，自出租人V承租了一間房間。他簽署了一份預製的租賃契約，一份所謂的制式租賃契約，約定：屋內整修由承租人負責。他在一九七七年二月搬家並發出解約通知。他被要求在一定期限內整修該屋。他沒有照著做。之後，他收到V寄來的一張二十二萬六千三百零八馬克的整修費用帳單。這個數額是油漆公司粉刷該屋所要求的。M拒絕給付，於是V向區法院提告。

9 譯註：「Kreuzberg」的字面意思是「十字山」，為德國首都柏林的一個著名區域。為期統一，仍採音譯方法。

區法院判決M不需要給付。即一般所謂的原告之訴駁回。儘管M在自由的契約中完全自由地向V承諾其負有承擔整修的義務，但區法院說，這項約定不生效力；該約定超出了契約自由的範疇而應受限制，而且是以《一般契約條款法》（*Gesetz über die Allgemeinen Geschäftsbedingungen*, AGBG）為依據，在當時仍是新法，它是在一九七六年公布的。

這也是本案為什麼到今天仍引人注目的原因。當時制定公布《一般契約條款法》時，並沒有想到租賃契約。人們想據此控制「經濟自創之法」（Großmann-Doerth, 1933）[10]，也就是大型企業在一般交易時預立的大量契約。不過，預先印製的租賃契約無疑也會發生相同的問題。這裡也會產生經濟強勢者舉著契約自由的錯誤大纛而左右一切的情況。M簽訂的租賃契約當然也符合新法開頭的定義規定，在第一條說：

> 一般之契約條款，指為多數契約預擬之契約條款，由契約之一方（使用者）於締結契約時提供給契約之另一方者。該條款構成該契約以外之特別部分，或以契約文件獨立被接受，

10 譯註：漢斯・葛羅斯曼—朵特（Hans Großmann-Doerth, 1894-1944），德國法學家暨德國秩序自由主義（Ordoliberalismus）理論的奠基者之一，其教授資格論文《國際買賣法》（*Das Recht des Überseekaufs*）使用大量商業習慣與不成文規定，被譽為「行動之法」（law in action）的經典著作之一。一九三三年五月一日，葛羅斯曼—朵特以「經濟自創之法與國家法」（Das selbstgeschaffene Recht der Wirtschaft und staatliches Recht）為題，於弗萊堡大學發表就職演說，「經濟自創之法」一詞成為經典之語。另參以此語為書名的紀念文集：Uwe Blaurock, Nils Goldschmidt, Alexander Hollerbach (Hrsg.), *Das selbstgeschaffene Recht der Wirtschaft – Zum Gedenken an Hans Großmann-Doerth*. Mohr Siebeck, Tübingen 2005。

其範圍為何、以何種書寫方式及何種契約形式，均無不同。

其次，涉及的是個別契約條款被宣告不生效力，如「使用者」於該條款中約定不適當之有利條件者，例如較長的給付期限、契約違約金或排除交付物瑕疵之責任。關於此種情形，《民法典》多半亦有規定。但是這些規定都是可以「另行約定的」（abdingbar），也就是契約當事人可以在契約中，合意《民法典》的這些規定不適用，而應適用契約中另外約定的條款，只要契約當事人對於實際上在自由角力下不受打擾且無壓力地達成合意一節，並無異議。但是，如果是一方對另一方行禮如儀地提出一份定型化的契約，內容是惡名昭彰的「小字印製」版，那麼締約的樂趣就到此為止。此種情形已不再是自由的議約，如果它層出不窮的話，就成了一種法律的修改。試舉一例，《民法典》第五五一條規定[11]：

租金於租賃期間終結時支付。租金如以一段時間計算者，於該時段終結時支付之。

依照《民法典》規定，應該於何時付租金？於月底時。但我們通常是在什麼時候付我們的租金呢？月初。為什麼？因為數十年以來，預製的租賃契約都是這樣寫的。沒有人會想到《民法典》第五五一條這個條文已經沒有意義了，形同被房屋所有人的定型化契約廢止。而

11　譯註：現規定於《民法典》第五七九條。

《一般契約條款法》即是用來防止這種對於《民法典》的事實上修正。因為《民法典》設定的規則是建立在契約當事人利益合理權衡的基礎上。如果契約當事人在個案中有意偏離，即應該遵照當事人的意思，但不是事前大量預立的契約條款。因此，法律中明確規定，對於那些個別協商的契約條款，本法不適用之（第一條第二項）。就是所謂的個別議定。當然，於此情形通常是經濟上的強勢者說了算。但這是另一問題，不是《一般契約條款法》要解決的問題。

回到租屋整修案。《一般契約條款法》雖然有相當多明確指明經常使用的契約條款及應宣告其不生效力的規定，但當然沒有提到租屋整修。儘管如此，該法定有一條概括規定，騰博霍夫克羅伊茨堡區法院也是援用此一條款。依據該規定，如果人們偏離《民法典》的重要規定者，該契約條款不生效力。關於租金在月初或月底支付，一般認為不是那麼重要，但若涉及主要義務的本質時，例如出租人及承租人的主要義務，法院就必須介入，並且宣告一方因他方所受的不利益不生效力，定在《一般契約條款法》第九條。

這個條文的結構有點複雜，先是在第一項設有一般性規定，再於第二項列出判斷標準：

第九條概括條款（第一項）定型化契約條款不生效力，如其違反誠信原則而對使用人之契約當事人造成不合理之不利益者。

（第二項）不合理之不利益如有疑義時，如該條款有以下情形者，即屬之：

一、與所欲偏離之法律規定之主要基本思想不相符者，或

二、基於契約本質所生之重要權利或義務受到限制，以致危及契約目的之達成者。

對於租屋整修之情形，人們要問的是：《民法典》是如何規定的？租屋整修是否屬於租賃契約所定承租人及出租人的重要權利和義務？這些問題很容易回答。《民法典》的租賃契約規定自第五三五條起，隨之於第五三六條規定[12]：

出租人應將出租物以合於契約約定適合使用之狀態交付予承租人，並於租賃期間維持該狀態。

用大白話的說法就是：出租人必須負責整修。此項義務首先被提到，也是所謂的主要義務之一。這點長期以來在法學文獻中見解一致。整件事繼續在法律規定下再重複一次，現在是租賃期滿後，承租人的義務。《民法典》第五四八條規定[13]：

承租物依契約約定之使用方式而改變或毀損者，承租人不負責任。

據此規定，也就是說，即使在搬出時，承租人還是不需要支付整修的費用。《民法典》

12 譯註：現規定於《民法典》第五三五條第一項第二款。

13 譯註：現規定於《民法典》第五三六條，內容較（舊）第五四八條完整而詳細。

的規定很明確，出租人必須負責整修。這是法律規定的一項重要基本思想，出租人的一項重要義務。騰博霍夫克羅伊茨堡區法院如是說，一九七四年九月簽訂的契約條款中與民法典規定不同者，依據《一般契約條款法》第九條，不生效力。M不需要支付V這筆二二六三馬克。以人民之名[14]。

但是，在鐵達尼號上不要驚慌。一年之後，柏林邦法院說了恰恰相反的見解（*Zeitschrift für Miet- und Raumrecht*, 1979, S. 244-245），附具法學上相當拙劣的理由構成。大約在同一時期，克雷費德（Krefeld）區法院作成了一則判決，尋求中間路線。如果承租人最終負擔所有費用，而沒有考量何時最終進行整修者，該約款不生效力，否則仍有效力。可能的方式是按照比例將整修轉嫁到承租人身上。如果他在一年之前整修，則只需負擔二十%的費用；如果已經是兩年，則需負擔四十%，以此類推。這點幾乎無法作法學上論證。《一般契約條款法》第九條、《民法典》第五三六條、第五四八條規定得相當清楚。因此，克雷費德區法院的論證也是就經濟方面而言的。「今日的租金是完全不夠的，如果出租人還須將租金用在房屋的日常整修。」（*Neue Juristische Wochenschrift* 1979, S. 2520）它或許有其道理。但是其中

14 譯註：「Im Namen des Volkes」是德國法院判決的起始語。

並沒有不容置疑的計算。此外，法院完全忽略了，於一般情形，新的承租人會承受這些費用，而這又涉及租賃期滿時的費用。

針對這些問題有許多的文章發表，有贊成的，也有反對的。在《民法典》與《一般契約條款法》的逐條註釋書中，學者對此表達見解，贊成或反對皆有。有一些邦高等法院已經就此表示看法，其一致的見解是：出租人可以向承租人請求支付費用，約略與克雷費德區法院的說法相同。而聯邦法院最終也於一九八四年的一則裁判中以相同的理由確認整件爭議。契約自由的主要部分再次重建。如人們所見，契約自由是反社會的。或者如法國共產主義者及哲學家羅傑·加洛蒂（Roger Garaudy）所形容的（La Liberté, 1955）：一隻自由的狐狸在一個自由的雞欄裡的自由。

關於契約自由的發展，見：Andreas Kaiser, Industrielle Revolution und Privatautonomie, in: *Kritische Justiz* 1976, S. 60-74。關於勞動法的歷史，見：Th. Blanke, R. Erd, U. Mückenberger, U. Stascheit, *Kollektives Arbeitsrecht, Quellentexte zur Geschichte des Arbeitsrechts in Deutschland*, 2 Bände (rororo studium) 1975; Rohderich Wahsner, Das Arbeitsrechtskartell – Die Restauration des kapitalistischen Arbeitsrechts in Westdeutschland nach 1945, in: *Kritische Justiz* 1974, S. 369-386。

關於社會租賃法的概論，部分僅見於註釋書：W. Schmidt-Futterer, Blank, *Wohnraumschutzgesetze* (6. Aufl. 1988) S. 1-28。關於租賃法概論，見：Joachim Brech (Hg.), *Wohnen zur Miete. Wohnungsversorgung und Wohnungspolitik in der Bundesrepublik*, 1981。關於租屋修繕的爭議問題，聯邦法院的基礎裁判：*BGHZ* 92.363 (1984)。見解略微修正之判決：Urteil von 1992, *BGH NJW* 1993, 532。

【譯者補述】

德國租屋實務上，出租人經常以制式條款約定：租賃契約終止後，承租人負有重新粉刷牆壁、貼上壁紙或修繕門窗等義務，即前述所謂之「整修條款」（Schönheitsreparatur-Klausel）。此定型化契約條款是否有效，實務與學說見解分歧，爭議至今。本書僅講述到一九七九年的法院見解與法制狀態，之後的發展允有補充必要，爰簡要補述如下：

一九八五年間，德國聯邦法院認為：租賃契約中整修費用由承租人負擔的約款，仍有效力（不同於前述柏林滕珀爾霍夫-克羅伊茨堡區法院判決的見解），因為，這部分已在約定租金時被納入考慮（BGHZ 92, 363 [368]）。一九八七年，聯邦法院更進一步認定：縱使出租人於交付租屋時，該屋處於未經整修或有整修必要之狀態者，亦同（BGHZ 101, 253 [261 ff.]）。

二〇〇一年，德國推動「債法現代化」，大幅修正《民法典》相關規定（二〇〇二年一月一日生效），其中第三〇七條（詳後）旨在轉換歐洲共同體指令（93/13/EWG，簡稱九三指令）有關定型化契約內容控制之要求，之後成為判斷「整修條款」效力的關鍵規定。

二〇一五年，聯邦法院見解開始發生轉變，針對出租人將租屋交付於承租人時處於未經整修或有整修必要之狀態的情形，認為出租人如果沒有給承租人合理補償，整修條款即違反《民法典》第三〇七條（BGHZ 204, 302）；二〇一八年，此項見解亦適用於整修條款非由出租人與承租人簽訂，而是承租人與其前手（即前承租人）簽訂之情形（參見BGH, NJW 2018, 3302）。聯邦法院的見解迄今仍受學者討論，有認為應該更嚴格適用九三指令，以發揮更強的嚇阻作用，使出租人不敢再使用整修條款（例如Graf v. Westphalen: Dunkle Wolken über Miet-AGB, namentlich Schönheitsreparaturklauseln, NZM 2021, 409）；亦有認為應於法律中明確規定，以杜爭議（例如Jürgen Herrlein, Schönheitsreparaturen: Woher, wohin? Ein Streifzug “ad fontes” und ein Gesetzesvorschlag, NZM 2020, 1077）。

《民法典》第三〇七條（內容控制）規定如下：

（第一項）一般性契約條款（即定型化契約）之約定，違反誠實及信用之要求，而對提出者之他方當事人構成不合理之不利益者，不生效力。條款不清楚且無法理解者，亦可認定該條款屬構成不合理之不利益。

（第二項）不合理之不利益存有疑義時，有下列情形之一者，應肯認之：

一、排除適用法律規定之約定，牴觸該法律規定之重要基本意旨者，或

二、基於契約本質所生之主要權利或義務，因該條款約定之限制，以致有害契約目的之達成者。

（第三項）第一項及第二項暨第三〇八條、第三〇九條規定，僅適用於定型化契約條款排除或補充法律規定而約定者。其他條款仍得依第一項第二句暨第一項第一句規定判斷其不生效力。

第九講

十九世紀與二十世紀的法治國與公法

德國聯邦共和國憲法的核心是《基本法》第二十條。它的前三項規定是：

德意志聯邦共和國為民主且社會之聯邦國。

所有國家權力來自人民。國家權力由人民以選舉及投票並經由立法權、行政權及司法權之特定機關行使之。

立法權受合憲秩序、行政權及司法權受法律與法之拘束。

該條揭示了五項原則，第一項是民主原則、社會國原則及聯邦主義；第二項是權力分立原則、第三項是法治國原則。

一般而言，憲法原則中最為核心的是民主的決定。

民主原則，有各種可能的指向意涵，例如自由。「Demos」是希臘文，意思是人民、村落；「Kratein」意指統治。民主就是人民統治。另外甚至有人民的人民統治（Volksdemokratien），其中「人民」一詞用了兩次，但沒有更多的含意。在希臘及羅馬，古代的民主典範，這個用語的含意也不外乎此。當時，有四分之三的人一輩子被摒除在選舉之外。這群人有一半是奴隸，另一半則是婦女，二者皆未享有政治上的權利。只有成年的男子才享有，但其中亦有細微的差別，也就是依財產的多寡作區分。例如羅馬人所謂的百人會議

（Zenturiatkomitien）[1]，負責選出高級公職人員，即執政官（Konsuln）與審判官（Prätoren），會議成員共一百九十三名，納稅前二階級的成員有九十八位，享有絕對的多數，其餘席位則由其他五個階級分配[2]。這是富人的統治，奉人民統治之名。

相反的，我們的民主是奠基在普通而平等的選舉之上，規定在《基本法》第三十八條，將第二十條所定民主原則的重要細節予以具體化[3]。不過，其中存在某種表裡不一的情形。這樣的選舉到底有多麼平等，人民究竟可以支配到什麼程度？可以參考國家法學文獻針對某一政黨的看法，該政黨於一九八三年獲有兩百萬的選民投票支持[4]。當時的國家法學主要是針對綠黨，人們想要阻止綠黨於下一次選舉再次進入聯邦眾議院。這個例子證明了議會民主的意思是什麼，那就是特別強調「議會的」。

1 譯註：源自拉丁文「comitia centuriata」，「centuriata」為百數之意，與「comitia tributa」及「concilium plebis」合為古代羅馬共和國重要的三大會議，後二者分別掌理立法與司法事務。

2 譯註：前二階級的成員是騎士及步兵，其餘五級則是號手、旗手、工匠及無產者。見：Ursula Hall, Voting Procedure in Roman Assemblies, *Historia: Zeitschrift für Alte Geschichte*, Bd. 13, H. 3 (Jul., 1964), pp. 267-306; Lily Ross Taylor, *Roman Voting Assemblies: From the Hannibalic War to the Dictatorship of Caesar*, 7-8 (2000)。

3 譯註：相當於我國《憲法》第一二九條：「本憲法所規定之各種選舉，除本憲法別有規定外，以普通、平等、直接及無記名投票之方法行之。」

4 譯註：一九八三年三月六日，德國舉行第十屆聯邦眾議院選舉，綠黨獲得二十八席，首次進入國會。

綠黨主要鼓吹「基礎民主」（Basisdemokratie）[5]，並且想要推動輪流原則（Rotationsprinzip）。他們的國會議員應該要輪流擔任，也就是每兩年就要換人，以防國會議員成為一種職業的政治人物，因為這樣的人首先想的是自己的權力位子，其次才是他們的選民。此外，他們的國會議員在國會投票時，受到黨員大會決議的拘束。現在讓我們來看看這樣的民主，也就是所謂的基礎民主。這是違憲的，國家法學者如是說，也就是綠黨是一個違憲政黨，是可以被禁止的；或者再簡單一點說，他們不是政黨，所以選務人員根本不應該讓他們參與下次的選舉。

基礎民主之所以違憲，（學者認為）是因為牴觸議會民主原則，這點同樣明白寫在《基本法》第三十八條第一項，一般又稱間接民主：

> 德意志聯邦眾議院之議員以一般、直接、自由、平等及祕密選舉選出之。議員是全國人民之代表，不受委託及指令之拘束，僅服膺其良知。

國會議員不受指令的拘束，只對其良知負責。公民每四年投票一次，然後只有國會享有

5 譯註：基礎民主（Basisdemokratie）一詞是各種直接民主觀念的集合名詞，指涉政治意志由整體人民「直接」形成的各種可能方式。字源來自所謂「基礎團體體系」（Rätesystem）運作模式，由選民組成各種基礎團體，形成有拘束力的政治意志，再層層匯聚成為共同的政治意志。見：Everhard Holtmann(Hrsg.), *Politik-Lexikon*, 1991, S. 53。

發言權，完全不受選民影響。因此，到今天仍有許多人說，公民投票——在聯邦層級——是違憲的，牴觸了議會主義原則。其背後隱藏了對人民政治成熟度的深層不信任，只敢把議會組成的一般性決定交給人民，阻絕人民對任何個別決定的影響力。這就是議會民主的原則，大致符合一九四九年議決通過《基本法》的制憲會議成員們的看法。儘管這個民族曾經有十二年之久對著領袖歡呼，他們還是把議會民主寫入憲法，在第二十條第二項：

所有國家權力來自人民。國家權力由人民以選舉及投票並經由立法權、行政權及司法權之特定機關行使之。

需要特別注意的是：由人民以選舉及投票。人民投票，這點寫在我們憲法的核心部分。儘管如此，依照國家法學者的通說，公民投票還是違憲的。為什麼？因此牴觸了《基本法》第三十八條明文規定的議會民主原則。那麼第二十條所說的投票究竟所指為何？相當簡單，這點僅在第二十九條提到，涉及的是聯邦領域各邦區域的劃分，即各邦領域的劃分。除此之外，別無規定。因為，人們如此地嚴格界分，不被允許的，即不可為。縱使依照邦法規定，例外允許公民投票，滿足了複雜的要件，且有數以萬計的必要連署，但人們通常還是會在法律上找到煞車之道，黑森邦為了在法蘭克福機場興建鐵路西站而舉行的公民創制案，即為一例。早在一九八一年之前，黑森邦政府即已作成興建鐵路西站的決定，孰料突然間黑森邦不再有權作此決定，黑森邦的邦民同樣也不再有權（以公民投票）決定。因為在此之後，這整件事成為航空事務，屬於聯邦的權限，不再是邦的計畫高權[6]。總之，除了選舉，德國的制度顯示對人民的不信任，但選舉是每四年才舉行一次。

同樣地，所謂的基礎民主也落入此種制度性之不信任。國會議員是完全自由的，一旦被選出後，《基本法》第三十八條如是規定。但是早在一九五〇年代，自由保守的國家法學者暨聯邦憲法法院法官葛哈特．萊布霍茲（Gerhard Leibholz）即已指出：這件事其實是一種虛構，大家只要想想在國會投票時常見運用的黨團強制即可明瞭，黨團強制要怎麼面對（憲法所要求的）指令禁止以及國會議員的良知？《基本法》第三十八條源於十九世紀，當時政黨尚未扮演重大角色，議員的選舉主要取決於其人格特質，而不是黨籍所屬。在現代的大眾民主之下，情況完全不同。也因此，波昂《基本法》作為第一部德國憲法在國家基本組織的核心安置了一條加持政黨的規定，即《基本法》第二十一條，這是史無前例的，即使是《威瑪憲法》亦不得見。人們總是把政黨看作某種略有難堪的東西，過去甚至還一直被當作魅影來捕獵，至於個別的議員們——憑其個人良知——，才是國會的組成分子，而不是政黨。如今

6 譯註：一九八一年十一月二十四日，黑森邦政府以航空事務屬聯邦立法權為由，否決邦民所提出之公民創制法。案經提起憲法訴訟，黑森邦憲法法院於一九八二年一月十五日作成判決，駁回訴訟。見：Hess StGH, NJW 1982, 1141 (1142)。見：Jan Ziekow 著，李建良譯，《大型開發計畫與公民投票：常例或最後手段？》。

在我們終於完全不同了，老實說。在國會運作中，政黨至少與個別議員扮演相同的角色，此所以黨團強制被允許，儘管其應該牴觸了第三十八條的精神，就像議員受黨員大會決議的拘束一樣。但為什麼前者（譯按：黨團強制）被允許，後者（譯按：黨員大會決議）則不？這其實並沒有合理的理由。只有一點，人們極力想把綠黨打上憲法敵人的烙印。就輪流原則來說，其實也沒什麼兩樣。

現在，綠黨已經不被阻止進入下一次的選舉，並且取消了輪流原則及其他制度；在此其間，（綠黨黨員）也當上了聯邦外交部長[7]，還有其他職位。同樣地，其他的政黨也有一些改變。公民投票已經不再遭遇如一九八〇年代時期的反對聲浪，於一九九九年由基民黨在黑森邦透過宣傳反對雙重國籍的方式真正舉行過，而同一個政黨甚至還仿照基礎民主的方式在二〇〇〇年把他們新的黨魁安格拉．梅克爾（Angela Merkel）推上政治頂峰[8]。

儘管如此，議會民主依然意味著多數是由國家中坐在權力操縱桿上的少數所支配，這應

7　譯註：約瑟夫．舍爾（Joseph Fischer），於一九九八年至二〇〇五年期間任德國聯邦外交部長。

8　譯註：一九九八年九月二十七日，德國聯邦眾議院選舉，執政的基督教民主聯盟（CDU，以下簡稱基民黨）敗選，由社民黨之格哈特．施若德（Gerhard Schröder）任聯邦總理。一九九八年九月二十九日，科爾在辭去基民黨主席；同年十一月七日，沃夫岡．蕭伯樂（Wolfgang Schäuble）當選為基民黨主席，並且提名梅克爾任黨秘書長。一九九九年十一月，發生科爾政治獻金醜聞。二〇〇〇年二月，蕭伯樂辭去黨主席一職。二〇〇〇年四月，梅克爾宣布參選黨主席，並對科爾提出嚴厲批評，獲九百三十五張有效票中的八百九十七票，當選基民黨黨主席，為該黨首任女性領導人。

該是《基本法》制憲元勛當時的想法，政黨須承擔起促使人民政治成熟的任務。這點格哈特．萊布霍茲也持相同看法：在一個大眾民主裡，政黨是可以讓意見形成由下往上輸送的傳送帶（Transmissionsriemen）；人民果真如此做了，政黨民主事實上實現了，那麼人們今天或許就不需要對直接民主有那麼大的恐懼。不管怎麼說，《基本法》在德國未曾依照傳統憲法學說要求被提付公民投票，《基本法》本身就是間接民主的產物。

一九四八年，占領軍對三個西方占領區的十一個邦總理提議在他們的區域選出制憲的國民會議，但這項提議遭到拒絕，人們不想阻斷德國統一之路。但是邦總理們卻自己任命自己，沒有經過選舉即組成所謂的專家委員會，在海倫基姆湖（Herrenchiemsee）集會、草擬《基本法》；再由十一個邦議會選出議決草案的委員會，即制憲會議（Parlamentarischer Rat），共有六十五位成員，人數依照各邦的大小決定。成員在波昂開會，同時持續與軍事政府保持聯繫。一九四九年五月，《基本法》於該會議中議決通過，《基本法》生效。這部憲法未經人民直接複決。只有經過邦議會的議決，巴伐利亞邦議會投下有條件的反對票。同樣地，一九九〇年德國統一，這部憲法也沒有被提交公民投票，儘管這完全是有可能的，既不會有時間上的拖延，亦不會有被否決的危險。但保險一點總是比較好。

《基本法》一開頭規定的是基本權利；其後第二十條是規定國家組織最重要的條文，由此展開第二章，標題是「聯邦與邦」；第三十八條至第六十九條規定聯邦眾議院、聯邦參議院、聯邦總統及聯邦政府之職權；接著到九十二條有關聯邦與邦之立法權與行政權的劃分。隨之在後，則是法院組織、法官的獨立性、被告權利等規定，最後是財政劃分。

第一條至第十九條	基本權利
第二十條至第三十七條	聯邦與邦
第三十八條至第六十九條	聯邦眾議院、聯邦參議院、聯邦總統及聯邦政府
第七十條至第九十一條	立法權與行政權
第九十二條至第一〇四條	司法權
第一〇五條至第一一五條	財政
第一一六條至第一四六條	過渡條款及附則

一九六八年，增加緊急法制（Notstandsgesetze），為最重要的一次修憲。緊急法制散見於《基本法》各處，賦予國家在內部及外部發生緊急狀態之特殊權力，例如可以動用警察及軍隊。

在外部緊急狀態當中，屬「國防事件」即對外戰爭者，規定在第一一五A條至第一一五一條；屬緊張事件者規定在第八十A條，以及聯邦眾議院與聯邦參議院聯席會議則規定在第五十三A條。內部緊急狀態：第八十七A條第四項、第九十一條。於天然災害之緊急狀態：第三十五條第二項及第三項。

為了平衡國家擴增的諸多權限，在社會民主黨（SPD）的要求下，同步在憲法中新增一條對抗國家的規定，那就是抵抗權（das Widerstandsrecht）。這項權利以第四項增列於核心條文第二十條中，以彰顯其特殊重要性，但從未有過法律實務上之意義，因為國家法院不會接受以暴力抵抗國家，納入——國家的——憲法中毋寧是具有象徵意義。抵抗權同時是一種自然權利，反抗的自然權利，幾百年來一直被討論，自古以來與弒君權被置於付諸行動者的個人風險之上，不存在國家允許之對國家的抵抗權。與此不同的是基本權利（Grundrechte），即第二條及第三條之主要自由權與主要平等權，以及後續由此衍生之個別基本權利，如第四條及第五條的信仰自由及言論自由。這些權利雖然源於自然權利，與之具有相同的歷史，但相當晚才被國家所承認。一七七六年——精簡地——出現在《美洲獨立宣言》以及——詳細地——《維吉尼亞憲法》。再從彼岸傳入一七八九年《法國人權與公民權宣言》。不像抵抗權，私人動用暴力於例外情況下可以被正當化，基本權利並未徹底否定國家，基本權利比較安靜，其賦予個人自由的空間，在這空間裡個人可以——非暴力地——活動。基本權利只是節制國家的權力，而不是要推翻國家。不同於其他國家的憲法，《基本法》甚至將基本權利置於最開始，在奠定國家基石之第二十條之前。這是基於法西斯主義下國家極權之歷史經驗。在一八七一年俾斯麥《帝國憲法》中並無基本權利的規定；在一九一八年《威瑪憲法》中則是置於最後，第一〇九條至第一六五條，稱為「德國人的基本權利與基本義務」。

同樣目的在限制國家權力的，是法治國原則（Rechtsstaatprinzip）與權力分立原則（Gewaltenteilung），於基本權利之後規定在第二十條。現今國家存有三種分立的權力，過去是集中在君主一人手上。立法、政府和法院。但是這個原則不再有其功能。在孟德斯鳩闡述這項原則，而於十八、十九世紀推行該原則之後，就已經有不同的政治勢力，其彼此之間相互控制。政府過去是在國王的手上。今天，我們則身在政黨國家中。政黨擁有國會的多數，組成政府。在德國，政黨實際上還決定了最高且最重要的法院的組成，那就是聯邦憲法法院。約翰尼斯．勞（Johannes Rau）[9]於一九九五年五月被選為聯邦總統之後，唯一的一個政黨決定了所有國家重要職位，它的權力比曾經說「朕即國家」的著名太陽王還要大。國會

9 譯註：德國聯邦總統，出任期間一九九九年七月一日至二〇〇四年六月三十日，社民黨人。

議長、聯邦總理、聯邦憲法法院院長及聯邦總統，都屬於同一個政黨[10]。自始至終，他們在基本問題上見解一致，已經不再有權力的制衡，如孟德斯鳩以其原則所欲達到之目的。此外，這個國家更因其他理由而更具威脅性。那就是軍事毀滅力量的恐怖集中。相形之下，霍布斯於十七世紀因為獨占實質權力而以聖經裡的「巨靈」命名的國家，反倒像是一隻溫馴的綿羊，更不用說強權美國了。相對應的是國家意識形態的誕生，國家的敵人取代了魔鬼。沒有人敢說，可以完全理性地抗衡此種國家權力。

法治國的誡命的處境就好一點，它被大規模地實現。只不過因法律與——國家的——政治的關係越來越緊密而大為相對化。這個原則源於對抗專制國家，「Rechtsstaat」（法治國家）這個字本身是德文，英文及法文都沒有這個詞。經由當時著名的著述，德國的自由主義者於十九世紀高唱法治國理念：奧圖・貝爾（Otto Bähr）、勞勃・封・莫爾（Robert von Mohr）、魯道夫・封・葛奈斯特（Rudolf von Gneist）、奧圖・麥耶（Otto Mayer）[11]。他們的觀念可

10 譯註：指社民黨，除前述聯邦總統、聯邦總理外，聯邦眾議院院長沃夫岡・提爾澤（Wolfgang Thierse）及聯邦憲法法院院長尤塔・林芭赫（Jutta Limbach），均為社民黨人。不過，二〇〇五年九月十八日，德國眾議院選舉，社民黨與基民黨得票平分秋色，經過政黨協商，由社民黨與基民黨組成聯合政府，即所謂「大聯盟」，由梅克爾出任聯邦總理，成為德國首位女性閣揆。

11 譯註：德國法治國原則的奠基之作，舉其要者：Otto Bähr, *Der Rechtsstaat. Eine publicistische Skizze*, 1864; Robert von Mohr, *Die deutsche Polizeiwissenschaft nach den Grundsätzen des Rechtsstaats*, 1833; Rudolf von Gneist, *Der Rechtsstaat und die Verwaltungsgerichte in Deutschland*, 1879; Otto Mayer, *Deutsches Verwaltungsrecht*, Bd. 1, 1895/Bd. 2, 1896。

以回溯到康德，儘管康德自己並未使用「法治國」一詞。國家的目的是法的實現，而法則是自由的條件。

與法治國不同的是警察國家（Polizeistaat），由君主及其所屬公務員和警察行使無限制的公權力。只有私法及刑法，而沒有公法。也就是說，只有人民與人民之間的法，以及國家對人民的法，而沒有人民對國家的法。在私法及刑法領域，君主甚至可以恣意地干預，透過所謂的權力主張（Machtsprüche），如磨坊主人阿諾德的訴訟案[12]。而沒有控制國家權力的公法。奧圖・麥耶說（*Deutsches Verwaltungsrecht*, 2. Aufl. 1914, S. 48）：

> 於此情況下，對於警察國家來說，最好的解決方法就是認定此種法（譯按：公法）不存在。公法不是法。[13]

《基本法》與此相反，在基本權利章末尾的第十九條第四項規定：

---

12 譯註：見本書第六講。

13 譯註：這段敘述的前句是：「公法（öffentliches Recht）這個詞，過去都是用來指稱統治的國家與其臣民之間的法秩序，在此範圍，私法無用武之地，亦無審理公法的法院。」在此基礎下，奧圖・麥耶進一步探討臣民對君主提起訴訟的問題，即警察國家所謂「國庫學說」（Fiskuslehre）的發展。由於在警察國家時期，君主的公權力不受限制，除私法之外，亦無規範國家公權力的法律，因此當人民受到國家公權力侵害而向法院提起訴訟時，法院得否受理審判即生疑義。當時的解決方式是借用羅馬法的「國庫概念」，在君主之外擬制另一具有法人的「國庫」，讓人民以之為對象而提起訴訟。見：Otto Mayer, *Deutsches Verwaltungsrecht*, 2. Aufl., 1914, S. 49ff。

任何人之權利遭受公權力侵害時，法律救濟途徑為其開放。

這是我們今天行政法的基礎。它的古典的學科是警察法（Polizeirecht），源於法治國的發展歷程中。警察可以做什麼？人們該怎麼防禦，如果警察做了他不該做的事？建築法也包括在內，還有營業法，以及恩斯特・福斯特霍夫（Ernst Forsthoff）所謂的「生存照顧」（Daseinsvorsorge）的廣大領域（Die Verwaltung als Leistungsträger, 1938）[14]，諸如國家的醫療院所、學校、瓦斯及電力供應以及交通設施等。在這裡產生的理論上的困難，則是如何界分公法與私法的問題。因為，國家行政在這個領域裡的作為宛如私人企業一般。過去數十年以來，對於公法的認定一般採「從屬說」（Subjektionstheorie），現在則轉向另一種理論：「特別法說」（Sonderrechtstheorie）。依據「從屬說」，公法與私法的區別在於，私法以當事人的平等地位為出發點；反之，公法的前提則是所謂的上下隸屬關係，也就是其一方為隸屬於國家的臣民。反之，按照奧圖・巴霍夫（Otto Bachof）提出的特別法說，國家所適用的法規為通用於任何人交易行為之法規者，即是涉及私法，也就是私法或《民法典》之適用。例如電

14 譯註：福斯特霍夫（1902-1974）是德國二次戰後重要的行政法學者，《行政作為給付主體》一書中創設的「生存照顧」（Daseinvorsorge）一詞成為國家基本任務及開展「給付行政」的關鍵用詞，沿用至今，影響深遠。本書寫於納粹時期，其背景是一九三五年制定全國統一適用的《德國鄉鎮法》（*Deutsche Gemeindeordnung*），鄉鎮的經濟活動與地方公營企業受到抑制，福斯特霍夫提出「生存照顧」概念，旨在強調鄉鎮扮演的給付主體的重要角色。

力的供應。國家行為所適用的法規若為行政專用的特別法，例如學校組織的設立，那就涉及公法，也就是行政法。

建立人民對抗國家行政措施之權利救濟，有兩個思維結構要素：行政處分（Verwaltungsakt）與主觀公權利（das subjektive öffentliche Recht），兩者都是法治國理念在十九世紀論辯中發展出來的。

行政處分的概念來自法國。該國稱之為「acte administratif」。建築的許可或否准，屬行政處分，餐旅店經營許可的核發，亦屬之。人稱「德國行政法學之父」的奧圖．麥耶，將行政處分改以德文表述，其內容與德國現行《行政程序法》第三十五條的規定略同：

> 行政處分是行政機關為規制公法領域之具體事件所為之任何處置、決定或其他公權力措施，對外直接發生法律效果。

奧圖．麥耶把行政處分看作是與法院判決相仿之物，允應有一定的形式，必須附加理由，而且可以被審查（*Deutsches Verwaltungsrecht*, 1. Band, 2. Aufl., 1914, S. 63f.）：

> 我們當前的法治國到底是什麼？它是一個經由權力分立確保法律支配的國家，亦適用行政的領域，同時賦予行政以高權的請求權，亦即行政處分，俾使行政得以在個案中決定何者屬合法並執行之。這些機制取法自司法領域過去在發展階段已確立的基礎（即如判決之

類）。吾人可以一言以蔽之：法治國即行政的司法形式性。

由此衍生出人民權利的觀念，行政若非法行事，則人民權利即受侵害。這些權利可能是私法權利，如所有權，例如警察撲殺一隻據稱有危險性的動物。於其他情形，人們亦本此觀點而為權利的開展。換句話說：當行政機關的行為違法，縱使私法權利未被侵害，但人們仍然——這是關鍵——想要給予受害人民有提起訴訟的機會，於是以私法財產權為範本，建構出所謂主觀的公權利。其說法是：行政機關侵害了人民的權利，故該人民可以向行政法院提起訴訟。主觀公權利的發展，起初是獨立於行政處分的思維框架之外，創造者是卡爾・腓特烈・蓋博（Carl Friedrich Gerber）。他在一八五二年的《論公法》（*Über öffentliche Rechte*, S. 20）一書中寫道：

> ……公法的基礎，與其說是原則上的客觀規範，不如說是個人權利合於事理的行使，就其清晰性、明確性及具備得向法院主張的權能來說，這些權利與私法權利不同。

爾後，人們把行政處分與主觀公權利二者予以連結而合成以下的觀念：行政機關以其行政處分干預人民權利時，由此衍生出對抗行政機關的訴訟，即撤銷訴訟（Anfechtungsklage）。其結果是行政法院撤銷行政處分，如果該行政處分違法。如同在私人與私人之間，如果財產權被侵害時，例如某物遭受損害，受害之一方享有對他方請求損害賠償之權利

（見下圖）。

主觀公權利尚有另一功能，即界定得以對行政處分提起訴訟的原告範圍。因為只有直接受到該行政處分影響的人才被允許提告；只有這些人才會被賦予主觀公權利。僅舉一則行政法院常見的案例為例，這是一則於一九六七年由敏斯特（Münster）高等行政法院作成的判決（die Rechtsprechung des Bundesverwaltungsgerichts, der Oberverwaltungsgerichte der Länder und anderer Gerichte zum Bau- und Bodenrecht, in: F. Thiel und K. Gelzer (hrsg.), *BRS*, Band 18, 1967, Nr. 83）：

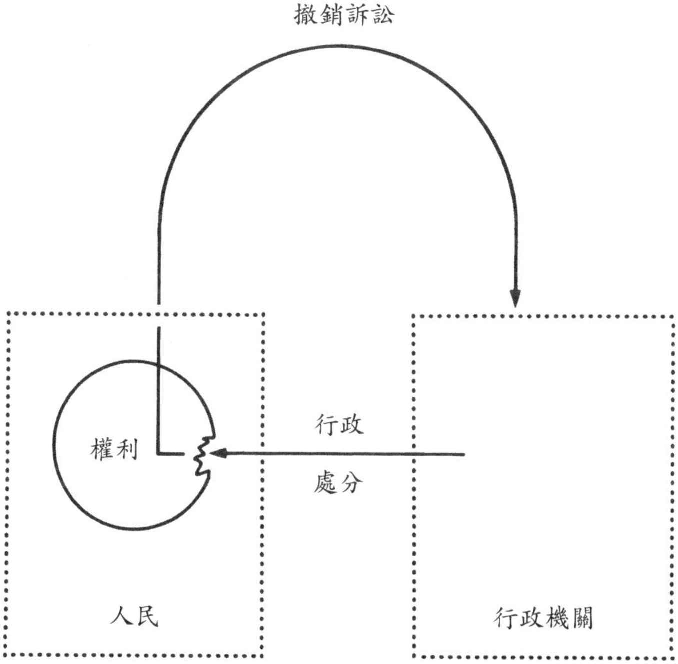

N_1與N_2各自是獨立式房屋的所有人，分別是所有權人E的鄰人，介於其間的土地為E所有。他們住在一個所謂開放建築方式的鄉鎮，意思是，與城市的建築有所不同，鄉鎮的建物可以不必面對街道而建造，但必須維持一定的建築距離。也就是，該鄉鎮的建物必須與鄰人的建物距離三公尺，一般稱為建物的周寬（Bauwich），即建物的周圍必須至少留三公尺的寬度。E向行政機關申請取得一建築許可，該建物內預計建有一車庫，緊鄰N_1土地的邊界（見下頁圖）。

這並非不可能。依法律規定，建物雖然必須保持建築距離，但是建管機關可以允許例外。最常見的例子是車庫，過去稱為「建物周寬車庫」（Bauwich-Garagen）。在北萊茵－威斯法倫邦的法律基礎是《建築規則》第七條第四項（現行規定主要是第六條）：

停車位、車庫及頂樓停車位，其高度不超過三公尺者，……如無建物周寬……得予許可。

問題在於，E自建管機關取得的建築許可，其車庫牆面的高度是四公尺，而且該建物還加裝硬殼屋頂（Satteldach）：

在本案中，E的建物並不符合《建築規則》第七條第四項的例外許可要件。在住宅中加蓋車庫本身是允許的，但如果它過大，它的外牆高度超過容許的三公尺整整一公尺，從而整

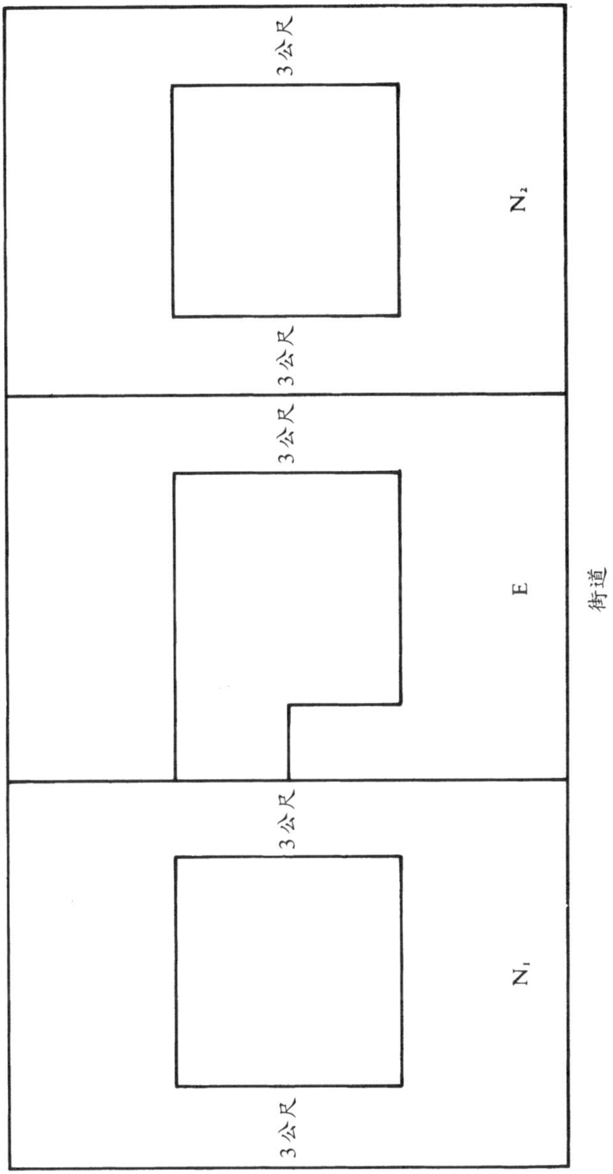
3公尺
N$_2$
3公尺
3公尺
E
街道
3公尺
N$_1$
3公尺

個主要建物以該高度比鄰而建，遠遠超出《建築規則》第七條第四項所允許的範圍。建管機關不應許可此一例外。也就是說，建管機關發給E的建築許可是違法的。

建築許可是一種行政處分，發給對象是E，但N_1也因此而受影響，因為該建築許可違反了對N_1有利的規定。建物之間須保留間隔的規定，目的在防止鄰人房屋遮住了他的陽光。如敏斯特高等行政法院的判決所述，旨在使鄰人能有「不受干擾的居住」。因此人們說，N_1在此享有主觀公權利，而且是享有維持建物間隔的公權利。建築法的規定主要是為了維護公共秩序的公益，但是該規定如果同時具有保護個人利益的功能時，該個人即享有請求遵守該等規定的權利。

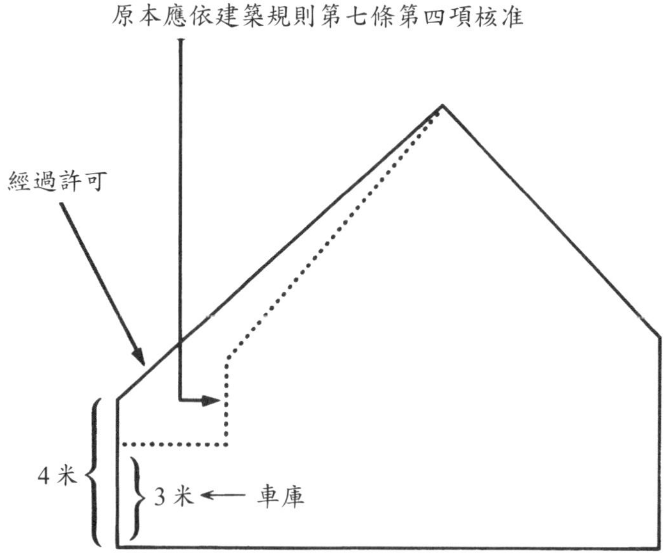

根據上述，N_1可以對該建築許可向行政法院提起撤銷訴訟，敏斯特高等行政法院判決撤銷了將該建築許可。此種訴訟的法律基礎是《行政法院法》[15]第四十二條，第二項規定了提起訴訟的關鍵要件，亦即N_1必須「其權利受到侵害」：

> 經由訴訟得請求撤銷行政處分（撤銷訴訟）及判決命作成被駁回或怠於作成之行政處分（課予義務訴訟）。
>
> 除法律另有特別規定外，訴訟僅於原告主張因行政處分……其權利受到侵害者，始得許可之。

相反的，N_2卻不能提起訴訟。因為，對他來說，上述關於保護其權利的距離規定並未被違反。他沒有對於N_1請求遵守距離規定之主觀公權利。而且，縱使E經主管機關許可，其建物可以例外地靠近道路而興建，N_1或N_2二人亦不能表示不服。不管是N_1或N_2，都沒有主觀公權利。因為，關於房屋與街道的距離規定，目的在維護公共秩序，而不是鄰人的利益。

總之，行政法主要在保護個人權利免於受到國家侵害。因此，從主觀公權利可以清楚地看出，行政法領域的觀念形塑強列受到私法財產權觀念的影響，並不令人意外。而且，公法

15 譯註：相當於我國的《行政訴訟法》。

上權利保護的發展是相當緩慢的。

在十九世紀的時候，最初人們甚至還在爭論，到底有無需要為了保護公權利而設置特別的行政法院，或者乾脆都向有權審理私權保護的普通法院提起訴訟。但是隨後即設立了德國第一所行政法院。一八六三年在自由主義盛行的巴登大公國（Baden）；一八七五年在普魯士。人民的保護起初只侷限在特定領域，其範圍且於訴訟法中逐一列舉，通稱列舉原則（Enumerationsprinzip），一直施行到威瑪共和國結束為止。

公權利保護的重要性在法西斯主義時期尤其顯著。對於若干世紀以來已經建構的個人主義之私法結構，納粹黨人未作太大變動，《民法典》依舊存在，特別是仍然維持私有財產權，用以對抗來自共產主義（對私有財產制）的危害。但是公法仍舊是微弱的幼苗。為了保護資本，人民需要的是一個強大的國家。「你什麼都不是，你的民族才是全部。」（Du bist nichts. Dein Volk ist alles.）[16] 因此主觀公權利的學說隨即被廢除。

完全的去法治化是在警察領域，雖只是表面上一些不重要且看似法律技術上的修正，卻打開了通向祕密警察（蓋世太保〔Gestapo〕）[17] 刑求房與集中營的地獄之路。一九三六年

16 譯註：這是德國納粹時期經濟政策的政治宣傳口號。

17 譯註：「Gestapo」是「Geheime Staatspolizei」的簡稱，意思是祕密國家警察，德國納粹時期的政治特務。

《祕密警察法》第七條規定，這種行政（祕密警察）機關的措施不享有行政法上的權利保護。沒那麼直接、但實際上效果相同的是在帝國議會焚燒案之後[18]，帝國總統興登堡於一九三三年二月二十八日公布的《為保護人民與國家》緊急命令。人們以此正當化集中營的興建，警察國家再次取代了法治國。

第二次世界大戰之後，人們記取歷史教訓，重建了行政法院，並且更進一步保護人民的公權利，以所謂的概括條款取代了列舉原則。今天，人民原則上可以針對所有的行政措施提起訴訟，不再限於行政處分的爭議，這是過去提起行政訴訟的要件。現在《行政法院法》第四十條規定：

> 所有不具憲法性質之公法上爭議皆存有行政訴訟途徑，除該爭議另以聯邦法律明定由其他法院審理者外。

行政法院的裁判履行了這項立法者的政治委託，法官權衡個人與國家的利益，對人民友善，但又不致於敵視行政。這是聯邦共和國法律史上最令人欣喜的篇章。到了一九七〇年代，則才開始有些退步，表現在聯邦行政法院有關政治少數、職業禁止、核電廠及不利環境

18 譯註：帝國議會焚燒案事件始末，見本書第十一講。

之措施，例如法蘭克福機場西站的興建等案件。國家理性（Staatsraison）[19]再度萌生。一九八六年車諾比爾核災及一九九〇年代環保意識提升之後，則又趨於好轉。

關於「綠黨與基本法」，見：Rupert Scholz, *Krise der parteienstaatlichen Demokratie?*, 1983。關於興建機場車站西站的公民投票，見拙著：*Kritischen Justiz*, 1982, S. 117-131。葛哈特・萊布霍茲有關基本法第二十一條與第三十八條的緊張關係的理論的佳作，見：Der Strukturwandel der modernen Demokratie (1958), in: Ulrich Matz（hrsg.）, *Grundprobleme der Demokratie*, 1973, S. 171-244。關於巴霍夫的特別法理論的新近文獻，見：Otto Bachof, Über öffentliches Recht, in: *Festgabe für das Bundesverwaltungsgericht*, 1978, S. 1-21。關於基本權利的歷史，見：Georg Jellinek, *Die Erklärung der Menschen- und Bürgerrechte*, 2. Aufl. 1904; Hasso Hofmann, Zur Herkunft der Menschenrechtserklärungen, *Juristische Schulung* 1988, S. 841-848。關於基本法的基本權利體系，見：Maunz-Dürig, *Kommentar zum Grundgesetz*, Randnummern 4-13 zu Artikel 1。關於主觀公權利作為私財產權的續造：Walter Wilhelm, *Zur juristischen Methodenlehre im 19. Jahrhundert – Die Herkunft der Methode Paul Labands aus der Privatrechtswissenschaft*, 1958。關於行政處分及其發展史，見：

---

19 譯註：「Staatsraison」或「Staatsräson」，源於馬基維利的政治概念，指國家利益至上，以任何手段維護國家的安全與存在。

Hans-Uwe Erichsen (Hg.), *Allgemeines Verwaltungsrecht*, 11. Aufl. 1988, S. 265-279。敏斯特高等行政法院判決所涉鄰人保護的一般問題，見：Albrecht Grundei, Der Nachbarschutz im Bauordnungsrecht, in: *Neue Juristische Wochenschrift* 1970, S. 833-838; Boeddinghaus, Abstandsflächen im Bauordnungsrecht Nordrhein-Westfalens, 1996。

第十講

刑法的發展

最初，刑法與私法總是合為一體，如同努爾人。在國家起源之前，殺人或偷竊被認為是對他人私人權利的私人侵犯。這些侵犯需要補償，對此，人們必須達成合意。如果無法達成合意，就只能靠武力解決，也就是復仇。國家成立之後，這種情形起初亦無改變。私法與刑法之後才逐漸分道揚鑣，初期仍有一段時間是原始的私刑法（Privatstrafrecht）[1]。這點可以在早期古代中清楚看到，例如一二二四年《薩克森通鑑》[2]規定所謂的贖罪金。任何對他人權利的侵害，都應支付贖罪金，其數額往往高過實際的物質損害。通常會有清單列表，例如傷害，見諸西元前一七〇〇年巴比倫的《漢摩拉底法典》，還有後來的《十二表法》、《薩克森通鑑》等，竊盜或其他類似的侵權行為亦同。在羅馬，竊盜者至少要支付竊盜物價值兩倍的罰金。竊盜者應該為其罪行受罰，並且向他人賠罪。不過，在羅馬即已出現了一項問題，即通常在盜賊身上所獲不多，於是人們逐漸走向國家的刑罰。大約在西元前三世紀，羅馬即已設置了治安官（tresviri capitales），以作為對付暴力犯罪者、縱火犯、下毒者及竊盜犯的刑事訴追機關。無獨有偶，於同一時期，羅馬的損害賠償法暨《阿奎利亞法》[3]演進成為一般原

1 譯註：「Privatstrafrecht」（私刑法）一詞，係相對於今日由國家機關負責訴追的公刑法，指發生私人間之犯罪行為時，由被害人擔任原告，向加害人請求賠償，但數額則高於實際所受損害。見：Uwe Wesel, *Geschichte des Rechts*, 4. Aufl., 2014, Rn. 136。

2 譯註：參見本書第五講。

3 譯註：參見本書第四講。

理原則，適用至今。凡是對他人造成損害者，應對他人負責賠償，而不是支付罰金。在私法領域，私刑法演變成為損害賠償；國家的刑罰權，則取代了罰金的贖罪性質。

直到今天，竊盜仍然由國家處罰。依德國《刑法典》第二四二條至第二四三條，處以罰金或有期徒刑，同時（竊盜者）依《民法典》第八二三條應對所有權人負私法上之損害賠償。私法與刑法分別而立，於羅馬始自西元前三世紀。

最晚在國家發源之後，除了私刑法外，另有危及公眾之行為，其不僅侵害個人權利，同時也對大眾構成威脅。例如施以巫術（Zauberei），於《十二表法》或《薩克森通鑑》，皆處以死刑，由代表公眾的國家執行。

尚未被清楚解釋的是，出於何種原因導致早期國家發展出令人難以想像的殘酷刑罰。人們在歐洲人出現之前的美索不達米亞，還有非洲的王國，以及在以前的日耳曼，在中世紀，都發現此種情形。即使是單純的竊盜，也以死刑或戮刑處罰之。死刑幾乎被用在所有可能的罪行上，執行的方法有絞刑、梟首、分屍、車裂、定椿或不定椿的活埋、溺水刑、火刑或於水或油中烹煮等。與審判前偵查階段的刑求總合起來，整件事是「令人髮指的殘酷與野蠻」（Eberhard Schmidt, *Einführung in die Geschichte der deutschen Strafrechtspflege*, 3. Aufl., 1965, S. 65）。何以會有這整件事？人們不知道。艾伯哈特．史密特認為嚴苛與殘酷是中世紀國家政治弱勢者的標記。或許是吧。

這種情形直到啟蒙時期才結束，透過自然法，在十八世紀。至今最為人知的是來自米蘭的切薩雷・貝卡里亞（Cesare Beccaria）於一七六四年出版的《論犯罪與刑罰》（*Dei delitti e delle pene*）一書，於整個歐洲廣被閱讀。刑罰的目的，他說，不是復仇或報復或去除上帝在地球的憤怒，刑罰只是為了公共福祉，刑罰旨在阻止犯罪的發生。至今我們仍然把它叫作一般預防（Generalprävention）的思想。這是刑罰三大理論中的前兩個：應報說（Vergeltungstheorie）與一般預防說。他反對刑罰的殘酷性，刑罰只能是一種惡害，他說，刑罰所加諸的惡害要超過犯罪人可以從犯罪中獲得的好處。在此之外的惡害，就是「暴虐」。他以反對死刑而聞名於世。動用死刑超出了國家的權限範圍，不符合社會契約。這在當時聞所未聞的思想，直到兩百年後才得以貫徹。

十九世紀刑法的自由化有部分甚至是在應報的旗幟下進行，而不是一般預防思想。例如康德與黑格爾的刑罰理論。康德極力反對一般預防理論。他認為對於一個人的處罰不能達成嚇阻他人的目的。因為如此一來，就會把人工具化，當作是物，而不是當人來看待。對於黑格爾來說，犯罪是對法的否定，而刑罰則是法的重建，是否定的否定。

十九世紀德國刑法學是由安塞爾姆・費爾巴哈（Anselm Feuerbach）建立的，他同時是哲學家的父親、畫家的祖父[4]。一般認為他是康德的學生，但與康德相反，他的刑法理論不是建立在應報的道德原則上，而是基於實用性的理由。如同貝卡里亞，他也主張一般預防理論；刑法沒有道德功能，而是法政策（rechtspolitisch）的功能，也就是嚇阻（Abschreckung）的功能。後來，在刑法的「古典學派」，人們將這二種思想結合在一起，並且持續相當長的時間，直到今天。

近代德國法律史上令人驚異的現象之一是，政治上早已過時的刑法規範的耐久力。基本上，一直到一九六九年，也就是聯邦共和國建立二十年之後，德國的《刑法典》總算達到認知犯罪行為的成因和防治的層級，而人們實則早在十九世紀末就明白這點了。當時有兩種「學派」互別苗頭，一邊是法自由主義的「古典學派」，主張國家的任務只要作好守夜人，負責安寧與秩序的維護，主要代表人物是卡爾·賓汀（Karl Binding, 1841-1920），他的格言是「每個人是他自己幸福的鍛造者」，但我們要補充的是，每個人也是他自己不幸的鍛造者。這個學派預設了一個觀念，那就是每個人可以完全自由地決定他想做或不想做的事。犯

4 譯註：安塞爾姆·費爾巴哈的全名是保羅·約翰·安塞爾姆·馮·費爾巴哈（Paul Johann Anselm von Feuerbach, 1775-1833），他的兒子約瑟夫·安塞爾姆·費爾巴哈（Joseph Anselm Feuerbach, 1798-1851）是德國十九世紀中葉重要的古典語言學及古典考古學家；孫子安塞爾姆·費爾巴哈（Anselm Feuerbach, 1829-1880）是德國十九世紀後葉重要的古典畫派畫家。

罪行為人是自由地決定違反法律的人，因而應受其事先可預見的正當刑罰，並且——自願地——接受而在所不惜。對於違法行為進行制裁，並且——同時——嚇阻他人，曾經是「古典學派」以及一八七一年《刑法典》的主流思想。直到一百年後，在一九六九年的《刑法典》，才終於被抬入墳墓裡。

另一個陣營在當時就是進步自由人士的「現代學派」，由法蘭茲·封·李斯特（Franz von Liszt, 1851-1919）創立。他不再只是鼓吹「法律的尊貴平等」，如安那托爾·佛朗士（Anatol France）所說的「一體禁止窮人與富人，在橋下睡覺、在街上乞討及偷麵包」。他看到刑事犯罪的社會背景、成因，與個別犯罪行為人自由意志無關的因素。他看到對犯罪行為人矯治或保安的影響可能性，而不是機械式的繩之以徒刑，卻總是把他們猛力推到（再次）犯罪的歧途上。因此，他提出當今三大刑罰理論的第三種理論：特別預防理論（Theorie der Spezialprävention）。刑罰應該阻止犯罪行為人再次犯罪，應該對犯罪行為人施予特別的影響，而不是對一般大眾。應報理論、一般預防理論、特別預防理論，至今人們還一直在討論，基本上莫衷一是。因為，究竟能否經由刑罰使犯罪行為人未來不再犯類似的罪行，這件事本身就相當可疑。法蘭茲·封·李斯特尤其反對短期自由刑（Freiheitsstrafe），因小事而處以自由刑，很容易導致致命的後果，就是行為人又會再犯。他想到緩刑的可能性，再給行為人一次機會。這後面的想法是社會國的政策觀念，將社會國的理念擴及共同修補對社會造成損害，並且為行為人承擔起讓其再社會化的任務。但此種思想，卻持續了相當長的時間，才得以貫徹。不管是德皇時期或是威瑪時期，皆未實踐。

第三帝國時期有令人駭然的退步，國家對於每個違法行為的鎮壓到了讓人無可忍受的地步。「Nulla poena sine lege」（無法律即無刑罰），人們在十九世紀如是說，它是法治國的堡壘。（在納粹時期）人們卻把這句話倒了過來：「無刑罰即無違法」成了當時的口號。刑法禁止類推（原則）（Analogieverbot）被廢除了；法律禁止溯及既往（原則）（Verbot der Rückwirkung）也被排斥不用。一九三三年，馬里努斯．范．德盧貝（Marinus van der Lubbe）因帝國議會縱火案而被判死刑，儘管於犯案之後才立法通過縱火罪得判處死刑。一九三九年所謂的《暴力犯罪者命令》[5]，其目的已經不是防止犯罪，而只是在清理罪犯。在納粹執政的十二年期間，得處以死刑的犯罪從三項增加到四十六項，因此而喪命者無以數計，遑論有數以百萬人未經審判程序即遭處決。

《基本法》以廢除死刑回應之，明定於第一〇二條，在切薩雷．貝卡里亞（提出反對死

5 譯註：全名是「Verordnung gegen Gewaltverbrecher」，於一九三九年十一月五日發布。根據這道命令，凡是使用武器犯罪者，處死刑，未遂或於本命令施行前已為之者，亦同。

刑主張）的一百八十五年之後。「現代學派」的思想也有部分逐漸地實現，例如一九五三年引進緩刑（Strafaussetzung zur Bewährung）的可能性。但是《刑法典》遲至一九六九年才終於按照法蘭茲・封・李斯特的理論進行翻修，新增保安處分的規定，嚴格限制短期自由刑的科處，並且大幅修正宣告緩刑的可能性。

儘管如此，核心領域始終還是「古典學派」，例如犯罪的概念。數十年以來，刑法學界一直在進行一項討論，至今在實務上尚未有特別的意義，後果卻讓代代大學生受盡複雜理論的折磨，為這些正常人幾乎難以理解的理論，深以為苦。但是它終究非同小可，特別是涉及德國刑法的基礎。我指的是因果行為說（die kausale Handlungslehre）與目的行為說（die finale Handlungslehre）的論爭。

首先，犯罪概念之所以重要，那是因為它是《刑法典》適用的中央轉運站。如同民法規定的適用，刑事法官也需要進行涵攝（Subsumtion）[6]，對此刑法有一套固定的公式。如果被告被控做了可以被處罰的行為，其行為就必須放入這套公式進行審查，這是被告論罪的前提要件。例如《刑法典》第二二三條第一項規定：

6 譯註：關於涵攝的結構與過程，見本書第一講。

傷害他人之身體或健康者，處三年以下有期徒刑或處罰金。

若有人使他人健康遭受損害，——而且可能以各種方式發生——，則僅於以下情形，始得予以處罰，即其行為須符合三項要件：行為必須構成要件該當（tatbeständigsmäßig）、違法（rechtswidrig）且有責（schuldhaft）。這就是公式。如果不符合其中一項要件，即應為無罪宣判。因為，《基本法》第一〇三條第二項規定如下：

行為之處罰，以行為前法律有明文規定者為限。

「Nulla poena sine lege」（無法律即無刑罰，罪刑法定主義），是被告的大憲章。犯罪概念為其中的一部分。就《刑法典》第二二三條來說，第一，被告必須有引起傷害之行為；第二，被告必須違法為之，意思是無權為之，例如不是出於正當防衛；第三，被告必須有責行事。根據通說，就《刑法典》第二二三條來說，一直就是：故意為之。必要的是所謂的故意，也就是說，被告必須知道他做了什麼，而且必須有意為之。法律人說，故意是「行為的知與欲」，或更精確的說，「實現法定構成要件之認知與意欲」。換言之，被告必須已經知道他將傷害到他人；而且，他必須想要如此做。以上是因果行為說的看法。就《基本法》第一〇三條第二項而言，它完全沒問題。這是一套清楚的公式，法院必須遵守。

構成要件該當性	違法性	有責性
（傷害）	（例如非正當防衛）	（故意）

依刑法典第二三三條之處罰要件
因果行為理論

從另一方面來看，整件事顯得相當地機械化。被告的行為被分割成為個別部件，其中至少有兩塊緊密相連，亦即傷害與故意。人類的行動多半是目的導向的，因此，目的行為說認為，故意是構成要件的一部分，責任則是另一件事，也就是歸責，它不必然與被告有意傷害有關聯性。可能的情境例如：行為人在系爭的案例中錯誤地認為，他應該可以傷害他人，不管是基於何種理由。於此情況下，其結果如何？如果此一錯誤是無可避免的，又當如何？於此人們不能非難他，也就是他的行為不具有責性，不必受罰。但是儘管如此，人們還是必須說：他故意為之，他有意為傷害行為。因此，目的行為理論認為，故意屬於構成要件，人沒有純粹的因果行為，只有目的導向，也就是目的性。而有責性（Schuld）則是不一樣的東西，即可非難性（Vorwerfbarkeit）。

目的行為說是波昂大學刑法學者漢斯．威爾采（Hans

構成要件該當性	違法性	有責性
（故意之傷害）	（例如非正當防衛）	（可非難性）

依刑法典第二三三條之處罰要件
目的行為理論

Welzel）於一九三〇年代即已發展的理論，其最大的優點是人們可以比較清楚地思考罪責的問題；偏差行為的社會成因問題，可以比較完善地解決。因果行為理論，則是十九世紀的典型產物。因此，法蘭茲・封・李斯特的思想到我們這個時代才能夠實現；而漢斯・威爾采的學說也需要一段時間，直到今天才完全貫徹。刑法牽涉國家統治的基本利益，觸及長期保存的事物，總是需要較長的時間醞釀，而沒能及時善用目的行為理論之刑事政策的機會。

刑法是國家手上最鋒利的工具，如果撇開警察及軍隊不說。因此，在刑事法領域中，有關保護人民權利的形式要求，便顯得格外重要。換言之：對被告來說，程序法的重要性通常遠甚於刑法本身。辯護人多半較為仰賴其對《刑事訴訟法》規定的熟悉度，《刑法典》則退居第二線。被告是否因侵占或竊盜而被判罪，並無重大差別；被告會被判有期徒刑，但其刑度並不會因被判侵占或竊盜而有所改變。但是有哪些證人會出庭？哪些不會？他們會怎麼說？說什麼？應否宣誓具結？以及可以質疑哪些其他的證據方法？則（對於是否被判罪）具關鍵性。

刑事程序通常分三個階段。前程序、中間程序、主審程序。前程序是「偵查」，檢察官及警察調查是否有人犯了罪行。於偵查程序，檢察官有一定程度優越性，但此優越性並非沒有爭議，具有爭議的難題在於司法部長是否及如何對檢察官下指令。因為檢察官並未享有如法官的憲法上獨立性，過去是單純的公務員，屬於行政機關。隨著時間演進，檢察官逐漸取得中間地位，介於行政權與司法權之間，即是介於第二權與第三權之間，越來越接近法官的地位。但這並非毫無問題，因為，檢察官制度之所以於十九世紀建立，旨在翦除法官這方面的功能。在此之前，是所謂的糾問程序（Inquisitionsprozess）。職司裁判的法官，身兼事前偵查的任務。因此當法官將某個嫌犯帶到主要程序時，該嫌犯多半已經被定罪了。就此而言，控訴程序乃是相當大的進步，提起公訴之檢察官制度的建立，具有保護被告的重要功能。關於檢察官的重要性及其獨立性，從十九世紀以來，爭議至今。聲量最大的一次發言是在第一次世界大戰前夕，柏林高等檢察官伊森比爾（Isenbiel）在一場社會矚目的政治性訴訟程序中宣稱，檢察官是「世界上最客觀的行政機關」。檢察官被提升到法官的地位，這點易於言過其實，不僅在當時。

檢察官於偵查終結時得出結論，可期待被告應被法院判刑者，即提起公訴。刑事程序乃進入第二階段，中間程序。於此程序，法院審查是否許可這項公訴的提起。於前程序，人們稱為「偵查中之被告」（Beschuldigter），於中間程序則稱為被訴人（Angeschuldigter）。當法院得出結論，有足夠之犯罪嫌疑，則許可公訴，一般稱為開啟主審程序，進入第三階段。被訴人就成為被告（Angeklagter）。第三階段通常是最長的程序。因為程序通常不會因第一個判決作出後即結束，如果被告及檢察官對於判決不滿意，可以提起事實審上訴（Berufung），然後由下一的審級的法院裁判，所有的程序重新來過，包括所有的證人及證物；或者提起法律審上訴（Revision），與事實審上訴的差別是，更高審級的法院只能審查純法律的問題，而不再訊問被告及證人。什麼時候提起事實審上訴或法律審上訴，繫於哪一法院是第一審法院（見下頁圖）。

如果審視各個不同的法領域，看看哪一個領域的變化最快，很難對刑法作出一般性的判斷。整體以觀，民法的發展最不顯著，公法的變動相對較快，至於刑法在各別領域的差別則相當大。近期隨著性道德觀念的重大變遷，在此領域的變化也因之最為劇烈。

一九五四年，聯邦法院在一則著名的裁判中宣告：母親應負媒合性交（Kuppelei）之罪責，如果她允許她的成年且同住的女兒與其未婚夫在同一房屋內性交者。此舉視同給予淫亂

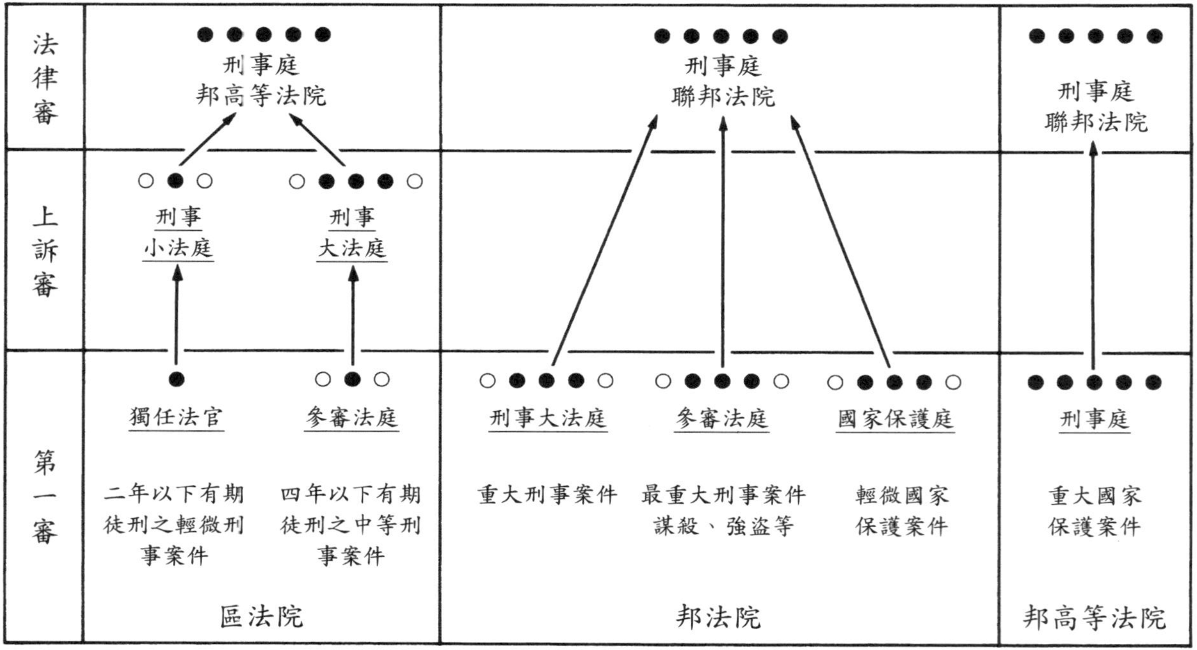

刑事法院的重要職權　（○＝參審員，●＝職業法官）

（Unzucht）之機會，如《刑法典》所稱，且因涉及父母與子女之關係，甚至被認為是一種嚴重的媒合性交罪，得判決進入矯正所（Zuchthaus），接受五年以下之矯正。淫亂（Unzucht），指任何婚姻以外之性行為。《聯邦法院裁判彙編》刑事案件第六卷頁五十三以下：

> 性行為原則上應於單一婚姻中為之，乃道德秩序之所欲，因為性行為之意義及其結果是誕生子女。因子女之故，以及個人的尊嚴與性伴侶的責任，人類應以單一婚姻為生活方式。只有在婚姻的秩序及家庭團體中，子女才能夠被養育，並依其命運（seiner menschlichen Bestimmung gemäß）成長。唯有在此秩序及團體中性伴侶才能如此地嚴肅看待其彼此間之互負責任。正因為自然之親密性關係是如此地重要且同時如此地蘊含責任，所以只能在伴侶彼此尊重且終生忠誠的婚姻共同體中有意義地獲得實現。由於道德法設定了人類一體性與家庭作為有拘束的生活方式，並使此項秩序成為人民及國家生活的基礎，故道德法同時宣示，性行為原則上僅能在婚姻中為之，違反此項要求者，即違反兩性繁殖（geschlechtliche Zucht）之基本要求。

在此判決作出之後的下一個二十年，隨著生活逐漸富裕及避孕藥的使用，一般的道德感也改變，性關係也逐漸自由化。但法律卻未立即跟上腳步，這種遲緩絕多半有其政治上的理由。因為性自由意味著個人自由的重大擴張。保守及教會的政治人物認為一般的紀律受到威脅，不管是家庭、學校、職場或是行政部門。儘管如此，國家已經從道德的監控逐步退場。在社會暨自由的聯合政府下[7]，性刑法被大幅度的自由化。先是一九六九年的廢除通姦罪，並廢除成年男子間性行為及非自然性行為（Sodomie）的可罰性。再者，於一九七三年第四次《刑法改革法》中對於性刑法的規定重新規範。媒合性交的處罰僅限於賣淫與以未成年人為對象。一九五四年可能因其成年子女性行為而被判入矯正所的父母，自此之後，對其未成年子女享有所謂的養育特權，也就是原則上不再受罰，縱使父母允許或放鬆其子女之性行為，僅於父母嚴重違反其養育義務時始予處罰。此外，素有爭議的交換伴侶，自此也不再處罰。政治上爭議相當激烈的是，是否開放色情刊物的問題，結果基民黨暨基社黨（CDU/CSU）獲得上風，因此在這方面未有改變，且於一九九〇年代趨於嚴格管制，特別是受到一九九六年及一九九七年發生兩次對兒童性謀殺的影響。

爭議更加激烈的是墮胎是否鬆綁。墮胎的刑事處罰，歷史上可追溯至中世紀早期教會以聖經為根據的禁止墮胎。於古代時期，則未聞有此禁令。不過，在教會法中最初——因為對

7 譯註：指一九六九年十月二十一日至一九七四年五月七日由社會民主黨與自由民主黨組成的聯合政府。

於《出埃及記》的誤解——設有期限規則（Fristenlösung）。於受孕起四十日內、於女性胎兒，八十日內的墮胎，不予處罰。直到十七世紀始有改變。一九七四年，社會暨自由之聯合政府成功地推動期限規定，即自受孕時起十二週的期限——八十四天。基民黨暨基社黨執政的邦與聯邦眾議院的基民黨暨基社黨黨團向聯邦憲法法院提起訴訟。一九七五年，經過具爭議的多數決，五票對三票，該墮胎鬆綁的法律被宣告違憲。未出生的生命優先於婦女的自由及自主決定權。一年後，聯邦眾議院再次壓過基民黨暨基社黨的票數，制定了新法，規定婦女因身體、精神及社會急迫狀況而無法生育子女的墮胎，不罰（《刑法典》第二一八A條）。在此之前，聯邦憲法法院裁判中即已指出這項「特殊原因規則」於憲法上的可行性。德國統一後，依據《統一條約》規定：基於德東地區婦女已習慣期限規則之考量，東德的期限規則繼續適用於德東各邦。一九九二年，聯邦眾議院議決一項通用於全德的統一期限規則。不同於一九七四年的舊規則，新規定增加了諮商義務。不過，一年後，這項規定再度被聯邦憲法法院宣告違憲。經過聯邦眾議院冗長的協商，終於在一九九五年跨黨派——多數——決議一項附有「積極性」諮商義務之期限規則。這項規則未再受到違憲的攻擊，因為諮商機構現在亦負有「積極」介入促使懷孕婦女不要墮胎之義務，儘管該婦女於此積極性諮商之後，仍有完全自由的最後決定權。

最具爭議的問題是政治對（刑）法的影響，尤其涉及政治性之司法。在政治性的訴訟程序中，正反決定的權衡很少不受到法官個人政治觀的影響。例如在威瑪時期就發生過政治訴訟程序的裁判醜聞，相對於右派與左派之間的暴力相向，司法裁判顯得異常的溫和。艾彌爾．尤里烏斯．甘別（Emil Julius Gumbel, 1891-1966），海德堡大學數學教授，於一九二一年即在其《兩年謀殺》（*Zwei Jahre Mord*）一書中寫過。右派的三百一十四件政治謀殺案中，行為人總共被判三十一年的有期徒刑，一位被判無期徒刑。左派的十三件政治謀殺案中，有八件判死刑、一百七十六年的有期徒刑。先不論死刑判決，以上數據意味的是，右派謀殺者每一位判三十六天，左派謀殺者則是判三十六年。「凡事皆有可能，」庫爾特．圖霍爾斯基（Kurt Tucholsky）[8]曾如此寫到：「司法則不是。」在第三帝國的情況更糟，政治與法律融合成為一個集權的統一體。

在德國聯邦共和國時期，過去也有類似威瑪時期比重失衡的現象，部分甚至相當極端，有些則非如此強烈。近年來，顯示出極右派政治暴力行為的趨向，左派亦是如此。但是在一九五〇年代我們卻讓自己束手無策，數以千計的法西斯暴力犯罪不受處罰；反之，數以百計

8 譯註：德國威瑪時期的記者、作家，重要的評論家。

的共產黨員則鋃鐺下獄。他們唯一的罪行是身為共產黨的黨員。到了一九六〇年代，政治刑法略微自由化。在經濟奇蹟的豐碩成果下，國家趨於安定。但是當此成果可能消失時，一九七〇年代再度嚴重退步，起因於學生運動與所謂城市游擊隊（Stadtguerilla）的起義行動。

最大的法治破口是在訴訟法。刑事辯護人的排除，在法律上被許可，而且刑事辯護整體來說變得相當困難，諸如在特定案件檢查辯護人的信件，辯護人與被告的會談以隔版分開，禁止辯護人同時受多位被告的委託、限制單一被告的辯護人人數、違反被告意志指定所謂的強制辯護人、《禁止接見法》的制定，以及針對屬於政治左派之辯護人的多起懲戒程序等。與此同時，刑法本身加重的幅度也不小。

刑罰的加重，首先是經過對現有法規的解釋、涵攝。例如過度擴張《刑法典》第二四〇條強制罪[9]的強暴概念，致使靜坐抗議也構成一種強暴而重罰之。更令人難以置信的是，相較於《刑法典》第一七七條強制性交之強暴行為的門檻被異常地提高，也就是強暴必須用於「為了排除重大的反抗」（zur Überwindung eines erheblichen Widerstandes）始足當之（譯按：靜坐抗議卻構成強暴）。這是聯邦法院一九八六年的裁判——首先是在一九六九年的「雷帕爾

9　譯註：相當我國刑法第三〇四條：「以強暴、脅迫使人行無義務之事或妨害人行使權利者，處三年以下有期徒刑、拘役或九千元以下罰金。前項之未遂犯罰之。」

（Laepple）判決」[10]（BGHSt 23.46）——，聯邦憲法法院且予以維持，直到一九九五年才變更見解，並宣告其違憲[11]。

刑罰的加重，另方面是制定了許多新的法律。最不堪聞問的是一九七六年《團體和平保護法》，其中惡名昭彰的規定是處罰「具有敵視憲法之暴力支持」（verfassungsfeindliche Befürwortung von Gewalt, §88a）與「犯罪行為之傳授」（Anleitung zu Straftaten, §130a）。一九八一年，社會暨自由聯合政府結束前不久，這部法律遭到廢止。對於德國刑法有發言權的那些人，如何看待他們的政治精神，可見於最重要的刑法註釋書裡對於這些規定廢止的註腳，德瑞爾—特恩德（Dreher-Tröndle, *Strafgesetzbuch*, 41. Aufl., 1983, zu §130a）說：

> 第八十八A條及第一三〇A條的再度廢止……顯示出值得商榷且可能危害到法律意識的漫無章法，在防制恐怖主義這件事情上……因此，比如說，當激進團體傳授他們的支持者如何製作炸彈或對供應業者進行破壞活動時，未來再也不可能動用刑事制裁。法秩序需要而且

---

10 譯註：事實略為：克勞斯・雷帕爾（Klaus Laepple, 1939-）於一九六六年以學生會會長身分參與一次靜坐抗議，遭檢察官以犯有強制罪嫌為由提起公訴，經科隆邦法院為無罪之判決。檢察官不服，向聯邦法院提起上訴，聯邦法院廢棄無罪判決，發回更審。於判決中，聯邦法院提出「精神上強制」（geistige Nötigung）的概念。

11 譯註：一九九五年一月十日，聯邦憲法法院宣告：《刑法典》第二四〇條第一項強暴概念的擴張解釋，牴觸《基本法》第一〇三條第二項罪刑法定原則。見：BVerfGE 92, 1 - Sitzblockaden II。

值得受到保護，（但我們）卻沒有一部特別法律對抗極右派。

最後一句話凸顯了以上論證的虛矯性。一方面，現行法已有足夠的規定，問題只在（想要）更嚴格的規定；另一方面，他們表面上說的是保護法秩序，實際上指的卻是打擊政治對手。不僅是刑法的註釋書以上的說法，在涉及政治的時候，法院也喜歡如此。聽起來好像很正確，但讓我們稍微冷靜地聽仔細。

在政治性的集會遊行上，通常會發生雙方的暴力行動。參與集會遊行者向警察丟擲石塊，警察違法毆打不會反抗的參與集會遊行者。兩方都具刑事可罰性。集會遊行者觸犯重大的破壞國家和平罪，見《刑法典》第一二五A條；警察則犯有職務上之傷害罪，見《刑法典》第三四〇條。

類此鬥毆衝突案件的訴訟程序，起於一九八〇年代初期的柏林，大多與占據住宅有關。數以千計的訴訟程序被啟動。一九八三年約有五百件於第一審法院裁判，其中約有五十件進入第二審。通常涉及同一件事，也就是對警察投擲石塊。有三分之一案件以無罪判決終結。被判罪的刑度相當高：第一審平均判十一個月有期徒刑；第二審通常更高，平均大約十三個月。第一審多半判緩刑，只有大約二十%沒有緩刑；邦法院的上訴審通常判得較重，五十%沒有緩刑，而且行為人通常都沒有前科。值得注意的是：他們雖然丟擲石塊，但沒有擊中，只是造成危險，但無傷害。非常嚴苛，相較於其他國家，嚴酷尤甚。他國也有鬥毆衝突，至少和在柏林一樣的激烈，在倫敦，在蘇黎世及阿姆斯特丹。那裡人們也對警察丟擲石塊，行為人也被判罪。

在倫敦，於集會遊行時丟擲石塊，通常是判三個月有期徒刑；在蘇黎世，大約是兩個月；在阿姆斯特丹是六個禮拜到兩個月之間。計算一下，可知這三個國家的平均數是兩個月；在德國則是十二個月，大約是六倍，完全不合理，國家反應過度，且在這裡是所謂的球員兼裁判，因為涉及對國家自己的攻擊。如果再與警察於集會遊行場合所犯罪行的判決相比較，其不義更為明顯。案件相當少，只提一件。

在科隆，一九八〇年，有一名警察受審。他在集會遊行場合毆打一個背靠著警車散熱蓋的十五歲男孩。警察被判有罪，職務上傷害罪。判多重呢？

依《刑法典》第一二五A條規定，重大之破壞國家和平罪，得處六個月以上、十年以下有期徒刑；職務上傷害罪，依三四〇條得處三個月以上、五年以下有期徒刑。破壞國家和平罪的法定刑為職務上傷害罪的兩倍以上。街頭上的衝突，當示威者投擲石塊，而警察毆打無反抗力的被捕者，則對於示威者的刑罰應當兩倍於對警察的處罰。有些人也許會認為這是錯的，因為未擊中警察的石塊並沒有像真實傷害的毆打來得嚴重，或者兩者一樣嚴重。但這是立法者的決定，我們應該尊重立法者的決定。對於違反破壞國家和平罪的判刑刑度有多高，我們知道，平均十二個月，如果我們合計柏林第一審與第二審的數字。那麼對於警察的判刑應該有多高呢？一半，六個月。真得是這樣嗎？科隆邦法院判該名警察四個月有期徒刑，加上緩刑。科隆邦高等行政法院廢棄這個判決，並且說：罰金應該就夠了（*Neue Juristische Wochenschrift*, 1981, S. 411）。

海爾穆．科爾政府最初延續自由暨社會聯合政府之前走的路線。《刑法典》第一二五A條——重大破壞國家和平罪——因反核電廠示威及和平運動而加重刑罰，第一三〇A條再次恢復（《日報法》〔lextaz〕）[12]，第一二九A條——恐怖主義組織罪——的法定刑提高一倍，並且擴大適用到平時的恐怖主義者（《瓦克斯多夫法》〔*lex Wackersdorf*〕）[13]。

12 譯註：「taz」是「Die Tageszeitung」《日報》的簡稱，於一九七八年在西柏林創刊，發行至今。一九八七年一月一日，《刑法典》第一三〇a條生效施行。三天後，「taz」的責任總編輯湯瑪斯．哈特曼（Thomas Hartman）即遭檢察官依該條向柏林區法院提起公訴。見：§ 130a - die "lextaz" in Aktion, https://taz.de/!1856583/。

13 譯註：瓦克斯多夫（Wackersdorf），為德國巴伐利亞邦的市鎮，於一九八五年計畫重建核能電廠，地方居民反對，並發動集會遊行等抗議活動。巴伐利亞邦於一九八九年修改《警察任務法》（*Polizeiaufgabengesetz*），新增「預防性拘留」（Vorbeugehaft）規定，授權警察得對人民為十四日以下之拘留，以防止犯罪或重大違反秩序行為，一般稱為《瓦克斯多夫法》。該法曾引發違憲爭議，聯邦憲法法院認定該規定合憲，但應給予人民司法救濟之機會。見：BVerfG, Beschluss der 2. Kammer des Zweiten Senats vom 26. Juni 1997, - 2 BvR 126/91 -, Rn. 1-24。

在一九九〇年代，聯邦共和國的政治性刑法停歇了，不再有來自東邊的威脅，無來由的焦慮感消失了，人們比較自由了。對於新納粹暴力行為的刑罰，對大多數人來說雖然太輕，實則完全合理。因為大部分是依照少年刑法審理，而且——正確地——如同審理正常的犯罪行為人，於傷害及殺人之情形，處以相應較高的刑罰。問題只在對來自東德過去的政治對手。依據《統一條約》，聯邦政府的司法機關應追訴在東德時期所犯而未終結的犯罪案件；若要判決有罪，以行為人依東德法律應予處罰者為限。這是自明之理，並且明白寫在《統一條約》上。但是西德的法律人——通常仍停留在舊時反共產主義的危機感和副作用之下——卻大大地逸脫了此一原則，多半依照自己的法律規定及觀念來判決，即使有罪判決的數量與刑度尚稱適切。法官與檢察官來自同一國家的一半，被告則來自另一半，此為這類訴訟程序的問題所在，其多半游走在枉法裁判（Rechtsbeugung）的臨界點上，而且有時候——客觀來看——甚至越了線。

關於刑法史概論，見：Hinrich Rüping, *Grundriß der Strafrechtsgeschichte*, 3. Aufl. 1998; Eberhard Schmidt, *Einführung in die Geschichte der deutschen Strafrechtspflege*, 3. Aufl. 1965（經典著作，比肩維亞克爾〔Wieacker〕的私法史著作）。關於貝卡里亞相當清楚的介述，見：Wilfried Küper, Cesare

Beccaria und die kriminalpolitische Aufklärung des 18. Jahrhunderts, in: *Juristische Schulung* 1968, S. 547-553。關於刑法三大理論，見：Claus Roxin, *Strafrecht*, Allgemeiner Teil, Band 1, 3. Aufl. 1997, §3. S.37-67。關於目的（即因果）行為學說（及其主要問題）之要旨論述，見：Arthur Kaufmann, Die finale Handlungslehre und die Fahrlässigkeit, in: *Juristische Schulung* 1967, S. 145-152。關於威瑪時期的政治性刑法，優先推薦：Heinrich Hannover und Elisabeth Hannover-Drück, *Politische Justiz 1918-1933*, Fischer-Taschenbuch Nr. 770, 1966；另見：Kurt Tucholsky, *Politische Justiz, mit einem Vorwort von Franz-Josef Degenhart*, rororo Nr. 1336, 1970。關於艾德諾時期，一方面可參考：Alexander von Brünneck, *Politische Justiz gegen Kommunisten in der Bundesrepublik Deutschland 1949-1968*, edition suhrkampNr. 944, 1978；另方面可參考：Adalbert Rückerl, *Die Strafverfolgung von NS-Verbrechen 1945-1978,* 2. Aufl. 1982。關於一九七〇年代刑法的加重問題：Sebastian Cobler, *Die Gefahr geht von den Menschen aus. Der vorverlegte Staatsschutz,* Rotbuch Nr. 152, 2. Aufl. 1978。關於截至近期的聯邦共和國政治性司法，優先推薦：Heinrich Hannover, *Die Republik vor Gericht 1954-1974-Erinnerungen eines unbequemen Rechtsanwalts*, 1. Band 1998 und 2. Band (1975-1995) 1999。關於對東德不法之訴追——略嫌表淺——的總結：Klaus Marxen und Gerhard Werle, *Die strafrechtliche Aufarbeitung von DDR-Unrecht, Eine Bilanz*, 1999（附詳盡的參考文獻）。

第十一講

法西斯主義時期的法

第三帝國的司法與法律人，這是一個範圍相當廣的領域。人民把他們妖魔化、寬恕他們，或者把他們當作勇敢反抗的楷模。羅蘭．弗萊斯勒（Roland Freisler），人民法院（Volksgerichtshof）院長，被貶抑為穿著紅袍的野獸[1]。他的同僚，帝國司法部國家書記，法蘭茲．席列格貝格（Franz Schlegelberger），成為希特勒與希姆萊（Himmler）[2]持續迫害下的犧牲品，兩人都想把司法變成警察的延伸手臂，最終也遂其所願。又或是羅塔．克萊西希（Lothar Kreyßig），勇敢的布蘭登堡區法院法官，他果敢地對負責「行動T４」的全國領導鮑赫勒（Bouhler）提出刑事告發[3]，這項計畫將數以千計的身心障礙者當作「無價值的生

1 譯註：人民法院（Volksgerichtshof），係德國納粹時期於一九三四年四月二十四日設立的特別法院，專司叛國罪及內亂罪的審理。羅蘭德．弗萊斯勒擔任院長時期（一九四二年八月二十日至一九四五年二月三日），判處死刑的案件數量最多，其中一件是知名的非暴力反抗組織「白玫瑰」（Weiße Rose）主要成員漢斯．索爾（Hans Scholl）與蘇菲．索爾（Sophie Scholl）兄妹的散發傳單案。弗萊斯勒特地從柏林到慕尼黑主審本案，判處索爾兄妹死刑，並於同日執行。弗萊斯勒死於一九四五年二月三日美軍發動的柏林大轟炸。見：Rolf Lamprecht, Die Gewalttäter in den roten Roben, *Der Spiegel*. Nr. 44, 1986, S. 35-37; Günther Wieland, *Das war der Volksgerichtshof: Ermittlungen – Fakten – Dokumente*, 1989。

2 譯註：納粹德國內政部長、親衛隊帝國領袖（Reichsführer-Schutzstaffel SS），納粹大屠殺的主導者。

3 譯註：行動T４（AktionT4），「T４」是「Tiergartenstraße 4」（提爾加騰街四號）的縮寫，為位於柏林米特區（Berlin-Mitte）一棟別墅的地址，該處是執行身心障礙者滅絕計畫的總部，負責人是納粹全國領導（Reichsleiter）菲利普．鮑勒（Philipp Bouhler）。一九三七年，克萊西希轉任監護法院法官，一九四〇年間，他發現受監護之身心障礙者的死亡紀錄數字攀升，乃去函帝國司法部部長，表達身心障礙者遭謀殺的懷疑。當他獲知這是一項由鮑赫勒負責的安樂死計畫後，隨即對鮑赫勒提出謀殺告發，並且拒絕移交其監護的身心障礙者。結果克萊西希被強制休假，不久被強制退休。見：Uwe Wesel, *Recht, Unrecht und Gerechtigkeit. Von der Weimarer Republik bis heute*, 2003, S. 76-79。

命」進行殘忍的滅絕，作為大屠殺的前奏。第三帝國的法律史最終並未（完整）寫就，每個人都可以從自認最適合的部分切入。關於這方面有為數甚多的出版物，厚實的書籍、輕薄的書冊，好的、不好的，還有文章、論文集，以及無數當時留下來、迄今還未被處理過的文獻。我們知道許多的細節，有些是關於個人的，有些是個別法律規定的適用，例如《種族法》，有些是關於軍事法院、占領區的行政，關於由德國特別法院執行的著名「夜霧行動」（Nacht- und Nebel-Aktionen）[4]，諸如此類，不可勝數。不過，這些都是細節，大部分駭人聽聞，但還是細節，目前尚缺整體的圖像。原因很簡單。至今仍有許多倖存者，仍有許多有權位的存活者、法官及教授們，以及其他當時的法律人，人們不想或無法太過接近他們。現在他們逐漸凋零殆盡，「同僚群」（Kollegenschwelle）變少了，所以才會在前一陣子開始認真清理這批鉅量的資料。我們做的還不多，在法律方面有些部分費時稍微長了一點。

儘管如此，仍然有不少的嘗試，人們想要釐清德國的司法到底是如何被成功地一體化。

4 譯註：一九四一年十二月七日，希特勒下達一道密令，全名為「追訴反抗帝國或占領區權力之犯罪指令」（Richtlinienfür die Verfolgung von Straftatengegen das Reich oder die Besatzungsmacht in den besetzten Gebieten）。根據這道命令，在德國占領區，如法國、比利時、盧森堡、荷蘭等地，有數以千計的政治嫌疑犯，在其親友未獲通知的情況下，被祕密送至德國審判後，處決或監禁，藉由此種「被消失」手段在占領區產生恫嚇作用。見：Lothar Gruchmann, "Nacht- und Nebel"-Justiz. Die Mitwirkung der Strafgerichte an der Bekämpfung des Widerstandes in den besetzten westeuropäischen Ländern 1942-1944, *Vierteljahrshefte für Zeitgeschichte* 29 (1981), H. 3, S. 342-396。

人們引以為豪的德國司法，甚至在十九世紀末為它興建宮殿——司法宮（Justizpaläste），用來標誌德意志帝國也是一個法治國家。那麼怎麼會有後來的這些事情？德國法官立足於正義，他們的最高原則是平等原則，相同事物應為相同之處理（Gleichbehandlung von Gleichem）的原則。例如說，一名猶太承租人遭受不同對待，相對於另一名所謂的雅利安承租人，儘管他們二人都是和同一出租人締結相同的租賃契約，這裡只是舉一個沒有那麼殘酷的例子。或者，來一個比較殘酷的例子：這究竟是如何發生，德國法官在所謂夜霧事件中經由祕密訴訟程序，對數以千人作出了死刑判決，在此程序中，被告是外國人（在被判決時）還沒有正確地理解其被告的內容，人們認真考慮到是否應該提供他們通譯，但未想過基於保守祕密的理由，根本不可能讓有利證人到庭陳述。如果被告是德國人，這種權利無論如何都會被允許的。儘管外國的被告應該和德國的被告一樣受到同等對待，但前述的情形究竟是如何發生的？面對這些問題，時不時有人給出答案，如果我們瞭解法律人的養成過程及其工作方式，答案是不言自明的。另有人提出反駁，並且說事實上恰恰不是如此。再說吧，且先看一些有關這段時期法律一般發展的評論。

民事法基本上沒有什麼改變。迄至一九四五年止，羅馬法一直是經濟及社會生活的基礎，儘管《國社黨黨綱》第十九條意圖廢除羅馬法，並且以一部德國的《人民法典》取代之[5]。但時間不夠。勞動法則一半一半，維持個人權利部分，甚至小幅改善，集體權則被廢除。受到強力衝擊的是國家法及行政法。憲法被凍結，重要的法治國原則失去效力，行政法被減縮，主觀公權利被排除。最殘酷的是：對政治警察措施的行政法院權利救濟制度被廢除。由此形成了雙重國家，恩斯特．弗倫克爾（Ernst Fraenkel）曾有此鮮明的寫照（*The Dual State*, 1940; *Der Doppelstaat*, 1974）。

一方面是蓋世太保對於政治對手、少數種族以及排除法西斯國家障礙的所有措施，完全不受到控制。恣意的下獄、刑求、關集中營、處死。這是措施國家（Maßnahmestaat，又稱「特權國家」〔prerogative state〕）的日常之舉。另一方面則是規範國家（Normenstaat），也就是維持表面的正常化，有法律、法院、被尊重的私財產權、契約以及刑事程序。對於那些遭受措施國家威脅的人來說，甚或還有一絲被解救的機會，至少在最初幾年。

弗倫克爾的觀察是奠基在他截至一九三八年在柏林擔任律師的經驗。然後，他被迫離開德國。在此之後，雙重國家就變身了。在戰爭時期，措施國家的毀滅性機器以無可想像之勢全面暴增。規範國家終歸失去其正常的表象，司法也喪失了獨立性。政府對於司法的壓力越

5 譯註：見本書第八講。

來越強。一九四二年，希特勒自封為最高的法院首長（oberster Gerichtsherr）。同年，新任司法部長提拉克（Thierack）開始發出惡名昭彰的致法官信。在信中，他以一些判決為例，對其內容進行褒貶，並且清楚地讓所有法院明瞭應該要如何裁判。透過所謂無效抗告（Nichtigkeitsbeschwerde）或特殊異議程序（außerordentliche Einsprüche），高等帝國檢察官可以接手任何程序，承接司法部長的指令，將案件提交到帝國法院的特殊刑事庭，並由該庭依政府之要求審理裁判。這是德國司法從法治國家經由雙重國家通往警察國家之路。

不過，在一九三〇年代的規範國家中，也不再都是完全正常的。我以一則案例彰顯之，這是一般認為最不具政治性的法律案件，也就是民事事件。事情發生在一九三六年的柏林。

爭執的是租屋解約問題，在荀尼堡（Schöneberg）的一間雙房小屋。此種住屋當時設有解約保護規定，見諸一九二三年的《承租人保護法》。如同今日一樣，要由出租人這一方終止租賃契約，幾乎是不可能的事，只有三種例外情形，規定在《承租人保護法》第二條。據此規定，有以下情形之一者，出租人得終止契約：承租人遲延給付租金、承租人未經許可將該屋任由他人使用，以及，第三，第二條明文，可歸責於承租人之行為，對出租人致生重大「侵擾」，且已達無可期待出租人再繼續該租賃契約之程度。系爭事件當時涉及承租人對出租人的侵擾，但不是如噪音、謾罵、恐嚇或類此行為等通常之侵擾，而是《承租人保護法》

第二條施行十五年來從來沒有用過的解約事由：侵擾源在於承租人是一名猶太人，別無其他原因。據說是一位安靜且友善的女房客，從一九二七年起住在這雙房小屋裡，卻剛好是一名女猶太人，但這點就足以構成解約的事由。本件由荀尼堡區法院審理，判決於一九三八年九月十六日作出，今天還可以讀到，刊載在一九三八年的《新法學週刊》（S. 3045），那是當時德國最大的法學期刊。

人們理所當然可以說：《承租人保護法》適用於一般人，適用於所有承租人，不問是男性或女性，公務員、雇員或勞工，單身或家庭，基督教或天主教，而且：不問是否為猶太人。在上述判決之前，人們的確都是如此看法，而這位猶太女房客也是如此認為。不，荀尼堡區法院說，承租人是猶太人這件事實，對出租人而言，就是侵擾，是可以解約的。

當人們聽到這個判決時，先是錯愕不已，然後問道，這怎麼可能？一個人的身分竟然可以對他人構成不良的侵擾。不是應該還需要有特定的行為，才能稱之為侵擾嗎？這點甚至寫在法律中，一九二三年的《承租人保護法》第二條：

……承租人之行為，致將該租賃法律關係之繼續，對出租人無可期待。

在此之前，這位女士根本沒做什麼事。此外，《承租人保護法》第二條以可歸責於承租人為要件，因為法律白紙黑字寫道：

……如承租人因有責而對出租人造成重大侵擾。

她對於身為猶太人毫無選擇。現在，作為法律人，人們卻可以運用通常的論證形式，輕易地避開這些礁石。我來逐一拆解。第一個礁石：身為猶太人怎麼會對出租人構成一種侵擾？出租人與該女士毫無瓜葛，除了收取租金外。葡尼堡區法院在判決中則作如下表述，依《承租人保護法》第二條之立法目的為一般性之解釋：

此項規定之目的在確保住屋之安寧、和平及秩序，賦予出租人要求以令人無法忍受方式干擾安寧及秩序之承租人搬離住屋之權利。因此，《承租人保護法》第二條旨在維護住戶共同體（Hausgemeinschaft）。住戶共同體是所有居住於同一住屋內成員之共同體，屬於德國民族共同體的成分之一。如同家庭是民族的細胞一樣，住戶共同體屬於德國民族共同體的最小部分。它是此一民族共同體極其重要之要素。它將不同職業團體之民族同志及其家庭連結在同一空間中，並且讓這些成員在不同之生活時間中以各種方式相互動。它影響其成員之私人生活。因此，它作為一種共同體，其重要性遠大於其他僅包含家庭成員且只限於彼此互動的小型共同體，此於今天尤顯重要。在防空避難時，當敵人發動空戰而可能危及平民居民時，住戶共同體之地位特別顯著。緊急情況時，住屋成員間的彼此支援，建立在堅實住戶共同體的基礎上。在艱困時期，此種共同體對於民族的抵抗意志與反抗能力來說，具有無可低估的重要性，因此是德國民族共同體之主要要素。

五十年後的今天，我們聽到這樣的理由，定然吃驚不小，不是嗎，人們當時是具備了何種的預知能力。荀尼堡區法院的法官顯然預知到幾年後要爆發的戰爭，在無數共同的夜晚人們躲在防空避難地下室；在戰爭時期，住屋共同體真的成了緊密空間中的命運共同體。就此來說，判決的講法也不完全離譜。只是在一九二三年的《承租人保護法》中沒有提到這點，條文中未規定住屋共同體，既不在《承租人保護法》中，也不在租賃契約基礎規範的《民法典》中，《承租人保護法》只是補充《民法典》。租賃本身是一種契約，僅在出租人與承租人之間有其效力。因此，《承租人保護法》也只提到對出租人之侵擾。不過，在法律上，人們當然可以把住戶共同體寫進租賃契約之中，但同樣必須作用在出租人身上，因為《承租人保護法》只提到出租人。荀尼堡區法院法官的判決確實也是如此。讓我們再從頭看一次：

此項規定之目的在確保住屋之安寧、和平及秩序，賦予出租人要求以令人無法忍受方式干擾安寧及秩序之承租人搬離住屋之權利。因此，《承租人保護法》第二條旨在維護住戶共同體。

安寧與秩序，對承租人與出租人之關係來說，在法律上確實扮演重要角色，由此可以得出住戶共同體之安寧與秩序，這個推論過程完全是有可能。因此，租賃契約乃具有維繫某種共同體的特性，這種特性在此之前並不存在，而且，附帶地說，在今天也不復存在。但（判決）剛好就鎖定在這點上。在法律上是可以如此論證，但也不是非如此不可。荀尼堡的法官以此方式避開了第一個暗礁，也就是解決了何以承租人的身分對出租人是一種侵擾的法律問題。人們有理由說，有些人在某些團體中是格格不入的，因而要把這其中的矛盾排除掉，而這項矛盾在本案是出租人自己把具此種身分的承租人找進來。承租人的猶太裔身分構成對住戶共同體的侵擾，是人們為出租人所強加解釋的。再來是第二個礁石：何以此項身分本身足以構成一種侵擾？因為《承租人保護法》明文必須有一定的行為。我們再來看一次判決。判決在把住戶共同體置入出租人身上，成為德國民族重要要素之後，繼續寫道：

準上以言，凡足以顯示承租人為該住戶共同體之異質體（Fremdkörper）的所有事實，以致無可能組成或維繫住戶共同體者，均構成對《承租人保護法》第二條所定出租人之重大侵擾。至於此一事實存在於承租人之作為、不作為或其個人之屬性，則無關宏旨。《承租人保護法》第二條雖明文提及承租人之「行為」。不過，承租人之個人屬性亦屬之，蓋作為及不作為只是人格之生命表現。因此，承租人因其個人屬性而阻礙住戶共同體之組成或維繫者，亦構成對出租人之重大侵擾。

這點相當不容易，而且不像避開第一個礁石那樣成功，但總還是設法避開了。今天許多判決寫的還沒有這麼好。基本思維，荀尼堡法官的正確基本思維是：一個人的「行為」，在法律上不一定要理解為積極的作為，也有可能是消極的不作為（Unterlassen）。

猶太女房客並未積極做了什麼，她只是一名猶太人，毋寧屬消極之行為。她所謂的消極不作為，用當時的荒誕屬性用語，就只是沒能成為亞利安人。據此，判決乃謂作為或不作為，兩者構成一行為。不過，邏輯上的問題在於，只要是涉及行為，不管是積極的作為或消極的不作為，都必須是出於自願才算數，當事人至少要有為不同行為的可能，積極作為，或者奉主之名，消極不作為。但這名可憐的女士卻無此可能。她就是有猶太的血統。今天我們在其他情境碰到類似案型，我們把一個人在特定情境無法改變的單純狀態，視為自願地對他人進行侵擾：爛醉如泥或完全精神耗弱的乘客，公車司機並無載運的義務（譯按：因為這樣的乘客對於公車司機的駕駛構成一種侵擾）。固然，對我們來說，今天很難拿此例來和可憐的猶太女房客相比較。但是法西斯主義者對於猶太人的迫害已經營造出一種社會氣氛，在此氛圍下，人們得有如上的看法。因此，荀尼堡法官的論證，在法律上完全有可能。但也未必如此，另一種解釋方向在法律上會好一點，更不要說出於人性與正義，人們當時是可以如此論證的。或者，人們也可以說，她的猶太裔身分不是《承租人保護法》第二條所稱之行為。兩種均有可能，這就是我所稱的法學論證形式的任意性與無窮的實用性（Verwendbarkeit）。

現在是第三個礁石：涉及歸責，為《承租人保護法》所要求，如果終止契約要合法的話，須符合此項要件。我們的法官這樣寫：

> 承租人是猶太人此一事實，固然不能由承租人負責。但在《承租人保護法》第三條意義下，卻可歸責於該承租人。蓋其不只是德國住戶共同體中的異質體，而且與德國人的共同體欠缺必要的內在關連。對一名德國出租人來說，與該承租人續約，是不具期待可能性的，如果該名德國出租人想要組成住戶共同體，因此必須使猶太承租人搬離的話。出租人相對於一般大眾通常負責維護其房屋，還有管理其房屋。基於《承租人保護法》第二條規定，要求承租人搬離的權利，法律僅賦予給出租人。因此，德國的出租人對於德國民族共同體同時負有行使該權利組成並維護住戶共同體之義務。凡對於住戶共同體所無可期待者，同樣亦對出租人無可期待。

此處又比較簡單一些。儘管如此，法官還是弄得有點困難，也許是因為法官還有點良心。但最後還是找到一條正確的形式之路，就是把歸責等同於無期待可能性（Unzumutbarkeit）。這在法律上是有可能的。歸責，意指對他人究責，歸責就是可非難性。

就此在法律上，我們區分為故意（Vorsatz）與過失（Fahrlässigkeit）。故意是指人們依意志行事，自願從事某些可受非難之事，並知其所為。過失則略等於不注意（Unachtsamkeit）。人們不知道他做了可受非難之事，但如果注意到，他就應該知道。受非難的是，人們的疏於注意。透過法學上的歸責概念，在契約法上，也就是本案情節，人們判斷的是契約當事人的行為（Verhalten），也就是未正確提供他方契約當事人其所應為之給付。在此基礎下，即可進行法學上的推論。（未受正確給付之）該方契約當事人因此得請求損害賠償，或解除契約，或終止契約。反之，荀尼堡法院法官所援用的無期待可能性概念，判斷的是契約當事人之情況（Situation）。如果情況對契約當事人之一方無期待可能者，即使他方對此情況無可歸責，則在例外情況下，此點亦可能導致與歸責相同的結果，雖然無法導出損害賠償請求權，但可以得出解除契約或終止契約之權利，如本案之情形。就此而言，於判決中將歸責等同於無期待可能性是完全有可能的。提醒：有可能。當然，人們完全可以作出不同的論證，並且說：不，該女房客對於她身為猶太人，無能為力，無可歸責於她。解約法有關出租人侵擾之規定，以歸責為前提要件。因此，該租賃契約不得終止。而且就算人們要將無期待可能性納入考量，應該還是可以作出不同的論證，不一定得出無可期待出租人繼續與猶太房客續約之可能的結論。法官在此部分的論證也有點左支右絀。但在本案中，法官屬意的是另一個結論。因此，他選擇了另一種論點。在方法暨法學論證上，如我們今日仍如此學習並運用，是完全有可能的。也因此，法官還是避開了最後一個礁石。

荀尼堡法院法官的論證被當成範本而納入當時的一般法政策中，且特別強調共同體思想（團體思想），德意志民族共同體、企業共同體，以及本案的住戶共同體。值得一提的是，共同體雖然一再被引用，其本身卻無內容可言，更不用說逐漸失去效用了。我們假定，在荀尼堡的這間住屋裡的其他承租人根本對猶太女房客沒意見，甚至以多數決表示希望她留下來，這點仍然無助於情形的改變，因為該判決有關住戶共同體的論證並非出於偶然地外溢到出租人身上，讓這位承租人可以單獨行使住戶共同體的權利並終止契約。這令人清楚憶起當時在勞動領域中一再召喚的企業共同體，終究還是企業主說了算。在一九三四年的《民族工作秩序法》（*Gesetz zur Ordnung der nationalen Arbeit*）第一條規定：

於企業中，企業主作為企業之領袖（Führer），雇員及勞工作為跟隨者，共同為促進企業目的及人民與國家之共同利益而工作。

這條規定看似強調（企業）共同體，實則不然，因為緊接在後的第二條即規定了領袖原則：

企業之領袖對其跟隨者決定所有企業事務，在法律規定之範圍內，其應照顧跟隨者之福祉。跟隨者應向領袖竭盡其為企業共同體所建立之忠誠。

就如在企業一般，荀尼堡法院的法官同樣也把領袖原則引進住屋共同體中。其他的承租人一如既往沒有發言權，但如今卻是一個共同體。由此不難論證出，出租人（何以）可以把他的猶太女房客趕到街頭上。

仍須指出者，上述論證並非唯一可以推論出終止契約的方法，還有另外一種可能性，同樣也是出於法學論證形式的任意性。荀尼堡法院法官運用的是擴張解釋，如我們所稱，對於《承租人保護法》第二條進行擴大文義、合於規範意旨的法律解釋。法官說，「出租人之侵擾」——法律的文義——，同時意指：住屋共同體之干擾。這是一種可能性。另一種可能性則是：讓整部《承租人保護法》完全不適用於猶太人。我們稱之為限縮（Restriktion），也就是法律的限制。經由限縮解釋，法律不被適用，儘管按其文義原本應該適用。當《承租人保護法》不適用於猶太人時，則人們可以依據《民法典》規定隨時終止與猶太人之租賃契約。

其他法院走了這條路，例如紐倫堡區法院，兩個月之後。同樣地，法院的論證在法學上完全可能。論證的起點是：

《承租人保護法》，依其目的及其立法沿革，是一種社會主義的法律。於一九二三年，當時是一種社會主義的法律，現在，一九三八年，則是一部國家社會主義的法律。這部法律主要限制房屋所有人作為出租人對其所有權的自由處分權。出租人得依其意思對其房屋有所作為或不作為，包括依其意思終止租約，是典型的市民、自由、私人資本主義的觀念。與之相反，《承租人保護法》則旨在實現《國社黨黨綱》的要求：「共同利益優先於個人利益」、「你什麼都不是，你的民族才是一切」。這部法律的立法目的，在為德國人民的共同體而服務，為了確保充足且健康的居住空間，這是生存問題。因此，本法僅適用於屬德國民族共同體或至少在血統上可以被歸入該共同體之人民。如果本法的保護措施亦得適用於德國民族共同體以外且不屬該共同體之人，不啻牴觸了本法的目的。與猶太人成為一共同體，原則上為德國民族共同體所排斥，包括與猶太人共同生活以及任何型態的共同體。換言之，本法不適用於猶太人，亦即猶太人不享有承租人保護，人們可以隨時對其終止契約。紐倫堡區法院的論證，比起荀尼堡區法院，可以說更上一層樓。一九三八年十一月二十六日的判決（*Neue Juristische Wochenschrift*, 1938, S. 3243）說：

> 《承租人保護法》依其立法沿革及其目標設定是一部固有意義之「社會主義」法律。它限制個別的房屋所有人，有利於全體人民之共同生活，對於全體人民而言，健康及充足之居住空間的必要性，這是一項生存問題（eine Lebensfrage），此一問題無法依循私人資本主義之觀點而獲得解決。依照國家暨社會主義立法者之意志，《承租人保護法》是居住事務領域之民族共同體的法律上實現。在此領域中，本法是黨綱要求「共同利益優先於個人利益」之

法律上體現。

鑑於《承租人保護法》之所由設，旨在服務德國人民之共同體，故僅能適用於屬德國民族共同體或至少在血統上可以被歸入該共同體之人。若其保護規定適用於德國民族共同體以外且不屬該共同體之人，則國家暨社會主義之立法者延續並增修本法所欲達成之目的將受到斲傷。

此於猶太人即為適例。猶太人依其血統及其道德觀，與德國民族之間處於無可逾越之對立關係。立法者亦充分表達欲將猶太人排除於德國民族共同體之外：猶太人不得參與德國民族之政治、文化及經濟生活。

據上以推，在於德國出租人之關係中，《承租人保護法》之保護規定不適用於猶太承租人。

行文至此，我相信可以回答以上總總何以可能發生的問題。法學上，幾乎所有皆有可能，法學上之解釋終究或多或少具有任意性，而正常的法律人如同其他的人們亦都受到時代精神（Zeitgeist）的制約。法律人對其當時之所作所為欠缺理論。對於此種理論空洞性（Theorielosigkeit）與任意性的唯一保障，則是法院的審級制度。當下級審作了某些裁判卻不契合於公眾或政治觀點時，得由上級審法院予以廢棄。因此，最高法院之裁判扮演決定性的角色，具有最重要之權威性。

理論空洞性與信仰權威性導致（法律人的）可操縱性。我認為，這是法西斯主義者可以在短短幾年間成功地讓德國司法一體化的原因之一。還有其他的原因，也不是不重要，只是比較單純一點：法律人也是人，也是正常的市民，他們跟其他絕大多數人一樣，在短短的幾年內捲入所謂的納粹主義之下，因為納粹主義又攀登高峰，如當時人們想的，因為德國在世界上又有了某種影響力，因為希特勒從街頭把數以百萬的失業者號召起來，諸如此類的理由。

不過，就法律人來說，還有另一額外的問題。法律人一方面具有——今天亦然如此——理論空洞性與可操縱性，但另一方面，法律人在法治國的傳統中成長，正如法治國傳統在十九世紀的德國發展出來一樣。其背後的信念是國家，它不能對其人民為所欲為；君主在十九世紀相當於國家，但是他不再是不受限制的、專制的統治者，其權力應受到法的拘束。

對於法西斯主義者來說，這是市民的無意義之物（Kokolores），他們要的是專制的國家，不受法院的控制；那是警察可以隨其所欲地介入及管制的警察國家。當時年長的司法法律人（Justizjuristen）顯然無法自動地歸隊走上這條路。因此，法西斯主義者一開始就打擊他們的法治國觀念。對法西斯主義者來說，法律人始終是一種軟弱無力的造物，是強勢國家的障礙。關於這方面有許多說法，出自希特勒或其他人。典型的例子是，亨利．匹克爾（Henry Picker）[6]所記錄的《希特勒元首總部桌邊談話錄》（*Hitlers Tischgespräche im Führerhauptquartier* 1941-1942, 1963）。一九四二年三月二十九日，希特勒在狼穴（Wolfsschanze）說（S. 222-225）：

> 沒有一個理性的人可以理解法學者，他們應該——特別是在猶太人的影響之下——對法律人自身有正確的認識。今天的整個法學終究不過是一套轉嫁責任的獨特巨大體系。他要盡其所能改革法學教育，也就是這些令人極其輕蔑之法律見解的學習。因為經由此種學習不會養成契合於實際生活且有能力為國家維繫其自然法秩序的法律人。此種法學教育只會養成無責任感。
>
> 他要從司法行政中選出百分之十以下的法官，其餘淘汰。整個參審員搖擺不定的弊端要革除。他要絕然地建立一套禁制令，防止一名法官以其見解被參審員否決諸如此類的藉口，對其負責的裁判猶豫不決。他要把法官形式化，但當然會給予優渥的待遇。作為法官，他需

6　譯註：亨利．匹克爾（1912-1988），德國法律人，於一九三六年獲法學博士學位，一九四二年於希特勒元首總部任職，負責法律事務，同時記錄希特勒的桌上談話。二次戰後，從事作家工作，於一九五一年出版《希特勒元首總部桌邊談話錄》，其後陸續增訂數版。

要男性，這些人深信法律不是為了保障個人，對抗國家，其首要任務在於不能讓德國淪亡。

迪特里希・埃卡特（Dietrich Eckart）[7]對於法律人制度（Juristentum）有過格外清楚的判斷，本身曾經讀過幾個學期的法律。依據埃卡特自己的說法，他中斷了法律的學習，「以免成為一個道地的白癡（Trottel）」。迪特里希・埃卡特還曾經以全然清楚明瞭的方式，為德國人民譴責今天法學者所帶來癌症性的傷害。他，領袖，相信這足以說明一切，如果一個人以如此簡化的方式對人們說這樣的事情。隨著時間，人們終將知曉，這完全是沒用的。

因此，他今天清楚且明白地表示，對他來說，任何的法律人不是天生有缺陷，就是要隨著時間消失。當他把所有曾經在他生命中出現過的法律人過眼一番，特別是那些律師及公證人，只會讓他一而再、再而三地確認，這些正直、土生土長的人們，其根源是如此健康，當年跟他們偕同迪特里希・埃卡特一起在巴伐利亞共同開啟他的政治奮鬥。[8]

第三帝國覆滅之後，曾有一段學生運動的時期，人們經常認為，在法西斯主義之下造成司法失靈的原因是法實證主義的緣故。這是我一開始就提到的答案，針對以上總總何以可能

7 譯註：迪特里希・埃卡特（1868-1923），德國國民詩人、國社黨發起人之一，曾參與一九二三年十一月九日希特勒策劃的「啤酒館政變」（Bürgerbräu-Putsch）或所謂的「希特勒政變」（Hitlerputsch）。

8 譯註：這段文字是希特勒桌邊談話錄，文中的「他」即指希特勒。

發生的問題。人們以為，法實證主義將法與政治分離，以致產生了不關心政治的法律人，毫不批判地對法西斯主義者的新法一如舊法般地繼續適用。不過，當年即有人對此提出反駁，表示這並不是法實證主義造成的。剛好相反。法西斯主義者對法實證主義的抨擊尤其強烈，他們要求對於舊法進行全新且合於民族及政治意識的適用，如此一來，他們便可以不必以新法於翻手之間全然取代舊法。

就經常爭議的問題來說，我認為，真實的情況是介於中間。此處所指的十九世紀法實證主義，與法律的個人主義觀念及法治國家的自由觀念密切相連，與法西斯主義者的政治綱領則迥不相侔。就此而言，吾人不能說法實證主義將德國司法推向法西斯主義之路。但是，但是，法實證主義嚴格劃分法律與政治，以及法學論證的任意性，卻大大地強化了法律人及司法的可操縱性。當時藉由傳統的法學論證工具，可以毫不費力地從十九世紀個人主義之法實證主義，換軌到法西斯主義之民族集體思想，更不用說是轉換成民族的法實證主義，轉換之快速，莫此為甚。譬如在荀尼堡那位令人同情的猶太女房客，這個例子再清楚不過了。覆手之間，人們可以將承租人與出租人之間的個人主義租賃契約，建構成為一種民族的住戶共同體。但非僅此一樁。法律人的可操縱性之所以特別危險，乃因為此種可操縱性與龐大的權威信仰相連結，而此正是法實證主義的根基所在。我所謂的權威信仰，是指對法之通說見解的持續信奉：通說及其權威性。換言之，面對法西斯主義者，法律人內建的強大反抗能力，亦即法治國原則及個人主義的法思想，在法律人極易可操縱性及其信奉權威思維之下，很快地被排斥、滌除，乃至於相對化。因為法律人根本不知道他們在做什麼。

不過，這些（被信奉的）權威旋即又被翻轉。本講之末我要舉一例來說明，迪特．柯爾布（Dieter Kolbe）的專書讓我們更加清楚認識這個例子。我要說的是帝國法院院長，歐文．布姆克（Erwin Bumke）博士（Dieter Kolbe, *Reichsgerichtspräsident Dr. Erwin Bumke*, 1975）。

一九二九年，希特勒奪權的四年前，歐文．布姆克成了德國最高法院的院長，舊學派的司法法律人，十九世紀法治國觀念下受實證法訓練養成的法律人，自由又保守。這樣的法律人本身一方面為納粹主義者所厭惡，同時對新的掌權人相對存有許多保留。因為，這種法律人顯然是無所忌憚的。但另一方面，對於這些法律人來說，法西斯主義者是對抗社會民主人士及共產主義者的堡壘，因此會瞧他們一眼，甚至時而支持他們。歐文．布姆克身為德國最高法院院長，亦復如此。

在納粹奪權之後，興登堡（Hindenburg）發布（譯按：一九三三年）二月六日的緊急命令，解散普魯士的邦政府，讓普魯士邦議會重新選舉，「第二次的普魯士政變」（zweiter Preußenschlag），針對的是布勞恩（Braun）政府，由社民黨、中央黨及其他小黨組成。次日，布勞恩政府提起憲法訴訟，並聲請暫時處分。法律狀態相當清楚，緊急命令違憲。不過，布姆克身為由帝國法院組成之國事法院的審判長，卻拖延裁定的作成，理由是「訴訟案件廣泛且複雜」，如他所稱。三月初，全德舉行大選，（如果法院）對興登堡作出不利裁定，應該會給予社民黨人重大的推力。三月五日，法西斯主義者贏得選舉，包括普魯士在內。於是原本繫屬於國事法院的訴訟因標的不存在而解消，訴訟不在。這是布姆克在隔日早上給法西斯主義者的通知。

其後，在關於帝國議會縱火案（Reichstagsbrand）的訴訟程序，又發生了爭議。帝國法院面臨一道雙重問題。一方面，納粹黨人要求必須將所有被告都判罪，不只是荷蘭人范・德盧貝（van der Lubbe），他的責任一般認為已被證實，而是還有其他人，三名保加利亞的共產黨人及德國的恩斯特・托格勒（Ernst Torgler）。因為有人提供證據宣稱，這宗縱火案是共產黨人的傑作。但是關於共產黨人參與其中這件事，在訴訟審理中，無法被證明。第二個問題是刑度，所有的被告都該被判死刑！但是縱火罪，以及本案所涉及的行為。縱火日是在一九三三年二月，僅能處以有期徒刑。若要判死刑，必須依三月才根據《授權法》所定的規定。雖然該法具有溯及效力，但問題恰恰在此。因為如此做就違反了刑法溯及禁止的法治國原則。「Nulla poena sine lege」，法律人說，無法律即無刑罰。德國的最高法院應該也會牴觸這項原則（如果它作成死刑判決的話）。

帝國法院選擇了一條中間之路，判決范．德盧貝死刑，違反了法治國原則，迎合了納粹黨人之意；但其他人則無罪釋放，包括重要的被告。納粹黨人異常憤怒。隔天，一九三三年的聖誕夜，人們在《人民觀察報》（*der Völkische Beobachter*）上讀到：

> 我們確信，國家社會主義德國不會接受這項判決，而不對遂行此種司法程序之司法體制作出規範。很快地，國家社會主義德國就會從中得出必要的結論，並且清除所有足以損及國家社會主義革命成果之狀態。

四個月之後，一九三四年四月，在柏林成立人民法院，這是對位於萊比錫的帝國法院的公然羞辱，帝國法院審理政治性刑事案件的權限也隨之被剝奪。

帝國法院記取了這項教訓，如何適用一九三五年的《紐倫堡種族法》，就在納粹黨人的眼皮底下進行，凡可下重手處，即下重手，甚至在國外的所謂「種族恥辱」（Rassenschande）[9]也予以重罰，儘管德國只處罰在內國所犯之行為，而且並不符合《刑法典》所定可容許的例外要件。

9 譯註：「種族恥辱」（Rassenschande）是德國納粹時期禁止有德國血統之人民與猶太人通婚或為性行為之宣傳口號，同時透過刑法對違反「種族恥辱」者處以監禁或命入矯正所之處罰。

其間，歐文．布姆克的態度也開始有所轉變。在納粹奪權之初，他尚且有所顧忌，甚至考慮辭職。如其胞兄的描述，他當時「處於極大的壓力之下」，且「精神上處於崩潰邊緣。」因為一個問題，數以百計的政治對手被衝鋒隊（SA）謀殺、在親衛隊（SS）的集中營被消失，司法卻無從介入。九月底，在萊比錫舉行「德國法律人年會」，帝國法院的上方懸掛著斗大字體的標語「經由納粹主義，德國法為德國人民」。兩萬多名法律人聚集於廣場前，帝國司法部長現身，帝國法院法官身穿紅色法袍端坐於斯，但是最高法院院長並未出席，他因病告假。

二年後，他改變了想法，成了納粹黨人，入了黨，血緣保護裁判（Blutschutzrechtsprechung）[10]由是展開。迪特．柯爾布在布姆克的傳記中如此描寫（S. 244 f.）：

這位職級最高的德國法官，過去如同其他人因納粹主義的暴力、蔑視傳統暨法律的革命特質而與之保持距離，現在也開始見識到一九三四年至一九三五年間德國進入鞏固階段。恐怖行動的休止，讓安寧及秩序有了相對的空間。雖然納粹主義所形塑的「秩序」是奠基在對政黨多元性的消弭、對言論自由的壓制、對民主機制的禁絕之上。但不正是因為在民主機關

10 譯註：即在「種族恥辱」的標誌下，對與猶太人結婚或發生性行為的德國血統人進行處罰，大興牢獄。

中之言論的多元性、黨派的林立，才讓井然有序的政府運作變得不可能？鑑於德國分歧的社會關係，人們是否需要一個強而有力的政府？希特勒政府不是正好顯示可以振興經濟、消除失業？固然，司法的自主性與獨立性受到干預，而帝國法院關於政治性刑事案件的審判權被剝奪。但德國最高法院的聲望不是正因為政治性的訴訟程序而受損？在法院帝國化之後，法院是否不會免於來自政黨的干預？而且，貫徹長年以來所致力之法律革新，終究有可能得以達到司法的「親民」，並且重新贏得人民對司法的信賴。如果人們對抗政權，而不是參與政權，並且使權力擁有者受到法與憲法的拘束，是否就不會使德國錯失成為法治國家的機會？

帝國法院院長，布姆克博士採取了步驟，決定為納粹國家服務。

帝國法院的沉淪於焉開始，不只是在血緣保護的裁判，在戰爭時期墮落到最低點。特別刑事庭被設立，以布姆克為審判長，審理關於高等帝國檢察官提出之「特殊異議」，多數是承希特勒的指令或其他納粹高官而審理，不經通常訴訟審理程序而提交至特殊法庭，通常遵從殘酷的指令，且對單純的案件作成死刑之判決。戰爭終期，又有些餘緒。歐文．布姆克的身分不只是法院院長及特殊刑事法庭的審判長，同時還是刑事第三庭的審判長。這是他比較溫和一點的工作，換句話說：一定程度是正常的，在第三帝國時期可稱得上是規範性的範圍，不是每一件小案子都會被判死刑。布姆克設法煞車，特別是由帝國檢察官提出的所謂無效抗告。一九四四年，納粹黨及警察對司法的施壓增強。來自司法部的訊息，刑事第三庭再如以往駁回無效抗告的話，那麼該庭的法官接下來也許要被送去集中營，也就是要考慮嚴重的後果。無可期待得到司法部的協助，相反的，布姆克被迫讓步，要在這些案件中冷血地作出死刑判決。太晚了，他已無法走回頭路。司法已經淪落成為單純的權力機器與恐怖工具，即使是規範國家也束手無策，雙重國家成了警察國家。當美軍第一部隊行軍進入萊比錫的那一刻，歐文·布姆克結束了自己的生命。一九四五年四月二十日，在位於貝多芬街四號，帝國法院建築物的自宅裡。

一百一十一年前，一八三六年，在《一七九八年前後法國社會及政治狀態》（*L'État social et politique de la France avant et depuis 1789*, 1836）中，托克維爾（Alexis de Tocqueville）寫道：

當人們仔細地探究，在世界上發生了什麼，從人類保有對過去事情的記憶起，人們可以毫不費力地確認，在所有文明國家中，總是會有一名法學者站在下令的暴君身邊，把暴君的恣意且無關連的意志行動，轉換成有秩序且前後一貫的行為。國王對於權力廣泛且不確定的喜好，經由其可掌握的統治方術與知識的愛好而獲得加成。他們理解到如何暫時地強制人們服從；他們擁有讓人們幾乎自願地持續順從的藝術。一方面提供權力，另方面是法律。前者通過恣意以達最高權力，後者則經由合法性。它們在交會點上碰頭，形成一種專制主義（Despotismus），讓人性幾乎呼不到空氣；誰要是只想到君主們，而沒有想到法律人，那麼就只看到暴君統治的一面。若要掌握全局，則必須把兩者同時納入視界。

的確，吾人若仔細回顧歐文・布姆克的生命歷程，仁慈善良的，他的個人立場，他初時的危疑，他最後仍想要回頭的嘗試，吾人也許會想要對他所作所為有所保留。不過，結果終究是否還是如托克維爾所言，他就是希特勒及其最高等級的法官？布姆克是舊學派的法律人，受過法治國思想的薰陶，擅於法學論證的尋常任意性，並且信奉權威，而他自己最後也成為最高權威的代表。法律人此種工作方式、養成過程及思維習慣，迄今並無改變。因此，我們不妨設想一下，如果有朝一日，當民主又再次處於危殆時，能夠期待法律人奮力反抗乎！

最佳整體呈現的文獻，見：Ingo Müller, *Furchtbare Juristen*, 1987（對於「那些」保守主義者略顯不公允）。傑出的紀錄，見：M. Hirsch, D. Majer, J. Meinck (Hg.), *Recht, Verwaltung und Justiz im Nationalsozialismus*, 2. Aufl. 1997。劃時代的著作見：L. Gruchmann, *Justiz im Dritten Reich 1933-1940*, 1988。有一則與荀尼堡區法院不無類似的判決，也是針對少數族群，亦即共產主義青年組織

（SEW），也是涉及租賃契約，那就是一九七五年十二月十九日荀尼堡區法院判決，見：*Kritische Justiz* 1975, S. 299-305。不過，這則判決後來被柏林邦法院廢棄。這是不同的案件。

關於這段時期之帝國法院及有關帝國議會縱火案訴訟的細節，見：Friedrich Karl Kaul, *Geschichte des Reichsgerichts*, 4. Band, 1971。關於人民法院，見：Walter Wagner, *Der Volsgerichtshof im nationalsozialistischen Staat*, 1974; Klaus Marxen, *Das Volk und sein Gerichtshof*, 1994。關於戰後對人民法院法官的訴訟程序，見：Gerhard Meyer, Fürimmerehrlos? in: Heinz Hillermeier (Hg.), *»Im Namen des Deutschen Volkes«, Todesurteile des Volksgerichtshofs*（1980）, S. 115-127。聯邦法院的「Rehse-Urteil」，目前唯一的程序：*BGH Neue Juristische Wochenschrift* 1968, S. 1139-1340。若干納粹法律人於紐倫堡大審時被告並判決的紀錄資料，見：H. Ostendorf, H. ter Veen, *Das »NürnbergerJuristenurteil«*, 1985。最後則是：J. Perels, Der Nürnberger Juristenprozeß im Kontext der Nachkriegsgeschichte, in: *Kritische Justiz* 1998, S. 84-98。

第十二講

法律人的語言

規範民事及刑事法院組織及審判權限之《法院組織法》第一八四條規定[1]：

法院語言為德語。

大哉斯言。不僅在技術上確立了人們在法庭上不能沒有通譯而用英語或法語陳述的基本原則，同時揭示了審判公開性、資訊及民主控制的規範意旨，如同在本條之前的第一六九條所表達的意旨：

於事實審法院之審判，包含判決及裁定之宣示，應公開為之。

法律的語言，不僅對於法律人彼此之間的溝通理解有其重要性，對於提供人民資訊來說，亦同等重要。但在法律與語言此二領域卻存在著許多的困難。問題有三：

一、法律人的語言不精確，

二、法律人的語言無可理解，

三、法律人的語言帶有意識形態。

第一是法律人之間的問題。沒有一部法律的規定精確到可以讓立法之後出現的爭議案件，毫不費力地在某種意義下被解決。第二個問題出在非法律專業的民眾身上，當法律人特

1 譯註：比較我國的法院組織法第九十七條：「法院為審判時，應用國語。」第九十九條：「訴訟文書應用我國文字。……」

別精確地表述時，民眾反而不解其意。最後則是雙方的問題，法律人與非法律人。那意味著：既不是一方或另一方沒有真正地理解到重要法律問題的爭點所在；絕大部分的情形是：法律人已經對所有問題作了清楚而可被理解的表述。

問題一：法律人的語言不精確。

舉例來說，且把第一講導論裡瑪莉．克雷斯帕與雅各．凱勒的案例改寫成以下情境：

他們結婚多年後離婚，無子女。幾個月後，瑪莉度假去，到了義大利的一間旅館，她與前夫曾經一起住過的地方。在此，二人相遇，她的前夫恰好也有此想法。天氣溫和，陽光普照，在一個幽靜的夜晚。蟬聲綿綿。換個方式說：葛西娜不是被收養，而是在此受孕，在二人離婚一年之後誕生。瑪莉無法再從事口譯員的工作，於是向雅各請求贍養費。雅各說，葛西娜是他的非婚生子女，他願意給她撫養費。但是非婚生子女的母親，不能向父親要求贍養費。他有理嗎？

沒道理。問題只在於，他必須依據對葛西娜較為不利的《民法典》第一六一五之一，還是對她比較有利的《民法典》第一五七〇條支付贍養費。不過，第一五七〇條的文義卻讓人遲疑，因為其規定：

離婚夫妻之一方得向他方請求贍養費，如該方因照顧或教養其共同之子女而無可期待其就業者。

法律的語言不精確。何謂「共同的」？葛西娜是該二人共同的子女？確定。但是否為第一五七〇條所稱之共同子女？這是一道困難的問題。許多觀點表示，只有婚生子女才是共同的。這個問題於下一講再作進一步說明，在此先指出問題。這項規定從有成文法律以來即已存在，也就是已經有三、四千年了。德國法律人尤其容易深陷於窘境之中，打從十九世紀起發展的概念法學，至今仍具影響力，所憑藉的觀念是：人們可以經由邏輯操作，也就是所謂的數學式的，對於每個案件從法律中推演出解答。有時候是可行的。例如在第一個瑪莉．克雷斯帕與雅各．凱勒的案例情境，葛西娜在離婚之前即被收養[2]。但通常語言會讓我們陷入困境。語言就像生活一樣的不精確。

那是個兩難情境。人們試著以各種方式排除困境，一種是邏輯家，另一種是詮釋學家（Hermeneutiker）。邏輯家要求法律及法律人必須開展精確的語言，一種在邏輯上必須毫無瑕疵運行的語言，沒有如果與但是，一種「精準計算的語言」，一種「數學式」的語言。所幸他們至今沒有成功。他們當中最重要的一位代表人物也知道，這幾乎是沒有機會的，那就

2　譯註：參見本書第一講。

是烏爾里西・克魯各（Ulrich Klug）（*Juristische Logik*, 1951, 4. Aufl. 1981）。據他估計，這有好幾個世紀了。

詮釋學者則是另闢蹊徑。他們知道語言的歧義性（Vieldeutigkeit）、語言的不規則性以及不精確性，他們假設人們無法排除這些問題。因此，他們著眼於理解之學，反覆檢視無法一目瞭然的困難文本。「詮釋學」（Hermeneutik）源自希臘文。「hermeneuein」的意思是理解、解釋、闡明、翻譯。「hermeneus」是一位詮釋家、傳令官、翻譯家。柏拉圖的朋友，泰阿泰德（Theaetet），曾經把詩人稱作是眾神的「hermeneus」。類似的作法見諸這方面最重要的法學者，恩斯特・福爾斯多夫（Ernst Forsthoff）的《法與語言》（*Recht und Sprache*, 1940）一書中。詮釋學往往偏好慎重其事。

詮釋學完全有其正當性，它是歷史上精神科學（Geisteswissenschaften）的方法，於十九世紀萌發的自我認知，因為精神科學持續和追求數學精準性的自然科學分庭抗禮。精神科學的創立者是威廉・狄爾泰（Wilhelm Dilthey）。康德在其《純粹理性批判》一書中，回答了純粹科學如何可能的這道問題，答案是透過數學。狄爾泰認為，這只適用在自然科學。因此，他必須另覓他途。歷史的精神科學如何可能？他的回答是：通過經驗、經由自己的歷史經驗。

恩斯特・福爾斯多夫紹承此一觀點，甚至回溯到薩維尼的歷史學派。（他認為）法律人必須始終進行歷史思考。唯有如此，方能正確理解法律。法律人必須認識法學問題在過去的發展。例如《民法典》第一五〇條所稱「共同」一語是如何出現的，過去是如何理解的，諸如此類，然後人們才有辦法正確解決現在的問題。歷史學派的錯誤只是在於拘泥於語言學而食古不化，過於在意立法者的原始意志。人們稱此為法律的主觀解釋，因為是以立法者的主觀想法為依歸。反之，唯有客觀的解釋才是正確的，恩斯特・福爾斯多夫稱之為「法學方法」（juristische Methode），也就是從今天的觀點進行符合法律意旨的適用。薩維尼當初提出的命題是正確的。法是什麼，人們只能從法的發展中才能理解，也就是法律命題在歷史變遷中從原本意涵以迄當前意涵的轉變。

法律人的語言，應該被理解為一種歷史的現象。面對「語言與何無干？」的問題，可以回答：「與邏輯無關，教授先生！」這當中有許多道理是真的。不過，對福爾斯多夫來說，與此相連結的卻是菁英與威權的觀念（S. 3, 11）：

> 在此關聯中，非無意義的是，在希臘古代中，「ἑρμηνεύς」[3]不只是解釋者及闡明者，

3 譯註：ἑρμηνεύς，即 Hermeneus，詮釋者。

還特別是宣示者，傳令者，其享有不可侵犯的特權。

「親民」（Volksnähe）不是表現在法律人語言的可理解性，「而僅僅在法律的合乎人民性（Volksgemäßheit）」。

這是披著古代外衣的領袖原則。凡上桌的，都要吃掉。寫於一九四〇年。絕非偶然。據此我們要進入下一個問題。

問題二：法律人的語言無法理解。

並不是每個人都像恩斯特．福爾斯多夫滿足於此。終究，司法是國家權力的一部分，來自人民，受民主的控制。但是，人們如何批評法院裁判，人們如何遵守法律及行政命令，如果人們無法理解法律人的語言？這是人民的問題。

法律人的語言的特徵是高度抽象化，鮮少一目瞭然，有獨特的概念，複雜的行文風格且喜用長句子，層層疊加，加上有許多的名詞。有名的例子是：一八七九年帝國法院裁判第一卷中對鐵路的定義。有一名工人在修建鐵路路段時受了傷。一輛用來載運土方的窄軌火車出了軌，礦產公司並無過失。因此，問題在於，該公司是否依據《帝國強制責任法》第一條負損害賠償之義務。據該規定，即使無過失亦應負責，如果有人因鐵路之營運而受傷。不負責，該公司說，（理由是）我們的窄軌蒸氣小火車是一種在工地的輕軌火車，不是大眾運輸的鐵路。但是，帝國法院說，你們必須賠償。因為這就是鐵路的概念（S. 252）：

> 企業，在實體之基礎下，重複地載運人或物經過範圍非顯不重要之空間路段，此實體基礎以其持續性、結構性及通暢性，得以負重大量運輸，同時達到相當程度之運輸快捷性，而經由此種特性再結合外來產生運輸動能之天然力（蒸氣、電氣、獸力或人力，在傾斜之軌道上再加上車體及其內載之自身重量等等），於該企業在同樣基礎下營運時，足以產生相當鉅大（視其情況，在預設目的之方式下，具有效益，或者也會奪人性命或傷及人類健康）之作用力。

不過，若拿今天的通常法學文本比較一下，上述文字還要更有詩意且讓人明瞭。這只是個例子。我再拿一期《新法學週刊》（1983）為例，翻開第一頁。名字不涉實質，我們通常都這樣寫。有一篇文章開始的標題是：《告別類似徵收之干預[4]？》（Abschied vom enteignungsgleichen Eingriff?）：

由司法裁判所發展之所謂類似徵收之干預，長期以來，已成為國家責任法釋義學的問題

4 譯註：或譯：類似徵收之侵害，或準徵收侵害。

兒童。人們甚少探究其法律內涵，主要是將之連結徵收法及其相關之用語。這兩者絕非只是單純表述稱語的問題。因為，來源決定並形塑法律制度的特性及形貌。若將類似徵收之干預回溯至其本源《基本法》第十四條，導引而出的是憲法財產權保障之規範內涵與類似徵收干預之請求權內涵的對立關係。此種對立關係早已經由漢斯．沃爾夫（Hans J. Wolff）的一句斷言而告終結：「聯邦法院的類似徵收之干預，既不是類似徵收，也不是一種干預。」在此基礎下，隨之而後的建議是：不要此種無必要且引人錯誤的借道徵收法的迂迴之路，直接把所有非屬憲法意義下之徵收的特別犧牲事件，盡皆納歸為公益犧牲請求權（Aufopferungsanspruch），或者發展出一般之風險責任，如同法國司法裁判一般。

哲學是一門藝術，用沒有人理解的話，說一些任何人都知道的事。人們必須事先知道，法律人在釋義學及法制度之下作何理解，諸如類似徵收之干預或國家責任法等等的意涵為何。這已經成了法律人自有的語言，專業語言，說來這是一段長遠的歷史。

在先於國家時期，並沒有這些專業語言。法律、道德及習俗構成一體。法律的語言就是日常的語言。任何的努爾人都知道什麼是「cuong」與「duer」，而且曉得怎麼說。在國家及國家的法律出現之初還是如此。在古代法，如早期的德國法，法律語言是易懂的、具可塑性而且清楚的。時間越是往前推，越是如此。在羅馬頒布的《十二表法》第一表，大約在西元前五世紀中葉：

si in ius vocat, ito. ni it, antestamino. igitur em capito. si calvitur pedemve struit, manum endo iacito. si morbus aevitasve vitium escit, iumentum dato. si nolet, arceram ne sternito.

一、原告傳被告出庭，如被告拒絕，原告可邀請第三者作證，扭押同行。二、如被告托辭不去或企圖逃避，原告有權拘捕之。三、如被告因疾病或年老不能出庭，原告應提供交通工具，但除自願外，不必用有篷蓋的車輛。

在民事訴訟法的語言裡，今天的規定見於第二五三條第一項：

訴之提起，於書狀送達時完成（起訴狀）。

一個短短的句子中有五個名詞[5]。對於人民來說，已經無法一目瞭然，就只是抽象語句，是給中產階級看的。羅馬法的語言在其發展高峰的時候還保持簡單及清晰。古典法律人的文本比起尤利烏斯・凱撒（Caesar）或科內留斯・奈波斯（Cornelius Nepos）來得容易讀。法律、道德與習俗的一體性較諸我們來得強得多。每一個羅馬人都能夠理解由尤利安及塞爾修斯所說的，還有帕皮尼亞努斯、保祿斯或烏爾比安。

5 譯註：指德文的「提起」（Erhebung）、「訴」（Klage）、「送達」（Zustellung）、「書狀」（Schriftsatz）、「起訴狀」（Klageschrift），此五個字皆為名詞。

舊德國法的語言甚至更容易理解。當時沒有書面條文，而是靠著諺語、押韻的童謠及對句等方式，口授心傳。雅各．格林（Jacob Grimm）在一八一六年的《法律中的詩句》（*Von der Poesie im Recht*）文章中提到一些古代德文。舉幾個例子：

> 你曾經留下信任的地方，你就可以在那裡找到信任
>
> 前手護後手（Hand wahre Hand）[6]
>
> 收贓者就是偷竊者（Hehler sind Stehler）[7]
>
> 人們可以緊掐保證人[8]
>
> 買賣破租賃（Hur bricht koep）
>
> 受贈一匹馬（Gaul），人們不會去瞧牠的嘴（Maul）[9]
>
> 小孩與保齡球（Kind und Kegel）[10]

---

6 譯註：指動產所有人只能向其所有物之交付對象請求返還該物，而不得向占有該物之第三人請求返還。

7 譯註：指竊盜物之收贓者，與竊盜者同罪。

8 譯註：指保證人之責任。

9 譯註：瞧馬的嘴，意指檢驗該馬的年齡及是否健康，引申為受贈者對受贈物無瑕疵擔保請求權，源於拉丁諺語：Noli equi dentes inspicere donati。

10 譯註：「Kegel」為立體木錐之意，指以木球擊倒排在球道終端木製球瓶的運動，為德國傳統的遊戲，類似今日的保齡球運動，於此意指非婚生子女，引申為婚生與非婚生子女的權利義務相同。

地與土（Grund und Boden）[11]

誠與信（Treu und Glauben）

膚與髮（Haut und Haar）[12]

一個人不僅可以在其住所地被告，也可以在其犯罪地被告，現行《刑事訴訟法》第七條的規定是：

法院之管轄權，依犯罪行為地之法院定之。

舊德國法的描寫，則比較生動易懂：

驢子翻滾的地方，必然會落下牠的毛髮。

不過，法律的可理解性在早期的法律中，被某些人士認為是有害的，至少是在羅馬的龐蒂菲塞（Pontifice）神職學院，他們負責宗教儀典及法律的解釋，卻在《十二表法》頒布後不久，將所謂立法程序之舊民事訴訟提起訴訟的重要書狀隱蔽不發，法律被當作是一種統治工具，不能假手於外。直到一位被解放的奴隸在那裡擔任書記官，格奈烏斯．弗拉維烏斯（Gnaeus Flavius），大約是西元前三百年間，將這些起訴書狀以書籍的形式交付予一般人。

11 譯註：指土地的成分。

12 譯註：指身體，為生命之相對概念，常見於身體罰法律效果的規定，例如《薩克森通鑑》。

人民對他感戴萬分，蓬波尼烏斯（Pomponius）在《民法大全》註釋中記述：人們將他選為平民保民官（Volkstribun），元老院成員（Senator）及市政官（kurulischerÄdilen）（Pomp. D.1.2.2.7）。

德國的轉變是在十四及十五世紀的法繼受時期。羅馬法帶來了拉丁語言及文書。法律、訴訟卷宗及文件證書，雖然仍以德文書寫，法庭上的審理還是以本土語言進行，但是整個法學文獻全部都是拉丁文，即使是判決也偶有以拉丁文撰寫，一般人是看不懂的。甚至連《薩克森通鑑》到了十八世紀也翻譯成了拉丁文。這些是學術的語言。

隨著時間推移，又有第二次的轉變，就是在啟蒙時代。公開性訴求是目標，讓所有人都能理解法律。因此，托馬西烏斯（Thomasius）於一六八七年在萊比錫首次以德語講授法學課程。一百年後，《普魯士一般邦法》於一七九四年頒布，連農人也看得懂他們的法律，這部法律頗受農民們喜好，尤其該法針對手工業及編織業規定農民的休息時間（II. 7.564）。

第三次轉變是：歷史學派的羅馬法釋義學（《學說彙纂》）。自此之後，我們的法律又變回無法理解。雖然，於十九世紀末期還有一波反對《民法典》首份草案的怒潮。因為草案中有許多的外來語。但這只是民族主義的怒潮。當時人們到處致力於德語化，《民法典》的起草者就此頗費心力。因此，尤里烏斯·厄勒（Julius Erler），一名來自馬林韋德（Marienwerder）[13]的邦高等法法官，針對第二個版本表達以下的看法（*Die Sprache des Bürgerlichen Gesetzbuches*, 1896, S. 30）[14]：

姑且不論個別的展現，我們德國人有理由對於《民法典》的創制在語言上的模範表現感到欣慰。可成就者，皆已成就。

外來語，事實上被排除了。但是語言還是中產階級的語言，對於下層人民構成障礙，直到今天。抑且，縱使整部法律在語言上可以理解，但仍然所知不多。例如，下面這個句子要如何理解？《民法典》第八一二條第一項第一款：

因他人之給付或以其他方式因他人之費用無法律原因而有所取得者，對該他人負有返還之義務。

完全不解其意。就算是文字清晰的狄特・梅帝庫斯（Dieter Medicus）教科書，在對此相關問題的概述時，也需用四頁的篇幅（*Schuldrecht II, Besonderer Teil*, 9. Aufl. 1999, S. 308-

---

13 譯註：普魯士的行政區之一。

14 譯註：全名是：《新民法典的語言》（*Die Sprache des Neuen Bürgerlichen Gesetzbuches*）。本書源於《民法典》草案二讀會時，德國語言學會針對該法的語言問題舉行研討會議，尤里烏斯・厄勒於會議上提出報告，會後以專著出版。於序言末強調：「能夠駕馭法律語言者，較能輕易地避開法律解釋的困難。」（Wer mit ihr (der Gesetzessprache) vertraut ist, wird über die Schwierigkeiten der Gesetzesauslegung leichter hinwegkommen.）

312）。法律的語言把正常人民隔絕在外，就像古羅馬時代神職祭師將訴訟書狀視為應保守的祕密一樣。儘管有多方的努力，例如語言及文學研究院（Akademie für Sprache und Dichtung）於一九八〇年特別為此舉行了一場研討會，以及《聯邦各部有關立法之總議事規則》第三十五條設有規定：

> 法律必須在語言上無可挑剔，且應盡可能讓每個人可以理解。

盡可能地。這就如同法院審判程序的公開化一樣，固然規定在《法院組織法》第一六九條，但是現在的法律人並未特別重視，過去則有所不同。於專制時期常見的閉門式審判，過去是自由主義人士抗爭的標的。一八二一年，安塞爾姆・費爾巴哈（Anselm Feuerbach）著名的文章《關於正義審判之公開性與言詞審理》（*Über Öffentlichkeit und Mündlichkeit der Gerechtigkeitspflege*）問世。經過了一段時間，終而有所進展。一八五〇年在漢諾威，一八六二年在巴登等地。一八七七年，定於德意志帝國的種種司法法（Justizgesetze）。公開審判的特殊歷史功能在於共同建立司法之獨立性。程序的公開性讓法官獨立。如今，法官僅受法律的拘束，而不再是對君主，君主過去可以在審理程序中公然地介入，而不會被論以不法。以上總總，今人全忘了。

今天的法律人與公開性存有一種錯亂的關係。他們認為，審判公開性是具危險性的，是會危及真實的發現、會損及訴訟當事人的私人領域，並且會危及法官的獨立性。法官作成判決是一道相當複雜棘手的過程。法官必須冷靜地走向自己，不受「街道的壓力」，特別是在大眾媒體的報導，人們看到了危險。法庭記者鮮少具備必要的專業知識，因此他們的報導多半不合專業。此外，法庭記者只對社會矚目的案件有興趣，經由在媒體上片段的呈現產生「對法官的壓力」，從而危及法官的獨立性及真實發現。因此，（有人主張）必須限縮《法院組織法》第一六九條的公開性要求，背後的思想通常是：公開性根本是多餘的，人們應該廢除之。在民事訴訟部分，甚至是全然的公開主張。

由法院組織法註釋書中關於該條之解釋，可見一斑。權威的註釋書之一是狄奧多・克萊恩奈特（Theodor Kleinknecht）所著。該條所稱公開性的意涵如何理解，一九七九年的版本說（*Strafprozeßordnung*, Anm. 3 zu § 169 GVG）：

> 於法庭空間足夠之範圍內，公開性在於任何人均得接近主要審判程序。

全部就是這些。不出康德的公開性——「因為無公開性即無正義（weil es ohne jene keine Gerechtigkeit geben würde）」——，以及費爾巴哈及費希特的公開性，對費希特而言，公開性是「一項確切的標準」，對於「法律是否被如其應然的治理」。相反地，排除公開性的結果是顯而易見的。此外，還會有一種「有害的新聞媒體敵視性」（giftige Pressefeindlichkeit）」（語出迪特・西蒙〔Dieter Simon〕[15]）。至此，我們可能又陷入語言的不可理解性。

以上所述也不是那麼不可理解。對於法律人及非法律人來說，法律的狼穴，其實反而是對語言的可理解性。這聽起來委實地令人驚訝，這裡還有一件事需要討論。

問題三：法律的語言帶有意識型態。

首先舉一個民法教科書的例子來說明，這是早期學生最常讀的教科書：卡爾・拉倫茨（Karl Larenz）的《債法教科書》兩卷（*Lehrbuch des Schuldrechts*, zwei Bände）以及《德國民法總論》（*Allgemeiner Teil des deutschen Bürgerlichen Rechts*）。卡爾・拉倫茨於一九九三年以九十歲高齡去世。他的《債法教科書》由他的學生克勞斯・威廉・卡納里斯（Claus Wilhelm Canaris）續著[16]。拉倫茨寫作清楚、淺白，易讀，不過這也是問題所在。因為他使用的一般性概念，雖然多半相當清晰地闡述，但從不批判。背景不清楚，只有門面妝點繽紛。例如對於《民法典》的信賴原則（*Allgemeiner Teil*, §2 IV）有相關細節的詳論：人們必

15 譯註：德國法學家，1935 年～。
16 譯註：克勞斯・威廉・卡納里斯（1937-2021），德國著名民法學者。

須可以信賴以具法拘束力形式所為之承諾；這是為了維護交易安全所必要。我們稱此為交易保護（Verkehrsschutz），並且從拉倫茨學習到此項保護於個案上的作用。但是關於是否每一個交易保護皆應一律以此方式加以貫徹的問題，則未被提出討論。再舉一例，債法上之契約自由（1. Band, §4），《債法教科書》對此亦詳論其細節，相當清楚，「安德烈亞・朵里亞號，一切正常」（Alles klar auf der Andrea Doria）[17]？恰恰相反，這背後存在的問題隱含有政治問題。世上有強者與弱者，契約自由使強者愈強、弱者愈弱，這點在拉倫茨的書中學不到。人們自以為知道書中所提供解答是正確的，實際上，是被（他）說服的。

「您說上帝，意指棉花。」（Sie sagen Gott und meinen Kattun）[18]此種現象充斥於法律之中，始於法律的標題，終於法學概念。《廢除住宅強制經濟法及關於社會租賃及住宅法》

17 譯註：「安德烈亞・朵里亞號」是一艘義大利商船，於一九五六年航向美國紐約途中，與瑞典籍郵輪「斯德哥爾摩號」相撞翻覆，相撞之前發出的訊息是「安德烈亞・朵里亞號，一切正常」。見：Manuel Ruoff, Alles klar auf der Andrea Doria, https://die-auswaertige-presse.de/2006/05/%C2%BBalles-klar-auf-der-%E2%80%BAandrea-doria%C2%AB/

18 譯註：意指以宗教為外衣，實則意在獲取殖民利益。語出特奧多爾・馮塔內（Theodor Fontanes, 1819-1898）的小說《施泰希林》（*Der Stechlin*, 1898）。「施泰希林」是德國位於布蘭登堡邦的湖，同時是這本小說主人翁的姓。關於這段對話的背景，見：*Universal-Lexikon*. 2012, https://universal_lexikon.de-academic.com/301124/Sie_sagen_Christus_und_meinen_Kattun

（*Gesetz zum Abbau der Wohnungszwangswirtschaft und über ein soziales Miet- und Wohnrecht*）[19]。聽起來不錯，人們如是想。但如果正確地細察這部一九六〇年的法律，可知其結果卻是引進對數以百萬承租人之舊時非社會的契約自由強制，有利於房屋所有權人。聯邦勞動法院在罷工法問題上使用「勞動鬥爭」（Arbeitskampf）、「鬥爭措施」（Kampfmaßnahmen）、「野貓罷工」（wilderStreik）[20]、「和平義務」（Friedenspflicht）等語。這些用語都帶有情緒色彩，不被質疑地成了正式用語，帶給人們印象似乎是，罷工如戰爭般地具有破壞性。罷工被看作是為對公會的敵對行動，破壞了德國和平的田園樂章。實際上，聯邦最高法院的裁判亦是如此以對。罷工不被視為解決社會衝突的手段，而是對企業權利的不法干預，只有少數例外情形才未被課予損害賠償義務。人們若與營業競爭之法領域相比較，這種競爭完全可能且會導致毀滅競爭者的存在，但是法律術語卻顯得正面且和平多了。這就是法律語言中的意識形態，而製造這些概念的人甚至未必知道他們在做什麼。這種意識形態關切到正義與非正義、法律人

19　譯註：這是一本註釋書的書名，作者是德國法學者漢斯-根特・帕甘德（Hans-Günther Pergande, 1912-1988），於一九六一年出版。

20　譯註：指未經過工會同意而發動的罷工，以勞動力集體怠工連結社會運動方式進行。英文為 Wildcat Strike Action，故以此為譯名。在德國，此種罷工一向被認為是違法。二〇二二年三月七日，柏林勞動法院援引歐洲人權公約，認定參與此種罷工之行為不一定違反勞動契約。見：Martin Bechert, Urteiltext: Arbeitsgericht Berlin, Urteil vom 07.03.2022, 19 Ca 10127/21, https://www.arbeitsrecht-berlin.de/urteil-des-arbeitsgerichts-berlin-zum-wilden-streik/

與非法律人。但人們已經習慣於此，不再有人多費心思，因為這全然是清楚而且可理解的。用馬丁．海德格（Martin Heidegger）的話來說：「語言的本質是作為指示的言傳。」（Das Wesende der Sprache ist die Sage als die Zeige）[21]

關於法律人語言的不可理解性問題，最佳的描述還是：L. Günther, *Recht und Sprache. Ein Beitrag zum Thema Juristendeutsch*, 1898。關於此問題的發展，見：Robert Bartsch, Zur Geschichte der deutschen Rechtssprache, in: *Archiv für die civilistische Praxis*, Bd. 153, 1954, S.412-424。關於男性概念的使用，見：Marianne Grabrucker, Die Rechtssprache ist männlich, in: *Zeitschrift für Rechtspolitik* 1988, S. 12-14。格林（Jacob Grimm）的文章，見：Von der Poesie im Recht, in: *Zeitschrift für geschichtliche Rechtswissenschaft*, 2. Band, 1816, S. 25-99。關於司法與公開性的問題，見拙著：*Aufklärungen über Recht* 1981，第七章，該處亦有康德與費希特的引言出處。關於德國語言及文學研究院於一九八〇年研討會的報告：Ingulf Radtke (Hg.), *Die Sprache des Rechts und der Verwaltung*,

21 譯註：節自馬丁．海德格的〈通向語言之道〉（Der Wege zur Sprache）一文，收於《通向語言道上》（*Unterwegs zur Sprache*）一書，原文為：Durch die Erfahrung des Sprachwesens als der Sage, deren Zeigen im Ergebnis berucht, gelangt das *Eigen*tümlich ein die Nähe des *Eignens* und *Ereignens*. 鑑於這段話意涵深奧，特選附英譯版如下，以供對照：In the experience of the nature of language, whose showing resides in Appropriation, the peculiar *property* comes close to *owing* and *appropriating*. 見：Peter D. Hertz (transl.), *On the Way to Language*, 133 (1971)。

1981。基於Thomas-M. Seibert批判Larenz語言使用文章之論述：Thomas-M. Seibert, Kritik des Larenzschen Sprachgebrauchs, in: Theodor Viehweg, Frank Rotter (Hg.), *Recht und Sprache, Beiheft Neue Folge Nr.9 des Archivs für Rechts- und Sozialphilososphie*, 1977, S.69-78。關於聯邦勞動法院的語言：Wolfgang Däubler, Die Sprache der Bundesgerichte – Ein Herrschaftsinstrument?, in dem gleichen Heft S. 107-I20。馬丁・海德格的引句出自其書：*Unterwegs zur Sprache*, 1959, S.254。

第十三講

法學的理論與方法

「理論全然灰色，我的朋友，生命的金樹才是長青，」梅菲斯特（Mephisto）在書房裡如是說[1]。與許多其他的作家一樣，歌德也曾經讀過法律[2]，或許他認為這個句子裡頭有他自己的學術。把法學的日常事定性為綠色是否正確，或可爭論，可惜的是，法的理論及其方法是灰色的，則完全契合。法學的諸般努力，終究徒勞無功。正常的法律人——在司法界，擔任律師，在行政部門——自許為實務家。他們不需要理論，舊時的羅馬人也早就如此。

困難源於語言的不精確性，以及綠色生命持續變動中。即使是使用精確語言，人們亦無法將所有未來情況涵蓋殆盡。換言之，法律甚少能直接適用，如同《民法典》第一五七〇條及第一七五四條適用於瑪莉．克雷斯帕、雅各．凱勒及兩人收養的兩歲葛西娜。法律通常需要經過解釋。

表面上觀，一切都相當簡單，有五種不同的可能性：法律的直接適用，亦稱宣示性（闡明）解釋（deklaratorische Auslegung），或者是法律人進行擴張或限縮的解釋，類推或限定。試以一例解說之。假定法律的條文是：「學生（Schüler）享有優待票。」問題是，誰是學生？

1 譯註：出自歌德，《浮士德》（*Faust*），第一部，書房II（Studierzimmer II）。
2 譯註：除歌德外，如海涅、格林兄弟等文學作家，亦讀過法律。

字詞的含意不是什麼界線固定的範疇。但是幾乎所有的字詞都有一般的語言使用方法，又稱語詞的概念核心或觀念核心。例如「學生」這個語詞通常的語言用法是：在公立學校（Schule）或相當的私立學校，以及在商業及職業學校的學生。如果上述法律適用在上揭情形，即是經由闡明解釋。

環繞著一般的語言用法，同一個語詞多半還有一圈其他可能的意義。這就是概念外圍（Begriffshof），其界限是語詞意義的可能範疇。如果人們還是在此範圍適用該法律，我們稱為擴張解釋。擴張的解釋是指使一個語詞的意義超出了語言的一般用法，而延伸到語詞可能的意義的極限。例如「學生享有優待票」。這項法律規定亦可適用於大學生（Studenten）或修習成人進修專科學校（Volkshochschule）課程的學生[3]。

法律的適用超出這個界限範圍的，就稱為類推（Analogie）。例如將上述規定適用於不必到職業學校上課的實習生，或者甚至適用於所有十八歲以下的青少年，則是類推適用。類推和解釋之間的界限就在於語詞的可能意義範圍。

在類推以及意義範圍最外圈的擴張解釋之間的劃分畛域，和限定（Restriktion）和最內

3 譯註：德文的通常用法，Schüler 指中小學學生，Student，指大學生；Schule 指中小學，Universität 指大學。

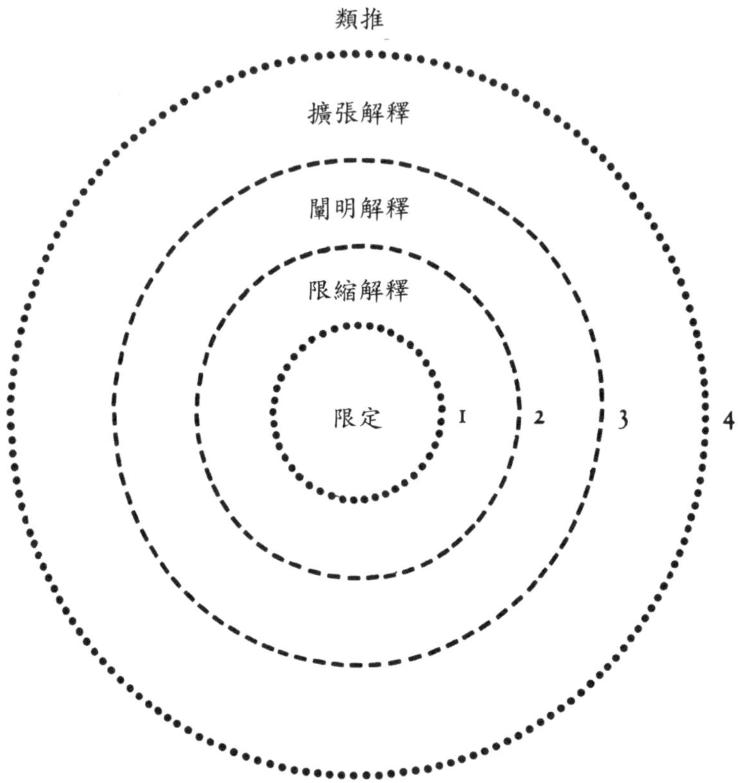

1　可能文義的內在界限
2　通常語言用法的內在界限
3　通常語言用法的外在界限
4　可能文義的外在界限

圈的限縮解釋之間的劃分相互呼應。限縮解釋是一般語言用法的緊縮（Einschränkung）。例如前揭規定只適用公立學校的學生。解釋的限縮同樣是可能的語詞意義範圍。但是限縮若是不再符合法律的條文時，則稱之為限定。例如把上述規定僅僅適用於有受義務教育之學生或高中學生等，即構成限定，有時亦稱目的性限縮（teleologisiche Reduktion）。與此相反，類推則是法律適用於其語意所不及的案件。

以上所述是五種可能性及其名稱。當然，關鍵性問題並未因此而得到回答。問題在於個案中，五種可能性何者正確？讓我們還是停留在瑪莉．克雷斯帕和雅各．凱勒的案例，而且是轉換過的案例。

> 二人離婚後於薩丁尼亞島相遇。葛西娜不是在婚姻關係中被收養，而是在離婚後受孕並出生。她是《民法典》第一五七〇條意義下之「共同」子女嗎？瑪莉自己是否亦得向雅各請求贍養費，如果她必須全日照顧小孩的話？

有兩種可能性。要不是適用該法律而賦予瑪莉．克雷斯帕贍養費請求權，就是否定該請求權。前者情形是一種闡明解釋，因為依一般的語言用法，葛西娜是一個「共同」的子女。後者則是一種限縮解釋。在一般語言用法的語意範圍內，人們作了限縮，並且說：只有共同之婚生子女才是《民法典》第一五七〇條意義下的共同子女。部分認為，此為立法者的意欲，立法者完全未考慮到婚姻關係結束後之子女。到底哪一種解釋正確？闡明的解釋或是限縮的解釋？

法律人在面對法律的五種解釋可能性何者正確的問題時完全束手無策嗎？實非如此。法律人有一定的判斷準據。但最後還是必須說，並不是十足的確定。有四個準據一再地被考量，人們依序審究以下事項：

一、語詞意義，

二、於該法律之內的意義關聯，

三、立法者的主觀想法，

四、法律的客觀目的。

讓我們留在瑪莉．克雷斯帕的例子。《民法典》第一五七〇條之「共同」的語詞意義範圍相當廣。當一個小孩出生的時候，其父母即使不再共同生活，人們還是可以稱他是父母共同的子女。或者他的父母雖然共同生活，但沒有結婚。語詞意義、一般的語言用法、闡明解釋，多半是一致的。本案亦是如此，故可支持該法律於本案的適用。

第一五七〇條在《民法典》關於婚姻、離婚及贍養費等規定的意義關聯，初看之下，所言不多。雖然該條規定是在離婚章中。此點或可證明該條所稱之「共同」子女應指離婚前所生之子女。不過，這點並不確定。本章中所指先前的婚姻，只是贍養費請求權的一般性基礎。構成贍養費請求權的特殊原因，也有可能發生在離婚之後。例如離婚之一方得向他方請求贍養費，如果該方於離婚之後失業者，規定在第一五七三條。

不過，從本條與本章其他規定的關聯，可以得出某種立法指示，即該章有六個條文提到離婚後得請求贍養費的特殊理由：

第一五七〇條　照顧子女
第一五七一條　年老
第一五七二條　生病
第一五七三／七四條　失業
第一五七五條　接受教育

以上規定的情形都必須與婚姻有關聯。例如年老。離婚夫妻之一方因年老而無法工作，僅於離婚時有此事由（年老而無法工作），始得向他方請求贍養費。如果該方於離婚若干年之後始因年老而無法工作者，即不得請求贍養費。於生病或有接受教育必要之情形，亦同。失業，情形亦類似。人們如果先有工作，之後又失業，雖亦得請求贍養費。不過，《民法典》第一五七三條第四項明文規定，還必須失業之後不足以「持續地」確保生活所需時，始得請求贍養費。可見失業與婚姻的時間關聯性，亦為法律明文之所要求。換言之，從第一五七〇條及其他四個條文所涉事件的外在關聯性，可以推論出：所稱「共同」子女必須是在離婚時即已出生，也就是須為婚生子女。

由於立法者把第一五七〇條放在上述規定之始，吾人可以認定這項意旨是立法者的本意所在。從這二項標準——法律的內在意義關聯與立法者的觀點——，應可推得，限縮解釋應屬正確。換言之，只有婚生子女才是第一五七〇條所稱的共同子女。因此，瑪莉．克雷斯帕不得依該規定請求贍養費。

但是還有第四個解釋標準，即法律的客觀目的。吾人若再仔細地看一下其他規定以及第一五七〇條，便可發現其背後存在著責任領域的思維。例如在年齡及疾病之情形，離婚之一方要對離婚時他方之年老及疾病負責；離婚後之年老及疾病，則不再負責，各不相干。不過，吾人必須說，離婚之後的共同子女，與前述情形完全不同。對於子女的存在，雙方都有責任。因此，由此反而應該可以推論出第一五七〇條的客觀目的，即使是非婚生子女亦可成立贍養費之請求權。

行文至此，以上哪一個解釋準據具有決定性？同樣地，這方面欠缺確切的規則。於十九世紀，所謂的主觀說，居於優位，主要以伯恩哈特．溫沙伊特（Bernhard Windscheid）為代表，依此說：立法者的主觀想法具決定性。然而，這是趨於保守的理論。因為，如此一來，法律的適用將固著在法律制定公布當時的法政策觀念。相對於此，解釋的客觀說是比較進步的理論。據此，法律的客觀目的才具有關鍵性，人們可以順應情況的改變而為法律的適用。但是，這個用語容易引人錯誤。因為依照客觀理論而為法律解釋者，最終會將自認為客觀正確的觀點置入其中，進而取代了立法者的想法。換言之。客觀理論可能比主觀理論更為主觀。儘管如此，客觀理論在今天無論如何已被普遍承認，包括聯邦憲法法院在內。不過，人們還是會視法律的年齡而定。如果法律制定公布不久，人們仍會採主觀理論，也就是以立法者的主觀想法為準。

回到本案。若依據主觀理論，我們必須說，瑪莉．克雷斯帕不享有贍養費請求權。依據客觀理論，則結果不同。《民法典》有關離婚後贍養費之新規定，係來自一九七六年，這點比較可以支持主觀理論。然從第一五七〇條至第一五七五條所得確認之負責領域，即法律的客觀目的，則完全契合於當時聯邦眾議院的一般考量。因此，如果我們說瑪莉．克雷斯帕為了照顧其女兒而可以依據第一五七〇條向雅各．凱勒請求贍養費，根據我的見解，應屬正確。聯邦法院於一九九八年則作出不同的判決：葛西娜得請求扶養費，但法律依據是《民法典》第一六一五之一條。生活艱困，且不公平（*Neue Juristische Wochenschrift*, 1998, S.

1065）。

這是個兩難。我們終究沒有固定的準據。在十九世紀的法實證主義及概念法學被極端化之後，（對於採客觀或主觀說）今天人們的態度變得較為遲疑不定。儘管，法實證主義與概念法學（Begriffsjurisprudenz）這兩種觀念在許多實務法律人的意識中迄今仍有影響力。不過，理論上這兩個觀念早已被克服，最晚始自十九世紀末葉的魯道夫・封・耶林（Ruldof von Ihering）以及二十世紀初的利益法學（Interessenjurisprudenz）。概念法學意味著相信人們可以僅僅以概念和邏輯就解決任何的法學問題。這背後隱藏的觀念是，法官是一部機器，可以把案件機械式地放到法律之下，然後得出正確的答案。瑪莉・克雷斯帕及其女兒葛西娜的例子顯示，這是不可能的。人們可以這樣或那樣的解釋，並沒有唯一的正確裁判，無論何者都不能不稍加費思考量。單憑「共同」這個概念是無法成事的。吾人至少必須試著理解隱身在法律背後的利益決定，必須權衡何為法律的目的，以及法律如何評價雙方當事人的利益。這是菲利普・赫克（Philipp Heck）早在第一次世界大戰之前建立利益法學時就提出來的命題。在離婚後贍養費法中，應考量的即是責任範疇的界分，由此得出瑪莉・克雷斯帕得依《民法典》第一五七〇條向雅各・凱勒請求贍養費。

概念法學可溯至薩維尼的歷史法學派。在此學派背後不僅存在歷史的命題，薩維尼自己也深受康德哲學的影響，其對法律的理解是相當形式的，亦即法律是自由的空間，在當中個人可以為道德上之自我實現。法律是自由的條件，背後是財產權的觀念，（在法律所設定的界限內）個人得為其所欲為。個人的主觀目的為何，則與法無關。因此，康德得出法與道德應該嚴格區隔的結論。法是抽象的。形式自由以外之其他任何目的，皆與法無涉。法的內涵被抽空的結果是純粹的概念性。薩維尼還不至於此，但發生在羅馬法學說彙纂的後繼者身上，例如普赫塔、鄧恩保格及溫沙伊特等人。不過，薩維尼針對物權移轉提出之抽象原則（無因性），則非出於偶然。所有權移轉基於何種目的，在所不問，只要一人將物交付給他人，而該他人有取得該物之意思，即足以發生所有權移轉的效力。直到今日，《民法典》第九二九條仍然如此規定。即使基礎的買賣契約無效，該物之所有權仍歸屬於買受人。出賣人僅享有該物返還之請求權。參見本書第七講所述。站在這些原則背後的就是康德，邏輯家。

如此高度的概念性，結合法官是裁判機器的觀念，一定程度也有建構司法獨立性的功能。法官受法律的拘束。這是人們在十九世紀面對君主捍衛法官獨立性的論點之一。因此，概念法學也有其正向的一面。

對於概念法學的誇大的反彈早在十九世紀末葉即已開始。由魯道夫．封．耶林率先發聲。他自己原本亦如其他的羅馬法學說彙纂法律人，以同樣的方式將概念法學推到極致。大約在一八七〇年代，他幡然轉向。不再是概念，只有法之目的以及道德中的目的，才是具決定性的。他突然以戲謔的方式大肆抨擊其法學同僚，例如譏諷他們發明「解釋壓榨器」與「頭髮切割機」，以之嘲弄概念法學的治學方法[4]。

利益法學在此基礎下應運而生，著名的代表人物是菲利普．赫克。這個不同於「概念法學」的名稱（利益法學）亦出自其手。決定法的意涵的，不是完全解放的目的，如一般人對耶林的理解，而僅僅是由立法者自身所確定的目的。赫克主張主觀的解釋理論，並且說：法官必須在「思維服從」（in denkendem Gehorsam）之下作出判決[5]。這個觀點之後卻被法西斯主義者歪曲為：對人民有用的，就是法。

當然，第三帝國的司法災難對於法律人同樣留下了極大的不穩定性，除了回到方法問題

4 譯註：關於耶林的生平與事蹟，參見李建良，〈戲謔與嚴肅之間：耶林的法學世界〉，收錄於同作者《憲法理論與實踐（三）》，二〇〇四年七月，頁五三七以下。

5 譯註：承接耶林的目的法學，赫克進一步開展「利益法學」，基本上仍在概念法學的體系思維架構之下，並進行改善。相對於此前的概念法學，赫克反對法官機械式的概念推演，而是強調法官的解釋任務在於探求立法者所欲保護的利益，必要時必須進行歷史解釋，並據以作成判決。是所謂「思維服從」（der denkende Gehorsam）者，係指服膺於立法者的規範意旨之下。也因此，赫克反對自由法學派（Freirechtsschule）賦予法官完全自由法律解釋權的主張，其背後實則蘊含有民主原則與權力分立的觀念。換言之，法官判決所欲追求的利益，並非任何的政治上利益或法官自己所設想的利益，而是代表民意的立法意旨。關於赫克的「思維服從」論，見：Philipp Heck, *Gesetzesauslegung und Interessenjurisprudenz*, 1914, S. 19f。

上，還能有什麼：人們如何才能讓法律再度穩定一些？這曾經是個大問題。直到今天，還沒有令人滿意的答案。正好相反。人們再也無法回到概念法學，耶林和赫克早已證明了概念法學的不可行，而關於其他方法的思索則導致了動搖不安與不確定性，那是當時過於樂觀的利益法學始料未及的。

最初的發展原本由國家承擔此任務。位於卡爾斯魯爾（Karlsruhe）的聯邦法院及其院長，赫曼・韋恩考夫（Hermann Weinkauff）[6]昭告基督宗教自然法的適用[7]。無法以自然法達到的，便透過古代的修辭學（Rhetorik），當人心不安時，每每訴諸於此。這也是為什麼迪奧多・費維各（Theodor Viehweg）的《論題與法學》（*Topik und Jurisprudenz*, 1953）在當時頗受重視的原因，它在當時發行到第五版[8]，對一本理論性的著作來說，在法律圈子裡著實令人驚訝。他訴諸亞里斯多德及西賽羅，在德國法律人間獲得了廣大迴響，比起講授民族主義之類的東西無疑要來得理性多了。不過，其結果卻令人相當尷尬。因為，費維各所立基的古

---

6 譯註：赫曼・韋恩考夫（1894-1981），德國二次戰後聯邦法院第一任院長。

7 譯註：二次戰後初期，德國法院於多起猶太人為請求返還納粹時期被沒收或徵收之財產而提起的訴訟，以自然法為據，判決原告勝訴。此等判決獲赫曼・韋恩考夫的支持。參見 Hermann Weinkauff, *Das Naturrecht in der Rechtsprechung des Bundesgerichtshofes*, NJW 1960, 1689f.; Rupert Hofmann, Naturrecht und Rechtsprechung, in: *Zeitschrift für Politik*, NeueFolge, Bd. 12, 2 (1965), S. 121ff。

8 譯註：指於一九七四年發行第五版。

代修辭學，對於嚴謹的法學而言，並不是真得可以提供足夠的基礎。舊時羅馬法律人也早已認知及此。一九二〇年代的一本著作，約翰尼斯．施特魯克斯（Johannes Stroux）的《極端之法、極端之不法》（*Summum ius summa iniuria*, 1926）雖然表示不同見解，卻也沒辦法證明希臘修辭學對羅馬法學的影響。除了西元前九十四年的著名訴訟案件，庫流烏斯案（causa Curiana），一宗有關繼承的爭議。該案由大法庭審判，有一百多位參審員，當時的確有一位修辭學家打敗了一位法學者，克拉蘇斯（Crassus）勝過昆圖斯．穆修斯．斯喀埃沃拉（Quintus Mucius Scaevola）[9]。於正常情形通常只有一名法官，特別是在羅馬，此種情形不會發生。

古代修辭學是奠基在論題思考（topisches Denken），「Topos」（論題）這個字源於希臘文，意思是地點或場所，德文就是公共場所（Gemeinplatz），費維各稱此為「問題思考」（Problemdenken），是對未來（問題）的解答。不同於概念法學的舊「體系思考」（Systemdenken）及其後的利益法學。當時，人們並沒有放棄體系思考，亦即，人們從法律的體系關聯中尋找爭議案件的解答，在舊概念法學之一般規則的關聯，經由上位詞（Ober-

9 譯註：本案涉及遺囑的解釋問題，克拉蘇斯、斯喀埃沃拉分別是被告、原告的訴訟代理人。見：Franz Wieacker, The "causa Curiana" and Contemporary Roman Jurisprudence, Irish Jurist, SUMMER 1967, new series, Vol. 2, No. 1 (SUMMER 1967), pp. 151-164。

begriff）及其衍生的中位詞（Mittelbegriff）及下位詞（Unterbegriff）。事實上，這點（譯按：論題思考）與利益法學的原本命題之間存有若干衝突。為便於理解，圖像化如下：費維各不想要從問題的泥淖中闢出直行大道，而是要建立個別的穩固孤島，並且在島嶼之間建立聯通小路。事實上，法律中存有若干或多或少無關聯的基本原則，人們通常用以解決爭議案件。例如我在瑪莉．克雷斯帕一案中所稱責任領域之思考，亦可稱之為風險領域思想。此點要透過體系推導而出，有點困難。就此而言，迪奧多．費維各是對的，其中確實如此。只是訴諸古代修辭學的規則，卻是全然不可行的。

上述的不可行性被另一本書排除了，它於三年後出版，在法律人圈內的理論探討當中至今仍相當流行：約瑟夫．埃塞爾（Josef Esser）的《法官私法續造之原則與規範》（*Grundsatz und Norm in der richterlichen Fortbildung des Privatrechts*, 1956, 4. Aufl., 1990）。這本書比費維各的著作權更精細深入、紮實，素材繁多，且運用了比較法，特別是英美法與法國法。埃塞爾寫作之時，同樣面對與費維各相同的問題背景，書中多次引用費維各的見解。埃塞爾同樣在體系與法律之外、在法西斯主義時期曾經失靈的國家之外尋找法的安定性。法官裁判的正當性何在？他在一種新的超越國家的自然法中尋獲，他說明了何以所有國家中都存在相同的問題，人們最後都朝向相同的解決方法，儘管各自的法律完全不同，那就是問題思考法。他稱此為在原則中思考，超越於法律，即在規範之外（思考），從而成為書名。

對於下述觀念，約瑟夫．埃塞爾是最為人知的批判者：法適用是邏輯的涵攝過程，在此過程中，一個法律被適用在一宗案件上，一個法律構成要件被適用在一件生活事實上。埃塞爾說，法適用主要就是法官法，取法自英美法之案例法（case law），這點居於埃塞爾理論的核心地位。類似古代羅馬法，英美法就是案例法。人們在作裁判時，以之前曾經作成的類似案例為準據，即所謂的裁判先例（precedent）。法律在此所具有的意義被強力地排斥。當埃塞爾確認德國也是如此時，他完全正確。因為在德國具決定性的，也不是法律條文，而是那些高等法院裁判所說的。數以千件的裁判被收集在《帕蘭特》（*Palandt*）中；重要的是這些裁判，而不是在兩千多頁的逐條註釋中幾乎難再找到的法律文本。

法的正當性被問題思考取而代之，原則取代規範，這是一種論題思考，是一群彼此相屬的個別規則，以及競合且超越法律及體系規則之一般原則。建構島嶼，取代修築道路。這些規則的總體產出一種超國家的自然法，這是第二個重要的思想，也就是埃塞爾所稱的真正的《民法大典》（*reale Corpus Iuris*）。這是超國家的，因為經由比較法可知，到處可見相同或至少類似「事物邏輯之結構」。這是一種普遍性的思想，普世性原則，早已蘊含於古代羅馬的萬民法及雨果．格勞秀斯的自然法。

這種自然法的普遍性思想，是出於對第三帝國之國家極權及其司法災難的反應。但這種思想也使埃塞爾遭致批評，指責他沒有洞察法律背後存在的政治問題。十五年後，也就是一九七〇年代末期，當時人們忙於應付把政治意識帶入學術神聖殿堂的學生運動，在法律領域亦同。魯道夫・維托爾特（Rudolf Wiethölter）於一九六八年出版《法學》（*Rechtswissenschaft*）一書[10]。多年來，這是一本被最多法律系學生讀過的書。同年，伯恩・呂特斯（Bernd Rüthers）揭露了有關法西斯主義蹂躪法律的驚人資料[11]，這些資料埃塞爾並沒有參考。當然沒有。因為他尋求法的安定性、法官的正當性。但是關於他不關心政治的指責並不正確。他當然察覺在「事物邏輯之結構」背後的政治利益。他也知道，當人們把無邊的利潤廢除時，法律會改變。只是他沒有把它稱為政治，而說這是「文化準據的改變」，這些都不是他的主要興趣所在。

對於上述批評，埃塞爾作出了反應，用第二本書，一九七〇年出版的《法之發現的前理解與方法選擇》（*Vorverständnis und Methodenwahl in der Rechtsfindung*），再次涉及法官行為的正

10 譯註：本書批判當時的法學教育制度，提出改革的訴求與建言。

11 譯註：指《無限制的解釋—論納粹主義下私法秩序的變遷》（*Die unbegrenzte Auslegung: ZumWandel der Privatrechtsordnung im Nationalsozialismus*），為伯恩・呂特斯的教授資格論文，於二〇〇二年發行第九版。

當性問題。事實上——他對此不感興趣——大部分的問題都有兩種答案，人們可以在方法上正確地這樣或那樣裁判，只是取決於人們依循何種方法取徑。例如在瑪莉・克雷斯帕一案中可以依循闡明解釋或限縮解釋。人們選擇何種方法，多半繫於政治上的前理解。一位保守的法律人眼見西方家庭的淪落而力圖挽救，通常會趨向強化家庭意義的解決方式。一個母親當然不能為自己請求「離婚後」的贍養費，只因為她生了一個非婚生子女。也就是，他會選擇限縮解釋，就如同聯邦法院一樣。對一個認為婚姻的解離乃屬當然的自由派法律人來說，則有所不同。他會採闡明解釋，並作成較有利於贍養費請求權之裁判。換言之，法官不是探問法律或原則，以便找到問題的解方，而是以法律或原則來正當化之前已經找到的解方。這是約瑟夫・埃塞爾所揭示的令人感傷的真相，方法的選擇源於法官的前理解。

那麼，判決的正當性到底在那裡？這一切不都只是政治嗎？不，約瑟夫・埃塞爾說。一切都會有正道可循。儘管如此，還是會有控制的。在尼克拉斯・盧曼（Niklas Luhmann）系統理論（Systemtheorie）的框架之下，他最重要的著作之一剛好在一年前寫成：《經由程序之正當性》（*Legitimation durch Verfahren*, 1969）。

主旨如下：法官前理解中的政治評價是否妥適，取決於一種所謂的正確性控制（Richtigkeitskontrolle）。埃塞爾稱此為共識（Konsens），但未予精確描述。這是第一步。然後有第二步，就是一致性控制（Stimmigkeitskontrolle），即審查裁判是否與法律及原則相符，法律人稱之為釋義學（Dogmatik）。這些原則在他一九五四年的書裡有相當詳盡的論述。那是他的真正的《民法大典》。

於一致性控制時，應予審查者，乃判決與釋義學是否相符。正如埃塞爾所說的，這是明證性的範疇（Feld der Evidenz）。他所理解的法學上之釋義學是價值中立的、不受政治影響的，是某種事物的邏輯結構，一套「自成體系由法概念與法制度組成之封閉式基礎學說」，價值中立、無關政治的概念工程。對此觀點，卡爾．拉倫茨——此人隨後論述——正確地提出批評。

以上兩種控制於社會及法學程序中進行，就此埃塞爾與盧曼的系統理論一脈相通，細節則不明朗。盧曼系統理論的觀念預設了社會是一種系統，其運行類如一獨立的組織體。盧曼感興趣的問題是，這個系統在遭遇內外各種干擾時如何回歸平衡。嚴格地說，這是一種系統維護的理論，觀念來自美國，係借鏡塔科．派深思（Talcott Parsons）[12]、大衛．伊斯頓（David Easton）[13]及卡爾．杜意奇（Karl Deutsch）[14]的生物學模型而發展出來的理論。盧

12 譯註：美國社會學家，結構功能論（structural functionalism）的代表人物之一。
13 譯註：加拿大政治學家，以政治系統理論（political systems theory）而知名。
14 譯註：捷克社會和政治學家，建立政治和社會學領域的系統分析（system analysis）與模型思維（model-thinking）。

曼所開展的德國變項則是強調法學導向，其關注重點與其說是社會程序，不如說是選舉的實施、立法程序，尤其注重法院程序。僅透過特定外在規則的遵循，得以排除干擾，並建立正當性，也難怪約瑟夫．埃塞爾如此熱中於援引其說。

這當中畢竟還是有其道理，我將之稱為「hM」的程序，這是法律人常用的縮寫，意思是「通說」（herrschende Meinung）。對於新問題的裁判的任意性，經由以下程序而獲得平衡：該問題於法學圈乃至於社會政治公共領域之較大程序中進行討論。於此程序的終結時產生眾人依循之通說見解。新的法學問題出現，若干下級法院作出裁判，其判決刊登於法學期刊上，文章對之評釋，有時候是一整本書，相關個別規定之註釋書、法學教科書中亦有論述。其間，高等的法院作出裁判，邦法院或邦高等法院。最後則是最高的聯邦法院的裁判，聯邦法院、聯邦勞動法院、聯邦憲法法院。程序多半到此為止，通說於焉形成。

乍看之下，這似乎有如一種民主程序，如多數意見的形成。實則不然，於此作決定的多數意見，並不在於各種意見的寬度，而比較是意見的高度。法學的百姓（Fußvolk）則沒有太多的發言權。而且在法律人當中也有尊卑之分，於司法則有下級法院與上級法院之別。關鍵在於，是誰主張此一見解或另一見解，甚至取決於寫在哪個期刊上，能否於該期刊發表文章。也還有一些法律人比其他人較有份量。人們越是來到高處，眺望的視野越是清晰。空氣則略顯稀薄，他們的前理解，套用埃塞爾的話，則越來越保守。在學術界及法院皆然。無論如何，在通說形成的過程，方法問題不具決定性。更重要的毋寧是，埃塞爾所稱之正確性控制，前理解的審查。因此，正常的法律人所依賴的是如此稀少的理論知識。根本地說，通說的知識足矣，堅定的權威信服，以及不錯的直覺。

卡爾．拉倫茨持與約瑟夫．埃塞爾立場相反的見解，他不僅是最成功民法教科書的撰寫者，而且還寫了最好的方法問題教科書。《法學方法論》（*Methodenlehre der Rechtswissenschaft, 6. Aufl., 1991*）。由兩部分構成。第一部分是關於至今仍屬重要學說見解的概論，從薩維尼到埃塞爾及盧曼，第二部分則是拉倫茨自己的理論。在最近兩版中，第一部分越來越厚，第二部分越來越薄，這絕非偶然。或許拉倫茨也感覺到，要開展自己的方法論觀點而不受困於他人已經提出的批評，那是多麼的困難。因為他原本想要寫一套合於精確且穩定向來要求之法學方法。他應該樂於活在舊概念法學而問心無愧，但他知道這是不可能的。

於是，他所開展者，為其所自稱之評價法學（Wertungsjurisprudenz），那是介於埃塞爾的問題思考以及舊概念法學暨利益法學的體系思考之間。對他來說，埃塞爾過於紊亂，光是其宣稱：法律人不是探問法律，以便找到問題的解方，而是以法律正當化其之前已經找到的解方。在拉倫茨學說眼中，這是一種褻瀆聖殿之舉（Tempelschändung）。另一方面，拉倫茨也看出舊體系思考的問題。因此，他要建構一套現代化的釋義學，流線型的，可以避開風阻，傾向體系的，由國家承擔的。不過，未來是否可以持存，他也知道未必如此。他的懷疑表現在以下的句子（5. Aufl., 1983, S.224）：

> 法釋義學唯有當其不斷增能地發展且運用價值取向思維之形式——如法類型、功能建構之法概念，「機動」且「開放」體系——，與非僅單一方向而是交替思考之方法——「具體化」與「類型化」、「類推」之方法——，始能自我宣稱且履行其功能。

體系不再就概念去理解，它是動態的，一種模組化體系（Baukastensystem）。它是開放的，不再是固定封閉式的，不再是邏輯上必然，而是可變的，一棟一般法原則的思想建築，不再像是司法皇宮，毋寧是一種現代的戲劇舞台。人們可以依照需求而改建，他稱此為「具體化需求」。概念當然也不再是過去的概念。現代人們稱之為類型（Typen），意思是現在人們不再做邏輯推論，而是必須在利益法學之意義下加以評價，判斷種種功能並且進行權衡。以現代技術之手段捍衛舊的西方國家。這並不容易。無論如此，比引用圖霍爾斯基（Tucholsky）的話來說，（Also wat nu –ja oder ja?, 1931）[15]，那是要困難許多：

---

15 譯註：這首詩以德國柏林方言寫成，部分文字無法從字面理解其義。承蒙波茨坦（Potsdam）大學哈特穆特・鮑爾（Hartmut Bauer）教授將之譯為「標準德文」，再經譯者聆聽該詩有聲書，交叉比對，推敲其意，始得譯為中文，謹此致謝。為供比對，特將原文照錄於後，尚祈語言及文學專家指正。

當我還是小男孩時，
Wie ick noch n kleena Junge wah,
我們上學校
da hattn wa aufe Schule
有一個老師，我們都只叫他：爸爸——
een Lehra, den nannten wa bloß: Papa,
一位某種意義的庫勒（Kuhle）博士
een jewissn Dokter Kuhle.

他會問一大堆東西，但學生們腦袋駑鈍
Und frachte der wat, und der Schieler war dumm,
只會胡言亂說，還有到處閒扯，
un der quatschte und klöhnte bloß so rum,
於是他慎重地說：
denn sachte Kuhle feierlich:

「所以——你不知道的！」

"Also – du weeßt et nich!"

吃過飯，我喜歡抽個煙

So nachn Essen, da rooch ick jern

靜靜地，享受我的雪茄

in Stillen meine Ssijarre.

同時想著，為什麼呢、又將如何，

Da denk ick so, inwieso und wiefern,

手拉車（這世界）究竟是如何運轉[16]

un wie se so looft, die Karre.

誰知道……今天我們還在挑紅的[17]

---

16 譯註：原文是：「un wie se so looft, die Karre（und wiesie (er) so läuft, der Karren）」，字面意思是：手拉車是如何運轉，「手拉車」（Karren）是可運行各式車輛的代稱，引伸為世界、未來運行之意。這層意涵惠承哈特穆特・鮑爾教授賜教，特此申謝。

17 譯註：挑選紅色（wähln rot），指投票給當時的社民黨，相對於「選黑」（schwarz wählen），當時指中央黨（Zentrum），即今天的基民黨與基社黨。

Wer weeß det …… Heute wähln wa noch rot,
明天也許我們都將死去。
un morjen sind wa valleicht alle tot.
所以，我沒有像每個人那樣想，至少是這樣
Also ick ja nich, denkt jeda. Immahin ……
人們總按著自己的想法想些事
man denkt sich so manchet in seinen Sinn.
現在的我，未來的我，曾經的我……
Ick bin, ick werde, ick bin jewesen ……
我也曾經讀過許多書的。
Da haak nu so ville Biecher jelesen.

看，學術都擺在櫥櫃上。
Und da steht die Wissenschaft uff de Kommode ……
隨著我們死後，這又將如何？

Wie wird det mit uns so nachn Tode?
教堂如此急匆地趕忙來到[18]，
Die Kürche kommt jleich eilich jeloofn,
看，那裝著滿滿哲學的洗衣籃，
da jibt et'n Waschkorb voll Phillesophn ……
人們讀著它，而你把它置諸腦後，
Det lies man. Un haste det hinta dir,
三百多磅印有文字的紙堆，
dreihundert Pfund bedrucktet Papier,
然後，你把這些智者
denn leechste die Weisen
當成廢鐵一堆，
beit alte Eisen

18 譯註：當時人死的葬禮都由教堂主事，以求靈魂安息。

並且告訴自己，像庫勒一樣，在心裡頭：

un sachst dir, wie Kuhle, innalich:

您不知道的，您不知道的。

Sie wissen et nich. Sie wissen et nich.

關於法學方法問題，最佳資訊來源，見：Karl Larenz, *Methodenlehre der Rechtswissenschaft*, 6. Aufl. 1991。關於薩維尼與康德及目的之抽空：Hans Kiefner, *Der Einfluß Kants auf Theorie und Praxis des Zivilrechts im 19. Jahrhundert*, in: J. Blühdorn, J. Ritter (Hg.), *Philosophie und Rechtswissenschaft, Studien zur Philosophie und Literatur des 19. Jahrhunderts*, Bd. 3 (1969) S. 3 bis 25。耶林關於法之目的思考的兩本重要書籍：*Der Zweck im Recht*, 2 Bände, 1877, 1883; *Scherz und Ernst in der Jurisprudenz*, 1884 (mit der Interpretationspresse und der Haarspaltmaschine)。對於費維各批評的出色之作，見：Uwe Diederichsen, Topisches und systematisches Denken in der Jurisprudenz, in: *Neue Juristische Wochenschrift* 1966, S.697-705。對於埃賽爾原則與規範的精湛書評：Franz Wieacker, Gesetzesrecht und richterliche Kunstregel, in: *Juristenzeitung* 1957, S.701-706。Bernd Rüthers, *Die unbegrenzte Auslegung*, 1968, 5. Aufl. 1997; ders., *Institutionelles Rechtsdenken im Wandel der Verfassungsepochen*, 1970；擴大版並更新書名：*Wir denken die Rechtsbegriffe um*, 1987。關於體系

理論，見：Wolf-Dieter Narr, *Theoriebegriffe und Systemtheorie*, 4. Aufl. 1976。關於通說，我另有詳論：*Kursbuch* Nr.61,1979, S.88-109，收錄於：*Aufklärungen über Recht*, 1981, S. 14-40。此一問題的專論：Rita Zimmermann, *Die Relevanz einer herrschenden Meinung für Anwendung, Fortbildung und wissenschaftliche Erforschung des Rechts*, 1983。

第十四講

法與道德、法與政治

「你們便如上帝，能知善惡。」在《舊約聖經．創世記》裡，蛇對亞當和夏娃如是說。這件事我們今天仍然知道，但不是一直那麼確切，有些人有他自己的想法。近來個人的道德更加鮮明，可是我們大抵上也很熟悉什麼是公共道德（Allgemeinmoral）。但是，法律卻不是如此，我們需要法律人提供這方面的資訊。法與道德是兩回事，依舊是兩個領域，儘管在某些點上具有關聯。不過，兩者之間經常存在著各自不同的世界。道德上的惡，在法律上可能是完全沒問題的。反之亦然。經營一間嚴重污染環境工廠的廠主，可能取得了合於法律規定的許可，法律站在他這一邊，但不是道德。人民阻擋核能廢料的運送，可能會因此而觸犯法律，但無人會質疑他們的行為舉止是道德的。

為什麼道德與法律會有如此的分立？在保守的法哲學教科書中有許多關於法與道德的敘述，但（上述問題）卻說得很少。任何正常的人都會認為這應該是一致的才對。但為什麼不是這樣，反而是政治在法律扮演如此重大的角色？不只是在國會的立法，還有在法院裡，在前理解中，套用埃塞爾的用語。接著是在正確性控制中。例如那些遊行示威者獲得的刑度，法哲學教科書對此論述不多。法與政治不是應該盡可能地分開嗎？

在國家存在之前的社會中，在最初的發展裡，法與道德是不分的。道德是公共的道德，等同於習俗，不會有什麼個人的偏差。換句話說，這是一種約定俗成的道德，人類的行為是從眾的（konformistisch），他們反倒可能會認為我們才是反覆無常的。國家出現之後，瓦解了種種分支世系制的團結社群（Solidargemeinschaft），而產生了個人的道德，最先是在古代。這點可以從西元前七世紀古希臘抒情詩裡清楚地觀察到，在莎芙（Sappho）與阿爾開俄斯（Alkaios）的詩歌裡。個人道德讓五世紀的智者學派（Sophisten）首度把道德的自然法和國家的法律分隔開來。但這是例外，道德和法始終是一體的，一直到近古時期。例如西元四世紀的奧古斯丁（Augustinus），人們發現兩者再度分開了。由於此間教會自己的道德越來越強。教會的道德越強，越是對法律的構成進行干預，甚至發展出自己的教會法，兩者間之關係就越加趨同，例如在十三世紀的聖多馬斯。於十七、十八世紀，隨著專制國家的興起，法與道德開始分立。排除來自教會的影響的是啟蒙運動的學說，才會有克里斯提恩．托馬修斯率先劃清其界線。他想要讓法與宗教分立，因而必須區別法與道德及習俗，而且是如我們今天在法學課堂上優先採取的區分方法。法是規範外部行為，輔以國家的強制力。習俗同樣規範外部行為，但不具強制力，至於道德則是內在立場的規則。儘管這些都還是相當寬鬆且流於表面，但人們至少可以知道各自其中的想法為何。（Christian Thomasius, *Fundamenta iuris naturae et gentium*, 1705）。

其後，康德以其一七九七年《道德形上學》的著名公式更加差異化：

法是使一個人之意念（恣意）得以與他人之意念根據一項普遍的原則而統合起來的條件之總合。

更加個人化的道德，原則上與法有別。但不像托馬修斯那麼截然劃分。但自此之後，兩者終而分立。理由，關鍵詞，康德隨即給出。那就是自由。個人的自由。這是整個發展的背景。法與道德分立的範圍越大，個人的自由活動範圍越大。人們只需要遵守法律。至於道德，人們或多或少可以自己決定。這麼極端，當然不是康德的原意。但市民社會則因此而開展。誠如羅傑．加洛蒂所言，一隻自由狐狸的自由在一個自由的雞欄裡。閒置租屋的投機商，只是眾多例子之一。

當然，法與道德在今天也不是完全分立的。它和公共道德還是有關。如果公共道德改變很大，法也會隨之改變。此點得以《刑法典》第十章印證之。在過去三十年間，性刑法有令人驚異的變遷。私法也有類似的情形，聯邦法院的裁判可為例證。我們看看一九八〇年的一則判決（*Zivilsachen*, Band 76, S. 249）：

本件涉及一宗失敗的手術。一名二十五歲已婚女子，已生有兩名子女，於一九七二年在一家巴伐利亞邦立醫院接受醫學理由之節育手術。手術時，醫師誤把韌帶當成輸卵管而予以切斷。該女不知道其仍有生育能力因而懷孕，於一九七四年經由另一助產手術之後產下一對雙胞胎。之後，她以巴伐利亞邦為該醫院之權利主體向其請求損害賠償，亦即請求給付扶養此雙胞胎之費用。

該醫院之醫師有疏失，巴伐利亞邦應對此負責，並賠償該女因此所生之損害。但是有一項法學上之問題，即子女的出生究竟是不是一種損害。損害賠償應予給付，如契約之一方違反契約，他方因此而受有損害。毫無疑問，巴伐利亞邦因醫師的醫療疏失而違反節育手術契約。但該女受有損害嗎？系爭《民法典》第二四九條對此並未作進一步規定。如通常情形，法律條文並不足夠，僅使用「損害」一詞，而未詳定其個別情況。法律必須再作解釋。

「損害」一詞的解釋於本件涉及一項道德問題。婦女不想再有小孩的決定是否無論如何都應予尊重？一九七八年承審此一事件之班貝格（Bamberg）邦高等法院，認為該女並未受有損害，故不得請求損害賠償。這則下級審判決亦刊載於《新法學週刊》（*Neue Juristische Wochenschrift* 1978, S. 1685）：

> 人的出生與存在並非損害。依據基督宗教暨人文主義之文化觀念，其為吾國法秩序及社會秩序之基礎，子女為特別之高價值，儘管基於個人、經濟或社會之考量，子女出生非其所願；子女之出生與存在不能被視為一種損害，因為價值的實現不能與損害等同視之。

該女向聯邦法院提起上訴，如果是在二、三十年前，聯邦法院可能會作出與班貝格邦高等法院一樣的判決。但在此其間，婦女自決及性生活角色的公共道德觀已經有重大的改變。於一九五四年，聯邦法院還認為男女性交只能在一夫一妻制度下行之，且其目的僅能是為了生育子女。現在，人們自由多了。因此，聯邦法院在其判決中對於該女是否受有損害乙節，不再取決於「基督宗教暨人文主義之文化觀念」，而是婦女自身對其未來生活設想的觀念。如果經由失敗的干預而破壞其經濟上之家庭計畫者，依該判決所述，因該雙胞胎之出生所帶來之扶養負擔，即是對該婦女之損害，巴伐利亞邦應負賠償之責。班貝格邦高等法院判決因而被廢棄。

儘管如此，對立仍然存在，而且這種對立不只是個人自由意識提高的表徵，同時彰顯出法從何而來的問題。在國家存在之前的社會，道德與法合一，這個問題的答案是明顯的，就是由社會為自己創設合於自身的規則。國家出現後，情形有了變化。法由上而下，由統治者、君主、國王所制定，當然不是完全自由的，而且必須為下層的社會所接受，法不能遭遇無法克服的反抗。但是法主要是一種調控工具，由上而下實施運行。

如果人們把道德理解為善惡確信的總和，於社會之中自行開展，而把政治理解為因國家之故而自上向下加諸於社會的秩序結構，如同「政治」一詞所表現的意思，以及從柏拉圖與亞里斯多德以降所理解的一樣。「Politik」一詞源於希臘文「polis」，就是國家之意。如果可以如是觀，則顯而易見的是，何以法與道德的距離會越來越大，法與政治的合一性會越來越強。因為法越來越少由下而上，來自社會，而是越來越多由上而下，也就是由國家制定。至於我們與生俱來的法，則已不重要了。

在此演變過程中，還連結了另一要素，就是國家的法律在一些原本不受法規範的社會領域中持續不斷地擴增。法律的歷史，同時即是法持續增長的歷史，早在古代即是如此。今天我們把這個現象稱為「法制化」（Verrechtlichung）。這種現象同時受到右派與左派的抨擊。右派人士憂心法律洪流（Gesetzesflut）會再度限制個人的自由。來自左派的討論則起於一九七〇年代初期。因為政治的法制化讓（政治）改變的形成空間越來越小。儘管如此，國家的支配權力實際上是持續擴增，伴隨產生的是嘗試藉由法的途徑把國家權力再度予以節制。此即法在今日的兩項功能。一方面，法是一種統治工具，於政治刑法尤其明顯。但是如前所述，這種情形亦見諸私法與行政法，這部分特別是與國家法學的通說相結合。另方面，法的功能在於限制國家的權力。「Iustitia fundamentum regnorum」（正義是政治的基礎），法律是統治的基礎。政治亦受法律的拘束，不得逾越法律。這是十九世紀自由派人士為貫徹法治國家的戰鬥吶喊。哪一種功能較為重要，統治功能或法治國功能，每個人都必須自己思考。這點無論如何都不能量化的。

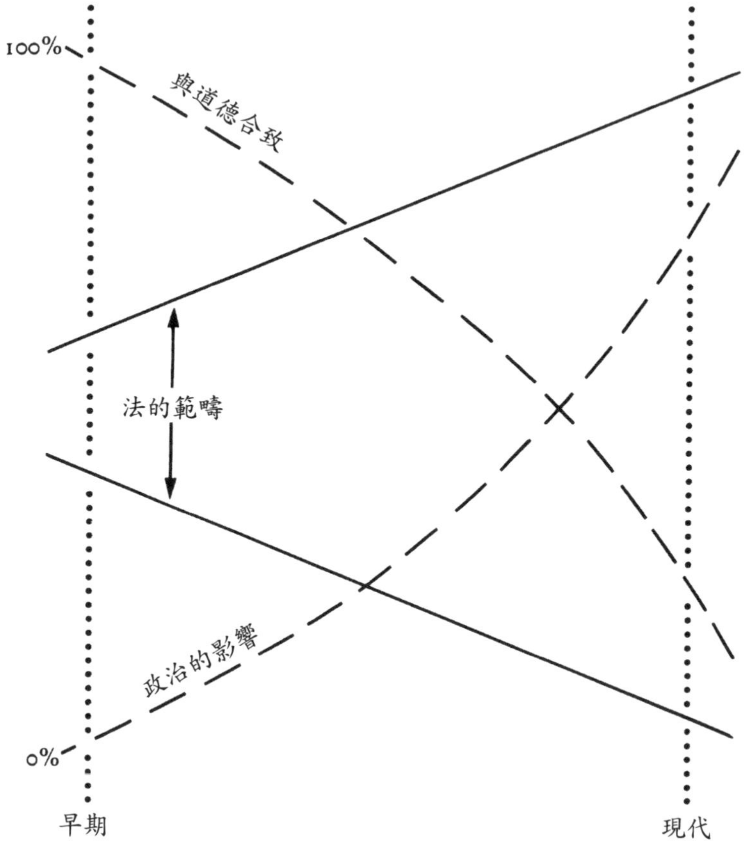
100%
與道德合致
法的範疇
政治的影響
0%
早期
現代

這是法的發展的整個過程。法持續不斷地增長擴散，道德與法分別而立，法與政治則相互交疊。

道德消退，政治增長，這是人們所不願聽到的。「Ius est ars boni et aequi」，法是至善與公平的藝術。法學家塞爾修斯（Celsus）的名句，來自羅馬法學的古典時代。這美好多了，讓人印象深刻。德國有一些邦高等法院的建築物山牆上喜歡刻著這句箴言[1]。許多法學書籍，舊時或新近，將之作為書封的標語印記，對當今而言，實不相稱，其記錄的是古代法與道德的一體性。善，乃指道德，就像蛇在聖經裡所說的；而公平則是法的崇高平等性，如亞里斯多德所述。政治呢？則讓人感到不舒服，特別是在德國。人們把頭埋在道德和法的沙堆裡，這同時是屬於法與政治的課題。關於這方面有一則歷史事件，值得一提，載錄於魯道夫・維托爾特的《法學》（*Rechtswissenschaft*, 1968, S. 101-104）：

一九六七年的法蘭克福書展，東德的出版社也來參展。這是兩德關係緩慢正常化的重要一步。在東德國家出版社的展覽攤位上陳列了一本兩年前被漢堡及紐倫堡法院沒收的書，理由是這本書危害國家。該書是一九六五年出版所謂的《東德國家委員會褐皮書》（*Braunbuch*

1　譯註：例如漢堡邦高等法院的山牆。

des Nationalrates der DDR），內容是關於德意志聯邦共和國（譯按：西德）的「戰爭犯及納粹罪犯」。書中包含對當時總統呂布克的控訴。法蘭克福檢察官得知此事，但未有任何行動。在書展的最後一天，法蘭克福區法院發出一份扣押裁定，將該書扣押。輿情轟然。東德的參展者盡數撤出書展。次日，法蘭克福邦法院廢棄該裁定。但政治細瓷已經破裂，書展結束了，這本書也不能再展出，東德出版社回不去書展了。

這宗事件中有若干法律問題，涉及解釋問題。扣押，屬於犯罪訴追的一環，本案涉及侮辱聯邦總統罪嫌，當時的《刑法典》規定在第九十五條，現在則是第九十條，其共通要件是，須由聯邦總統授予刑事追訴權，海因里希・呂布克（Heinrich Lübke）並未授權。其二，這主要是檢察官的權限，檢察官是犯罪訴追的主要機關，原本應由檢察官提出扣押之聲請，但未有舉動。當時在《刑事訴訟法》有一條規定，法官在未經聲請的情況下，亦得依職權作成裁定，亦即依《刑事訴訟法》第一九五條，於「情況急迫時」，但另有其他要件，即必須在無法聯繫檢察官時。法律問題是：區法院法官的緊急權限，是否仍該當於情況急迫，如果不是檢察官無法聯繫，而是檢察官不作為。法蘭克福區法院法官持肯定見解，但嗣後為邦法院否決。這是解釋問題，哪一個正確，可以暫置不論。如多數情形，此亦取決於前理解。

總之，顯而易見的是，類此問題的答案，不管是哪一種都會帶來重大的政治後果，一種是兩德關係的破毀，另一種則不會。政府與另一國家關係正常化的努力將遭嚴重的影響，最等而下之的情形是全功盡棄，或者不會。兩種裁判在法學技術上皆有可能，其一或許不如另一來得具有說服力，但兩者無疑都有可能。

這宗轟動一時的大事引發公眾的討論。德國的媒體提出各種看法，法蘭克福股票協會及法蘭克福檢察總長也都有表示立場，連該區法院法官也發聲了，他說：

> 儘管有數以千計的詭辯理由支持可與犯行交易謀合，容忍犯行，乃至於據稱以此防制犯罪。但對於身為法官的我，這些理由皆不重要。我既不是一個好的或者壞的政治，我僅向法律宣誓過。

他是否真得如此認為，或只想藏身在法律背後，同樣可以暫且不談。通常他們並非完全地嚴肅以對，不知道他們自己在做什麼。關鍵在於，司法自認為是無關政治的，司法作出了具有政治重大影響力的裁判，卻仍認為是客觀地服膺在法律之下。但如果法官們真得都知道他們在做什麼，是不是就會比較好，人們並不確知。法官是否應該像神一樣，並且知道善與惡？也許人們應該把對法律的洞察，留給那些站在法律另一面的人。美國的惡棍似乎可以作出比法蘭克福區法院法官更好的解析，他們說：「There is plenty of law on the end of a nightstick」[2]。在警棍的末端有許多的法律。

關於法與政治關係之詳論，一本保守的法哲學教科書可為範例：Heinrich Henkel, *Einführung in die Rechtsphilosophie*, 2. Aufl. 1977, 58 (S. 66-93)。關於古代時期個人性的起源，見：Bruno Snell, *Die Entdeckung des Geistes. Studien zur Entstehung des europäischen Denkensbei den Griechen*, 4. Aufl. 1975, 4. Kapitel, »Das Erwachen derPersönlichkeit in der frühgriechischenLyrik«, S.56-81. 關於法制化新近探討，首見：Jürgen Seifert, Verrechtlichte Politik und die Dialektik der marxistischen Rechtstheorie, in: *Kritische Justiz* 1971, S. 185-200。各種見解的光譜，見：Rüdiger Voigt (Hg.), *Verrechtlichung*, 1980。其他的文獻，見：Thomas Blanke, Verrechtlichung von Wirtschaft, Arbeit und sozialer Solidarität, in: *Kritische Justiz* 1988, S. 190-200, mit weiterer Literatur。關於法官工作之法與政治問題及法官獨立問題：Dieter Simon, *Die Unabhängigkeit des Richters*, 1975。

---

2 譯註：經譯者查閱，這句話的出處有兩個版本：一是出自亞歷山大・威廉斯（Alexander S. Williams，1839-1917），美國紐約市警察局長，見：Herbert Asbury, *The Gangs of New York: An Informal History of the New York Underworld*,237 (1928)；另則語出格羅弗・華倫（Grover A. Whalen，1886-1962），美國政治家，曾任紐約市警察局長（1928-1930），見：Fred R. Shapiro (ed.), *The Yale Book of Quotations*, 810 (2006)。不過，威廉斯的版本略有不同，他的說法是：「在警棍末端的法律多過於最高法院的判決」（There is more law in the end of a policeman's nightstick than in a decision of the Supreme Court）。昆汀・雷諾斯（Quentin J. Reynolds）在其所撰《法庭》（*Courtroom*）書中描寫山繆・萊布維茲（Samuel S. Leibowitz）法官在擔任律師時期於法庭上對著陪審團抨擊警察暴力的場景時，同時提及此二版本。見：Quentin J. Reynolds, *Courtroom* 39 (1957)。

附錄

大學生的入門選書

凡是想要主動且持續學習法律的人，既要大處著眼，也要小處著手。以及廣大無邊的文獻。這方面的市場供應量龐大，近乎過大。因此，一開始需要選書，就在第一學期。選書是很個人的事。還有價格問題，儘管不是通常的考量。因此，每個人都可以自己設想，究竟是否有辦法全部購置。也因此，選擇真正需要而有用的才是必要的。

法條為必需品，一開始各科的法典應該就足夠了，例如德國袖珍本出版社（Deutscher Taschenbuch Verlag, dtv）的袖珍本系列（dtv-Taschenbücher）（如《民法典》、《刑法典》、《基本法》等）。之後，則需要購置兩本大部頭的法條彙編：中費爾德（Schönfelder）（民法與刑法），與賽多利斯（Sartorius）（公法）。但不用太早買，因為要陸續增補修訂，相當辛苦且昂貴：

《德國法律》，民法刑法及程序法之法條活頁彙編（*Deutsche Gesetze*, begründet von Heinrich Schönfelder, Verlag C. H. Beck München, 97. Aufl., 1999: 62 DM）。

《聯邦共和國憲法與行政法律》，法條活頁彙編（*Verfassungs- und Verwaltungsgesetze der Bundesrepublik (Sartorius I)*，hg. von Carl Sartorius, Verlag C. H. Beck München, 97. Aufl. 1999: 68 DM)。

於私法領域，須從總論開始入手。大學的課程多半是如此安排，近乎所有法學文獻的基本架構亦同。有許多內容精湛的教科書（如布洛克斯〔Brox〕、迪德里克森〔Diederichsen〕、弗盧姆〔Flume〕、胡伯納〔Hübner〕、拉倫茨〔Larenz〕、梅帝庫斯〔Medicus〕、呂特斯〔Rüthers〕等人的著作）。我則會先從一本較輕薄的入手，最佳選項是：

伯恩．呂特斯《民法典總論》（Bernd Rüthers, *Allgemeiner Teil des BGB*, Verlag C. H. Beck München, 10. Aufl. 1997年：28. 80 DM）。

然後優先推薦一本複習用書，以問答方式處理簡要案例，內頁左邊是問題，右邊是解答：

《測驗你所知》（*Prüfe dein Wissen. Rechtsfälle in Frage und Antwort: BGB - Allgemeiner Teil*, hg. von Helmut Köhler, Verlag C. H. Beck München, 20. Aufl. 1998: 23DM）。

上述書籍讀過之後，可以進一步閱讀較大部頭的教科書，我會選用拉倫茨的書：

《民法總論》（Karl Larenz/Manfred Wolf, *Allgemeiner Teil des Bürgerlichen Rechts*, Verlag C. H. Beck München, 9. Aufl. 1997: 79 DM）。

這本書寫得極好，相當容易讀，但也容易忽略重要之點。這些重要之點多半就是「問題」之所在，經常出現在第二學期起的筆試試題中。這些筆試試題以「案例」起頭，考生必須在二至三個小時之內以書面完成解答。如果詳讀《測驗你所知》，就可以發現答題並不困難。這本書幾乎囊括了所有案例之一二。此外，考生還須以某種特別的風格答題，即所謂的「鑑定書風格」。若要熟練此種風格，最佳的學習讀本是：

《私法與刑法初學者之實例演習暨期中考試》（Hermann Fahse, Uwe Hansen, *Übungen für Anfänger im Zivil- und Strafrecht mit Zwischenprüfung,* Alfred Metzner Verlag Frankfurt, 8. Aufl. 1996: 19.80 DM）。

該書中同時教導如何在家庭作業（Hausarbeiten）[1]中架構大綱及列出參考文獻。

接下來是債法，最出色的教科書：

《債法上下篇》（Dieter Medicus, *Schuldrecht I.* 11. Aufl. 1999: 34 DM; *Schuldrecht II,* 9.

1　譯註：關於德國法學教育的家庭作業（Hausarbeiten），參見本書第?講的說明。

Aufl. 1999: 34 DM）。

在這方面，同樣也有哈穆特．科勒撰寫的一系列《測驗你所知》（*Prüfe dein Wissen*），優先推薦如下：

《測驗你所知》（*Prüfe dein Wissen, Heft 2 und 3, BGB, Recht der Schuldverhältnisse I, Allgemeiner Teil*〔17. Aufl. 1998: 29.20 DM〕, und *II, Einzelne Schuldverhältnisee*, Verlag C. H. Beck München〔15 Aufl. 1998: 29.50 DM〕）。

關於物權，毫無疑問，附有案例且以此勝過拉倫茨，其內容清晰無比的是：

《物權法教科書》（Jürgen F. Baur, Rolf Stürner, *Lehrbuch des Sachenrechts*〔begründet von Fritz Baur〕, Verlag C. H. Beck München, 17. Aufl. 1998: 86 DM）。

還有一本書，允為當中最好的一本，其涵蓋整個《民法典》，也就是包含主要部分之總論、債法、物權法。學生可以從第三或第四學期起開始研讀這本書。它對於極重要問題之不同見解作了精簡的闡釋，且以個別案件為取向。下述這本書無論如何都要購置到手：

《民法》（Dieter Medicus, *Bürgerliches Recht*, Carl Heymanns Verlag, Köln, 18. Aufl. 1999: 38 DM）。

刑法方面，同樣也有不少的佳構，優先推薦的教科書是：

《刑法》（Johannes Wessels, *Strafrecht*, C. F. Müller Verlag, Heidelberg）。分成三部：《刑法總論》（Johannes Wessels/Werner Beulke, *Strafrecht: Allgemeiner Teil*, C. F. Müller Verlag, Heidelberg, 29. Aufl. 1999: 42 DM）；《刑法各論上》（Wessels/Michael Hettinger, *Strafrecht: Besonderer Teil 1*, 23 Aufl. 1999: 38 DM））；《刑法各論下》（Wessels/Thomas Hillenkamp, *Strafrecht: Besonderer Teil 2*, 22. Aufl. 1999: 38 DM）。

這一系列引人入勝，內容清晰，案例繁多。儘管如此，對於初學者來說，一開始仍略顯困難，但也沒有比較合適的書籍了。這方面同樣有《測驗你所知》，可作為補充讀本，還可外加一本拉克納（Lackner）的簡明註釋書：

《刑法典釋義》（Karl Lackner, Kristian Kühl, *Strafgesetzbuch mit Erläuterungen*, Verlag C. H. Beck München, 23. Aufl. 1999: 98 DM）。

關於國家法，有好的教科書嗎？總之，非常枯燥，更不用說帶有政治立場。多半是權威且國家主義式。最好的著作有：

《公法綱要一：國家法》（Alfred Katz, *Grundkurs im öffentlichen Recht 1: Staatsrecht*, C. F. Müller Verlag Heidelberg, 14. Aufl. 1999: 38 DM），以及：

《國家法上篇》（國家組織法）（Christoph Degenhart, *Staatsrecht I*, 15. Aufl. 1999: 39.80

DM）以及《國家法下篇》（基本權利）（Bodo Pieroth/Bernhard Schlinck, *Staatsrecht II*, 15Aufl. 1999: 39.80 DM, C. F. Müller Verlag Heidelberg）。

優先推薦的補充讀本是，按照《基本法》之條文順序將聯邦憲法法院重要裁判予以彙整，並作提綱挈領的評釋，同時節要事實經過及裁判理由：

《憲法案例書》（Ingo Richter, Gunnar Folke Schuppert, *Casebook Verfassungsrecht*, Verlag C. H. Beck München, 3. Aufl. 1996: 68 DM）。

行政法方面，再次有一本值得我推薦的好書：

《一般行政法》（Hartmut Maurer, *Allgemeines Verwaltungsrech: Grundriß des Rechts,* Verlag C. H. Beck München, 12. Aufl. 1999: 39 DM））。

此外，訴訟法於行政法領域扮演舉足輕重的角色，其重要性遠大於其他法領域。質言之，即關於能否向行政法院提起訴訟之問題，要以何種方式提起訴訟（撤銷訴訟、課予義務訴訟、確認訴訟等），以及如何提起暫時權利保護等。這方面最出色的著作是：

《行政訴訟法》，解題之體系性簡明教科書（Walter Schmitt Glaeser, *Verwaltungsprozeßrecht*, Richard Boorberg Verlag München, 14. Aufl. 1997: 39.8 DM）。

關於行政訴訟法，除了教科書之外，同時亟需註釋書以為補充。例如柯普（Kopp）的簡明註釋書：

《行政法院法》（Ferdinand Kopp, Wolf-Rüdiger Schenke, *Verwaltungsgerichtsordnung*, Verlag C. H. Beck München, 11. Aufl. 1998: 108 DM）。

斐迪蘭．柯普還寫了另一本有關《行政程序法》的著作，於此涉及行政機關自身作成決定國成的法律。該法同樣相當重要，例如其對行政處分之定義，見諸第三十五條。柯普的簡明註釋書亦相當出色，即：

《行政程序法》（*Verwaltungsverfahrensgesetz*, erläutert von Ferdinand Kopp und Ulrich Ramsauer, Verlag C. H. Beck München, 7. Aufl. 1999: 95 DM）。

最後，關於案例解題的技巧。（大學生）要如何自己撰寫家庭作業及應付筆試呢？對於《民法典》及刑法的初學者來說，前述赫爾曼．法瑟的著作應該就足夠了。不過，在此之後還是應該閱讀內容較為詳實的導引書籍。我認為最好的是：

《民法典筆試指南》（Uwe Diederichsen, Gerhard Wagner, *Die BGB-Klausur,* Verlag C. H. Beck München, 9. Aufl. 1998: 26 DM）。

《刑法筆試指南》（Gunther Arzt, *Die Strafrechtsklausur*, Verlag C. H. Beck München, 5. Aufl. 1996: 22 DM）。

《公法案例題解》（Gunter Schwerdtfeger, *Öffentliches Recht in der Fallbearbeitung*, Verlag C. H. Beck München, 10. Aufl. 1997: 28 DM）。

鑑於語言對於法律人之重要性，我認為法律人無論如何都需要一本《杜登》（Duden）辭典；而且為便於找到適切的表達用語，還需要一本同義字辭典（Synonymenlexikon）。任何寫作的人都少不了的是：

Duden Rechtschreibung, Bibliographisches Institut, Mannheim, Aufl. 21, 1997: 38 DM[2]。

Franz Dornseiff, *Der deutsche Wortschatz nach Sachgruppen*, Verlag de Gruyter Berlin, 7. Aufl. 1970: 118 DM。這本書相當重要。

因為，法終須是法，敬謹虔誠，盡隨從法（《舊約》，《詩篇》94.15）[3]。

---

2 譯註：德國出版社，一八二六年在哥達（Gotha）創立，以出版工具書為主。二次戰後，於東西德分別在萊比錫和曼海姆成立了公司；德國統一後，兩公司於一九九一年合併，設址於曼海姆，二〇一三年遷至柏林。二〇二二年八月一日併入科內爾森出版有限公司（Cornelsen Verlag GmbH）。

3 譯註：原文：Denn Recht muß doch Recht bleiben, und dem werden alle frommen Herzen zufallen。英文版為：For judgment will again be righteous, And all the upright in heart will follow it.（大意是：審判又將歸於公義；心中之正直，必皆隨之）。

國家圖書館出版品預行編目資料

法學導論的博雅講堂：當代德國法學名家的法律通識課 / 烏維．魏瑟（Uwe Wesel）著；李建良 譯. -- 初版. -- 臺北市：商周出版, 城邦文化事業股份有限公司出版：英屬蓋曼群島商家庭傳媒股份有限公司城邦分公司發行, 2023.01
面； 公分
譯自：Juristische Weltkunde : Eine Einführung in das Recht
ISBN 978-626-318-534-0（平裝）
1. CST: 法律 2. CST: 歷史
580 111020572

法學導論的博雅講堂：當代德國法學名家的法律通識課

Juristische Weltkunde: Eine Einführung in das Recht

作　　者／烏維．魏瑟（Uwe Wesel）
譯　　者／李建良
企畫選書／林宏濤
責任編輯／劉俊甫

版　　權／吳亭儀、林易萱
行銷業務／周丹蘋、賴正祐
總 編 輯／楊如玉
總 經 理／彭之琬
事業群總經理／黃淑貞
發 行 人／何飛鵬
法律顧問／元禾法律事務所　王子文律師
出　　版／商周出版
臺北市中山區民生東路二段141號9樓
電話：(02) 2500-7008 傳真：(02) 2500-7759
E-mail：bwp.service@cite.com.tw
發　　行／英屬蓋曼群島商家庭傳媒股份有限公司城邦分公司
臺北市中山區民生東路二段141號2樓
書虫客服服務專線：(02) 2500-7718．(02) 2500-7719
24小時傳真服務：(02) 2500-1990．(02) 2500-1991
服務時間：週一至週五09:30-12:00．13:30-17:00
郵撥帳號：19863813　戶名：書虫股份有限公司
E-mail：service@readingclub.com.tw
歡迎光臨城邦讀書花園　網址：www.cite.com.tw
香港發行所／城邦（香港）出版集團有限公司
香港九龍九龍城土瓜灣道86號順聯工業大廈6樓A室
電話：(852) 2508-6231　傳真：(852) 2578-9337
E-mail：hkcite@biznetvigator.com
馬新發行所／城邦(馬新)出版集團 Cité (M) Sdn. Bhd.
41, Jalan Radin Anum, Bandar Baru Sri Petaling,
57000 Kuala Lumpur, Malaysia
電話：(603) 9057-8822　傳真：(603) 9057-6622
E-mail：cite@cite.com.my

封面設計／周家瑤
排　　版／新鑫電腦排版工作室
印　　刷／韋懋印刷事業有限公司
經 銷 商／聯合發行股份有限公司
電話：(02) 2917-8022　傳真：(02) 2911-0053
地址：新北市231新店區寶橋路235巷6弄6號2樓

■2023年1月初版1刷
■2023年12月初版1.7刷
定價 580元

Printed in Taiwan
城邦讀書花園
www.cite.com.tw

Original title: Juristische Weltkunde: Eine Einführung in das Recht
Author: Uwe Wesel

ISBN 978-626-318-534-0

請於此處用膠水黏貼

商周出版

讀者回函卡

線上版讀者回函卡

感謝您購買我們出版的書籍！請費心填寫此回函卡，我們將不定期寄上城邦集團最新的出版訊息。

姓名：＿＿＿＿＿＿＿＿＿＿ 性別：□男 □女

生日：西元＿＿＿＿年＿＿＿＿月＿＿＿＿日

地址：＿＿＿＿＿＿＿＿＿＿

聯絡電話：＿＿＿＿＿＿＿＿ 傳真：＿＿＿＿＿＿＿＿

E-mail ：

學歷：□ 1. 小學 □ 2. 國中 □ 3. 高中 □ 4. 大學 □ 5. 研究所以上

職業：□ 1. 學生 □ 2. 軍公教 □ 3. 服務 □ 4. 金融 □ 5. 製造 □ 6. 資訊

□ 7. 傳播 □ 8. 自由業 □ 9. 農漁牧 □ 10. 家管 □ 11. 退休

□ 12. 其他＿＿＿＿＿＿＿＿

您從何種方式得知本書消息？

□ 1. 書店 □ 2. 網路 □ 3. 報紙 □ 4. 雜誌 □ 5. 廣播 □ 6. 電視

□ 7. 親友推薦 □ 8. 其他＿＿＿＿＿＿＿＿

您通常以何種方式購書？

□ 1. 書店 □ 2. 網路 □ 3. 傳真訂購 □ 4. 郵局劃撥 □ 5. 其他＿＿＿＿

您喜歡閱讀那些類別的書籍？

□ 1. 財經商業 □ 2. 自然科學 □ 3. 歷史 □ 4. 法律 □ 5. 文學

□ 6. 休閒旅遊 □ 7. 小說 □ 8. 人物傳記 □ 9. 生活、勵志 □ 10. 其他

對我們的建議：＿＿＿＿＿＿＿＿＿＿

＿＿＿＿＿＿＿＿＿＿

＿＿＿＿＿＿＿＿＿＿

【為提供訂購、行銷、客戶管理或其他合於營業登記項目或章程所定業務之目的，城邦出版人集團（即英屬蓋曼群島商家庭傳媒（股）公司城邦分公司、城邦文化事業（股）公司），於本集團之營運期間及地區內，將以電郵、傳真、電話、簡訊、郵寄或其他公告方式利用您提供之資料（資料類別：C001、C002、C003、C011 等）。利用對象除本集團外，亦可能包括相關服務的協力機構。如您有依個資法第三條或其他需服務之處，得致電本公司客服中心電話 02-25007718 請求協助。相關資料如為非必要項目，不提供亦不影響您的權益。】

1.C001 辨識個人者：如消費者之姓名、地址、電話、電子郵件等資訊。
2.C002 辨識財務者：如信用卡或轉帳帳戶資訊。
3.C003 政府資料中之辨識者：如身分證字號或護照號碼（外國人）。
4.C011 個人描述：如性別、國籍、出生年月日。

請於此處用膠水黏貼